U0532291

中等职业教育
质量评价指标体系研究

李向辉 著

Research on the Quality Evaluation
Indicators System of Secondary Vocational Education

中国社会科学出版社

图书在版编目（CIP）数据

中等职业教育质量评价指标体系研究／李向辉著．—北京：中国社会科学出版社，2021.1
ISBN 978 - 7 - 5203 - 7738 - 6

Ⅰ.①中…　Ⅱ.①李…　Ⅲ.①中等专业学校—教育质量—教学评估—研究—中国　Ⅳ.①G719.21

中国版本图书馆 CIP 数据核字（2021）第 016231 号

出 版 人	赵剑英
责任编辑	高　歌
责任校对	杨　林
责任印制	戴　宽

出　　版	中国社会科学出版社
社　　址	北京鼓楼西大街甲 158 号
邮　　编	100720
网　　址	http://www.csspw.cn
发 行 部	010 - 84083685
门 市 部	010 - 84029450
经　　销	新华书店及其他书店

印　　刷	北京明恒达印务有限公司
装　　订	廊坊市广阳区广增装订厂
版　　次	2021 年 1 月第 1 版
印　　次	2021 年 1 月第 1 次印刷

开　　本	710×1000　1/16
印　　张	20
插　　页	2
字　　数	301 千字
定　　价	99.00 元

凡购买中国社会科学出版社图书，如有质量问题请与本社营销中心联系调换
电话：010 - 84083683
版权所有　侵权必究

前　言

近年来，中国中等职业教育规模发展迅速，几乎占据高中阶段教育的半壁江山。但是，随着规模的急速扩张，中等职业教育的质量问题日渐凸显。这些质量问题不仅是中职学校的内部问题，也成为国家经济发展的动力问题，以及社会公众和利益相关者共同关心的社会问题。因此，提高质量已经成为当前中等职业教育发展的战略重点。而要提升中等职业教育质量，除了改善学校基础设施、优化课程设置、创新教学模式外，另一个不可忽视的关键因素就是通过教育质量评价引领中等职业教育的良性发展。通过对中国中等职业教育评价制度进行分析发现，自1978年以来，中国中等职业教育评价制度经过了一系列政策调整，但是评价重心一直以外延式投入评价为主，以学生为核心的内涵式发展评价相对缺失。为切实提升中等职业教育质量，办好人民满意的中等职业教育，亟须改革中等职业教育质量评价现状，应尽快确立学生发展在中等职业教育质量评价中的核心地位，从根本上解决投入性评价取向与产出性发展需求之间的冲突，以及由此引发的评价低效和发展错位问题。

对中等职业教育质量评价研究感兴趣，也受笔者研究经历的影响。自2013年以来，笔者作为河南大学教育行动国际研究中心的成员，全程参与中等职业教育质量提升的大型调研项目，多年的项目跟踪调研使笔者对中等职业教育质量发展与诉求有了更深的体悟。

基于此，本研究围绕以学生发展为核心的中等职业教育质量评价指标体系进行研究，对中等职业教育质量评价指标体系的构建依据、构建方法、指标体系形成、实践检验以及优化策略等进行了翔实研究。

第一章以中等职业教育评价政策演变为制度背景进行讨论，审慎考察改革开放以来中国中等职业教育质量评价制度的变迁历程、变迁特征及变迁逻辑，提出亟待重新构建以学生发展为核心的教育质量评价指标体系，引导并促进中等职业教育质量的提升。

第二章借鉴国际经验，提出构建以学生发展为核心的中等职业教育质量评价指标体系的经验构想，强调在质量评价指标体系构建与实践过程中，以人为本，优化内容结构设置，注重可操作性等。

第三章通过分析指标体系构建的逻辑理路、基本维度、技术路线等，以职业教育理论、现代教育评价理论、个体素质结构理论、综合评价理论为理论基础，为构建具有科学化、层次化、可操作化的中等职业教育质量评价指标体系提供框架和思路。

第四章详细讨论了以学生发展为核心的中等职业教育质量评价指标体系的分层构建方法与具体措施。本部分依据前面构建的理论模型，综合使用焦点小组访谈、德尔菲法、层次分析法等方法，质化与量化相结合，进行指标的筛选、萃取和赋权。经过两轮专家咨询，构建出以学生发展为核心的包含两大评价维度及18个一级指标的中等职业教育质量评价指标体系，并邀请专家对指标进行两两比较，然后运用层次分析法，确定指标权重。

第五章通过实证方式对质量评价指标体系进行了实践检验。为了确保构建的指标体系的可行性、可鉴别性，以及达到以评促建的影响效应，该研究对指标体系进行了实践检验。首先，运用模糊综合评价法比较不同的中职学校教育质量发展情况，鉴别不同水平的学校教育质量；其次，运用准实验方法采用追踪研究方式进行影响评估，检验该指标体系对于被评价学校的影响效应。结果显示，以学生发展为核心的中等职业教育质量评价指标体系具有值得信任的可行性、鉴别性和有效性。

第六章讨论了中等职业教育质量评价的建议与意见：评价目的要定位在以评价促发展，确立以评价促发展的评价目的，实现教育质量评价的发展性功能；评价取向要重视过程与产出导向，形成以过程型与产出型质量评价指标为主的评价体系，促使投入型评价模式向"过程—产出"型评价模式转型；评价内容要坚持以学生发展为主，构建以学生发展为重点的指标体系，使中等职业教育质量回归学生的立场；评价过程要保证循证的规范有效，做到循证规范，数据可靠，过程科学，结果可靠；评价主体要加强第三方评价力量，形成"政府—第三方"协同合作的评价主体，保障评价过程与结果的客观性。

该研究能够顺利完成，离不开各方人士的支持与帮助。作为河南大学教育行动国际研究中心的成员之一，在诸多研究中我们协力同行，非常感谢同仁们的大力支持；非常感谢许多职业教育专家鼎力支持以及诸多中职学校师生的积极参与；也非常感谢认真参与调研的同学们，他们的热情和责任感使调研工作得以顺利进行。本研究参考了大量的文献与研究成果，非常感谢各位作者的卓越贡献。

在本书的完善过程中，中国社会科学出版社高歌编辑提出了许多宝贵意见，作者在此深表谢意。

李向辉
二〇二〇年夏于开封

目　　录

绪　论 …………………………………………………………（1）
　第一节　问题提出 …………………………………………（1）
　　　一　研究视域：为什么要聚焦中等职业教育 …………（3）
　　　二　研究问题：为什么要锁定评价指标体系 …………（5）
　　　三　研究视角：为什么要强调基于学生发展 …………（6）
　第二节　文献综述 …………………………………………（8）
　　　一　职业教育质量内涵研究述评 ………………………（9）
　　　二　职业教育质量评价研究述评 ………………………（17）
　　　三　职业教育质量评价指标体系研究述评 ……………（24）
　第三节　核心概念 …………………………………………（37）
　　　一　中等职业教育 ………………………………………（37）
　　　二　教育质量评价 ………………………………………（38）
　　　三　质量评价指标体系 …………………………………（39）
　　　四　学生发展 ……………………………………………（40）
　第四节　研究设计 …………………………………………（40）
　　　一　研究思路 ……………………………………………（40）
　　　二　研究方法 ……………………………………………（41）
　第五节　研究意义与创新 …………………………………（45）
　　　一　研究意义 ……………………………………………（45）
　　　二　创新之处 ……………………………………………（46）

第一章 中等职业教育质量评价指标体系研究的制度背景 （47）
第一节 中等职业教育质量评价制度的历史变迁 （47）
一 中等职业教育质量评价制度的变迁历程 （47）
二 中等职业教育质量评价制度的变迁特征 （53）
三 中等职业教育质量评价制度的变迁逻辑 （59）
第二节 中等职业教育质量评价制度存在的现实问题 （65）
一 重行政督导，轻科学评价 （65）
二 重投入质量，轻产出质量 （66）
三 重规模建设，轻学生发展 （68）
第三节 中等职业教育质量评价制度的革新诉求 （71）
一 中等职业教育质量评价亟须整体革新 （71）
二 中等职业教育质量评价革新亟须重构指标体系 （72）

第二章 中等职业教育质量评价指标体系研究的国际参照 （74）
第一节 国际职业教育质量评价指标体系经验概述 （74）
一 国际组织职业教育质量评价指标体系 （74）
二 发达国家职业教育质量评价指标体系 （80）
三 国际职业教育质量评价指标体系比较 （87）
第二节 国际职业教育质量评价指标体系特征与经验借鉴 （89）
一 以人为本的评价观念 （89）
二 合理的评价内容结构 （90）
三 操作性较强的指标设置 （91）

第三章 中等职业教育质量评价指标体系研究的理论框架 （93）
第一节 中等职业教育质量评价指标体系构建的理论基础 （93）
一 基于行动导向的职业教育理论 （93）
二 关注过程与结果的现代教育评价理论 （97）

三　基于工作分析的个体素质结构理论 ……………… (103)
　　四　基于复杂系统的综合评价理论 …………………… (106)
第二节　中等职业教育质量评价指标体系构建的
　　　　基本框架 …………………………………………… (113)
　　一　中等职业教育质量评价指标体系构建的
　　　　逻辑理路 ……………………………………………… (113)
　　二　中等职业教育质量评价指标体系构建的
　　　　维度构想 ……………………………………………… (120)
　　三　中等职业教育质量评价指标体系构建的
　　　　分析路径 ……………………………………………… (122)
　　四　中等职业教育质量评价指标体系构建的
　　　　理论模型 ……………………………………………… (126)

第四章　中等职业教育质量评价指标体系的分层构建 ………… (128)
第一节　中等职业教育质量评价指标的初步筛选 ………… (129)
　　一　中职学校专业教学标准中的评价指标 ……………… (130)
　　二　调查访谈获取的中职教育质量评价指标 …………… (132)
　　三　中职教育质量评价指标体系的初步构建 …………… (135)
第二节　中等职业教育质量评价指标的分层萃取 ………… (137)
　　一　评价指标萃取方法与过程 …………………………… (137)
　　二　第一轮专家咨询分析 ………………………………… (142)
　　三　第二轮专家咨询分析 ………………………………… (146)
第三节　中等职业教育指标及其标准的边界厘定 ………… (152)
　　一　评价维度的内涵厘定 ………………………………… (152)
　　二　评价指标的内涵及其操作性定义 …………………… (152)
　　三　标准设定：指标评价的参照问题 …………………… (154)
第四节　中等职业教育质量评价指标体系的权重分配 …… (157)
　　一　权重分配过程 ………………………………………… (157)
　　二　权重分配结果 ………………………………………… (162)
第五节　中等职业教育质量评价指标体系的整体概貌 …… (163)

一　以学生发展为核心 …………………………………（163）
　　二　兼顾学生发展过程与结果 …………………………（164）
　　三　过程质量与结果质量并重 …………………………（167）

第五章　中等职业教育质量评价指标体系的实证检验…………（169）
　第一节　中等职业教育质量评价指标体系的
　　　　　可行性检验 ……………………………………（169）
　　一　检验目的与检验设计 ………………………………（169）
　　二　检验样本与检验方法 ………………………………（171）
　　三　检验工具与数据收集 ………………………………（176）
　　四　检验结果与分析评价 ………………………………（190）
　第二节　中等职业教育质量评价指标体系的影响
　　　　　效应检验 ………………………………………（192）
　　一　检验目的与检验设计 ………………………………（192）
　　二　检验样本与检验方法 ………………………………（193）
　　三　检验工具与数据收集 ………………………………（195）
　　四　检验结果与分析评价 ………………………………（195）

第六章　中等职业教育质量评价的优化策略……………………（213）
　第一节　评价指标体系应用时的关系处理 ………………（214）
　　一　处理好定性指标和定量指标之间的关系 …………（214）
　　二　处理好评价指标和测量工具之间的关系 …………（215）
　　三　处理好评价主体与评价客体之间的关系 …………（216）
　第二节　以评价促发展的策略建议 ………………………（217）
　　一　评价目的要定位在以评价促发展 …………………（217）
　　二　评价取向要重视过程与产出导向 …………………（220）
　　三　评价内容要坚持以学生发展为主 …………………（223）
　　四　评价过程要确保循证的规范有效 …………………（224）
　　五　评价主体要加强第三方评价力量 …………………（226）

附　录 ……………………………………………………………（228）

　　附录1　中职教育质量与学生发展访谈提纲 …………………（228）

　　附录2　中职教育质量评价体系专家咨询问卷
　　　　　（第一轮）……………………………………………（228）

　　附录3　中职教育质量评价体系专家咨询问卷
　　　　　（第二轮）……………………………………………（230）

　　附录4　中职教育质量评价指标体系专家咨询问卷
　　　　　（指标权重）…………………………………………（233）

　　附录5　中职学生就读经验与发展调查问卷
　　　　　（初试问卷）…………………………………………（241）

　　附录6　中职学生就读经验与发展调查问卷
　　　　　（正式问卷）…………………………………………（252）

　　附录7　中职学生职业能力测试样题 …………………………（262）

　　附录8　中职学生职业能力测试评分样表 ……………………（265）

　　附录9　中职学生职业能力及素养的综合评价表 ……………（267）

　　附录10　中职教育质量评价指标体系的综合评价
　　　　　　调查问卷 ……………………………………………（268）

　　附录11　中职学校教育与管理情况调查问卷 …………………（270）

　　附录12　中职学校毕业生调查问卷……………………………（274）

参考文献 ………………………………………………………（276）

　　一　著作类 ………………………………………………………（276）

　　二　期刊论文类 …………………………………………………（280）

　　三　政策法规类 …………………………………………………（298）

　　四　外文类 ………………………………………………………（301）

后　记 …………………………………………………………（307）

绪　　论

第一节　问题提出

随着社会经济结构的转型与升级,"职业教育被广泛认为是各国社会经济增长和技术发展的重要推动力"[1],"在提高技能水平和社会生产力方面扮演着非常重要的角色"[2],为社会发展的人力资源供给奠定了坚实的基础。2001年,联合国教科文组织(United Nations Educational, Scientific and Cultural Organization, UNESCO)在《关于技术与职业教育的建议》中提出,技术与职业教育为个体进入就业领域、终身学习、公民的责任意识养成做准备是有效加入职业界的一种手段,同时也是减少与消除贫困的一种途径[3],也是提升发展中国家发展能力的重要途径[4]。由此可见,职业教育"关心获得知识和工作场所的技能,以适应知识经济时代和快速变化的工作环境,增加就业机会"[5],在培养满足

---

[1] Ayonmike, Chinyere Shirley, Okwelle, P. Chijioke & Okeke, Benjamin Chukwumaijem, "Towards Quality Technical Vocational Education and Training (Tvet) Programmes in Nigeria: Challenges and Improvement Strategies", *Journal of Education and Learning*, 4 (1): 25, 2015.

[2] [英]琳达·克拉克、[英]克里斯托弗·温奇主编:《职业教育:国际策略、发展与制度》,翟海魂译,外语教学与研究出版社2011年版,第1页。

[3] 刘来泉编:《世界技术与职业教育纵览》,高等教育出版社2002年版,第68页。

[4] German Federal Ministry for Economic Cooperation and Development (BMZ), "System Advisory Services for Technical and Vocational Education and Training", http://www.giz.de/en/worldwide/18739.html.

[5] Mclean, R., N. W. David, "International Handbook of Education for the Changing World of Work: Bridging Academic and Vocational Learning", Retrieved July 2013, http://toolkit.ineesite.org/toolkit/INEEcms/uploads/1093/International_ Handbook_ of_ Education_ Changing.pdf.

技术需求不断变化的技能型和创新型劳动力队伍中起到关键作用[1]，"作为进入劳动力市场的守护者，其作用相当于过滤器，将劳动分成具有不同素质、技能和地位的职业"[2]。"大量的实证研究表明，无论是在发展中国家还是在发达国家，职业教育可以提高各类国家接受职业教育的劳动者的参与率、就业能力、就业机会和工资。"[3] 现代职业教育在经济社会发展过程中发挥着越来越重要的作用，成为经济社会发展的重要支柱。诸多发达国家将职业教育作为教育发展的战略重点，通过支持职业教育发展供给技术人才，满足社会发展需求，促进社会经济水平快速提升，如德国战后经济迅速恢复并高速发展，被世界称为"经济奇迹"，其"秘密武器"即为职业教育。瑞士的国际竞争力排名多年来始终居于全球榜首，职业教育是促进瑞士经济增长的最重要影响因素之一[4]。发展中国家也把职业教育发展作为国家经济发展和人才培养的重要渠道。巴西政府制定"技术教育与劳动就业国家计划"，通过加大投入、扩招等形式发展职业教育，2011—2014年在职业教育领域投资近6亿美元，扩招规模近8000万人[5]；印度政府计划在2012—2017年提高系统接受职业技术教育的劳动力比例，将这一比例由12%提高到25%，7000多万人将会接受系统规范的职业技术教育[6]；印度尼西亚提出，2015年职业技术教育所占份额要扩大，所占比例将从30%提

---

[1] Afeti, G., "Technical and Vocational Education and Training for Industrialization", Retrieved December 23, 2012, http://www.arrforum.org/publication/occasional-papers/40/95-technical-andvocational-education-andtrainig-for-industrialisation.html.

[2] ［英］琳达·克拉克、［英］克里斯托弗·温奇主编：《职业教育：国际策略、发展与制度》，翟海魂译，外语教学与研究出版社2011年版，第1页。

[3] Rishi Kumarl, Shravanth Mandaval, Venkata Sandeep Gopanapalli, "Vocational Training in India: Determinants of Participation and Effect on Wages", Kumar et al., *Empirical Res Voc Ed Train*, 11: 3, 2019.

[4] Rudolf H. Strahm, "Swiss Vocational Education and Training: Switzerland's Source of Richness", https://www.eda.admin.ch/dam/countries/countries-content/united-states-of-america/en/Apprenticeship-Brochure-USA_EN.pdf.

[5] National Congress, "Programa Nacional de Acesso ao Ensino Técnico e Emprego", https://pt.wikipedia.org/wiki/Programa_Nacional_de_Acesso_ao_Ensino_T%C3%A9cnico_e_Emprego.

[6] Planning Commission Government of India, "Twelfth Five Year Plan 2012 – 2017", http://planningcommission.gov.in/plans/planrel/12thplan/welcome.html 3/2016 – 02 – 26.

高到70%①。世界各国都非常重视发展职业教育,完善现代职业教育体系,增强国家竞争力,"力求在新一轮国际竞争中建立巩固的、可持续的人才和技术竞争优势"②,这已经成为各国经济发展的战略选择。

一 研究视域:为什么要聚焦中等职业教育

2010年《国家中长期教育改革和发展纲要》指出,职业教育是人力资源开发的重要利器,培养数以亿计的高素质技能型、技术型人才,职业教育处于国家大力发展的战略地位。2014年《现代职业教育体系建设规划(2014—2020年)》再次强调,"现代职业教育体系越来越成为国家竞争力的重要支撑",是建设人力资源强国的必然选择,并指出中等职业教育"是职业教育发展的重点""在现代职业教育体系中具有基础作用",是"提升国家核心竞争力、构建和谐社会以及建设人力资源强国的基础性工程"③,制约着中国新型工业化道路的进程。从中国职业教育发展趋势看,中等职业教育担负着培养数以亿计高素质劳动者的重要任务,受教育人数占职业教育人数的绝大多数,规模庞大,在人才供给方面起到了不可忽视的作用,在现代职业教育体系中发挥着基础性作用(见表0-1)。

表0-1　　　　　现代职业教育体系建设量化目标:
中高职在校生规模　　　　　　　　　(单位:万人)

目标 在校生数	2012年	2015年	2020年
中等职业教育	2114	2250	2350
专科职业教育	964	1390	1480

资料来源:《现代职业教育体系建设规划(2014—2020年)》,2014年。

---

① Ministry of National Education, "Rencana Strategis Departemen Pendidikan National 2005 - 2009", http://planipolis.iiep.unesco.org/upload/Indonesia/Indonesia%20Education Plan 2005.
② 教育部:《现代职业教育体系建设规划(2014—2020年)》,http://www.moe.edu.cn/srcsite/A03/moe_1892/moe_630/201406/t20140623_170737.html。
③ 教育部:《关于实施国家中等职业教育改革发展示范学校建设计划的意见》,http://www.moe.edu.cn/srcsite/A07/s3059/201009/t20100915_108818.html。

首先,中等职业教育在人力资源供给结构中处于基础地位,中职毕业生成为各行业的主力军[①]。《2012中国中等职业学校学生发展与就业报告》指出,全国51家钢铁行业中,中职及高中学历人数占到总数的49%,电子行业70%的工人都是中职毕业生。中职毕业生遍布各个行业,成为中国各行各业的重要力量。其次,中等职业教育为高等职业教育提供了大量的生源。中职生毕业后的选择主要是就业和升学,升学通道主要有职业院校和普通高校。《国务院关于深化考试招生制度改革的实施意见》(2014)指出,高职院校"2015年通过分类考试录取的学生占高职院校招生总数的一半左右,2017年成为主渠道"。

但是目前来看,中等职业教育的规模增幅及发展速度都在变缓,规模增长主要来自强制性分流政策效应。究其根源,是因为中国中等职业教育发展质量低下,导致吸引力不足,"学生和家长选择职业教育意愿不强,职业学校招生困难"[②],"职业教育是他们被迫的选择"[③],"多数中国的学生并非主动选择到职业学校就读,而是被动分流至职业学校"[④]。从2011年开始,"我国逐步实施中等职业教育免费制度,完善了职业学校学生的升学制度,但是中职教育吸引力仍出现逐渐弱化趋势"[⑤],家长将选择职业教育看作退而求其次的抉择,成为一种无奈之举。中等职业教育质量问题关涉人民群众对接受良好教育、提高自身素质、提升发展潜力、改善未来生活质量的基本诉求。它不仅是教育的品质问题,更是教育公平的问题,关系到学生个体的平等发展权,涉及万千家庭的根本利益与福祉。

[①] 中国中等职业学校学生发展与就业报告编写组:《2012中国中等职业学校学生发展与就业报告》,外语教学与研究出版社2013年版,第3页。
[②] 黄尧:《对提高职业教育吸引力的几点思考》,《中国职业技术教育》2009年第19期,第25页。
[③] 南海、白汉刚:《对"增强职业教育吸引力"的分析》,《教育发展研究》2010年第7期,第50页。
[④] 臧志军:《本可以不是问题:中等职业学校招生难问题解析及化解》,《职教通讯》2012年第28期,第25页。
[⑤] 闫志利、邵会婷:《我国中职教育吸引力弱化趋势的市场学分析》,《职业技术教育》2014年第19期,第5页。

绪　论

二　研究问题：为什么要锁定评价指标体系

教育质量问题是社会公众、利益相关者共同关心的社会问题，"特别是在中职教育方面，教育规模和投入越来越大，教育质量问题引起社会各界的广泛关注"①。中等职业教育质量除了与社会环境、学校基础设施建设、生源基础等因素有关外，另一个不可忽视的因素就是中等职业教育质量评价问题。注重外延发展的教育质量评价方式已经难以为中等职业教育的纵深发展提供有力支撑，质量评价发展方式转型已势在必行。因此，质量评价研究亟须加强。中等职业教育质量评价是根据一定的教育质量目标建立评价指标系统，以此判断教育实践的目标达成度，亦是评价主体围绕评价目标，通过观察、测定等手段收集资料，根据中等职业教育事实进行价值判断的过程。中等职业教育质量评价体系由主体系统、客体系统、指标系统、采集系统、分析系统、反馈系统和质量文化系统构成，评价主体要根据教育质量评价指标体系进行数据资料的收集与分析，形成评价结果，然后将评价结果反馈给评价客体（中职学校）。在评价过程中，评价指标体系处于整个评价体系的轴心地位，"承担着双重任务：内在地承载价值内涵，外在地显示获取事实依据的方向和范围"②（如图0-1所示）。

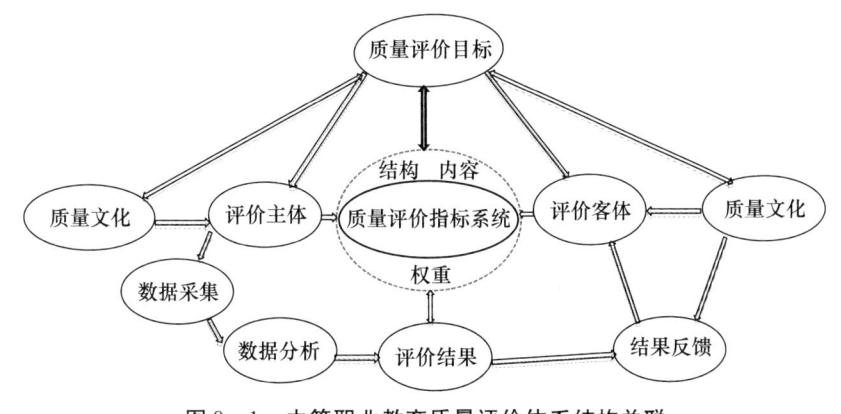

图0-1　中等职业教育质量评价体系结构关联

---

①　闫志利、庞宁：《中职教育质量评价的理论困惑、实践困境与应对策略》，《职教通讯》2014年第13期，第1页。
②　杨小微：《教育现代化评价之核心指标三问》，《教育科学研究》2015年第7期，第5页。

三　研究视角：为什么要强调基于学生发展

从构成上看中国中等职业教育质量评价指标体系，注重资源条件性评价，呈现外在投入性评价导向。投入性评价是在中等职业教育的起步阶段，由于长期投入不足造成的中等职业教育教学基础设施薄弱的情况下采取的行为，评价目的是促进国家或地方政府对中职教育的基本教学设施、师资力量等不断完善提升，保障中职学校达到基本办学条件，直至优化办学条件。但是，在国家和地方政府持续投入的大背景下，仍然固守外在投入性质量评价模式，势必造成中等职业教育质量评价目标不适应教育发展的阶段性和现实性要求，使中等职业教育发展方向出现偏离，将基础设施建设、学校规模等作为学校发展质量的首位标志，而学生发展却退居次要地位，产生发展重点错位的现象。作为教育教学主力军的教师，他们的身份开始出现变相与附加的乱象：为了扩大学生规模，获取教育资源与政府支持，教师被硬性摊派招生指标，要求他们完成招生任务。究其原因，外在投入性评价指标体系更多关注中职学校的外延发展，较少关注学校的内涵发展，中等职业教育质量评价指标系统重心的偏移，导致实践中职学校教育追求的偏离。有研究者认为"缺少恰当的职业教育和培训评价系统是导致职业教育质量信息很难获得的主要原因，而指标子系统又是职业教育质量评价系统的核心"[1]，因此，在强化中等职业教育发展的持续性投入的背景下，要逐步完善中等职业教育质量评价指标体系，由外延式评价转向内涵式评价，立足于学生发展，引导中等职业教育实践回归教育发展的本质。

中等职业教育质量评价指标体系亟须立足于学生发展，实践证明，这是一个非常紧迫的问题。近年来，笔者关注中等职业教育发展状况，深入中职学校，接触教学一线师生和管理人员，深切体会了中等职业教育发展的现状和外源性评价指标体系对中职学校的深远影响。从

---

[1] 高山艳：《职业教育质量评价指标的争议与追问》，《职教论坛》2014年第1期，第26页。

2013年开始，笔者全程参与了中等职业教育发展研究和质量评估研究等大型国际合作项目，该项目前后历时5年，对118所中职学校进行了跟踪研究。在研究过程中，研究者对中等职业教育质量评价及其指标体系影响教学实践的力度深有体会，从以下数据中可窥一斑。

对校长、管理人员、教师进行调查，发现政府所实施的中职教育评价指标体系对中职教育的影响深远。2013年调查结果显示，政府注重的评价指标的排序依次为学校建筑面积、专业设置、就业率、实习实训基地建设情况、生均教学仪器设备价值、教师合格率、毕业率、获得资格证的比例、专业课考试成绩、文化课考试成绩、报到率、大学本科升学率、高职高专升学率等。可以看出，外源性、条件性评价指标居于首位。2014年调查结果显示，政府部门在支持学校发展时最看重的指标是招生规模。2015年调查结果显示，政府部门认为最能代表中职学校教育质量的指标，依次是招生规模、毕业生一次性就业率、教师队伍、设备和设施、学生专业知识、学生品行等。相应地，中职学校囿于评价指标显示，为了扩大校园面积校长奔波于学校与政府之间，显得力不从心；为了扩大招生规模，专业教师被硬性分配了招生任务；学生发展评价被边缘化，导致教学重心转移，教学管理随意性强等现象的产生，这与教育质量评价重心偏离学生的管理模式不无关系。

因此，中等职业教育质量评价指标体系研究，必须立足于学生发展，构建以人为本的价值导向和以"学生发展为核心"的目标导向的中等职业教育质量评价指标体系，以期规范和引领中等职业教育内涵式发展。本研究将围绕中等职业教育质量评价指标体系探讨如下问题。

1. 指标体系的构建依据

从现有中等职业教育质量评价的制度背景出发，探讨质量评价中存在的问题，然后根据现代职业教育的发展趋势、相关教育评价理论与国际经验，分析"以学生发展为核心"的指标体系的构建依据，诸如制度诉求、国际经验、理论参照等，探讨评价指标体系的价值取向、逻辑理路与基本架构，为中等职业教育质量评价指标体系的构建提供理论依据和实践依据,形成构建中等职业教育质量评价指标体系的理论模型。

2. 指标体系的构建流程和具体内容

根据指标体系构建的基本框架与基本内容,进行构建的总体设计,包括基本框架、内容选择、技术路线等,选取合适的方法对指标进行萃取,形成指标体系框架与内容结构、界定评价标准,确定指标权重,形成质量评价指标体系的基本主旨和框架结构。

3. 指标体系的实践检验

通过实践检验质量评价指标体系的可行性、可鉴别性,同时检验该指标体系对于中等职业教育质量提升的影响效应。

4. 以评价促发展的策略与建议

根据研究结果与实践经验,提出评价指标体系在实践运用中的注意事项,并对以评价促发展的中等职业教育质量评价改革提出策略与建议。

第二节　文献综述

围绕研究问题,本书分别以 Quality of Education、Quality of Vocational Education、Technical and Vocational Education and Training Quality、Standard of Education Quality、Educational Quality Assessment、Education Quality Evaluation、Standard of Vocational Education Quality、Criteria of Vocational Education Quality、Assessment of Vocational Education Quality、Evaluation of Vocational Education Quality、Criteria of Secondary Vocational Education、Quality Standard of Secondary Vocational Education 和教育质量评价、教育质量评估、职业教育质量评价、职业教育质量评估、中等职业教育质量评价、中等职业教育质量评估等为主题词对中英文文献进行了多层多次检索。在充分阅览并深入研究相关文献的基础上,本书从职业教育质量内涵、职业教育质量评价、职业教育质量评价指标体系三个层面对相关研究进行评述。

绪 论

一 职业教育质量内涵研究述评

质量观是人们对事物或事件属性、特质及其价值的基本看法，对质量内涵的理解和要求不同，会体现出不同的质量观和质量评价行为。质量观是指导质量评价活动的重要前提，也是质量评价取向和行为的主要影响因素，它随着经济和社会的发展而不断变化，对质量评价行为起着重要的影响和制约作用。

1. 教育质量内涵研究

"教育质量"（quality of education）这一术语是当代教育实践和研究中最重要的概念之一，但是，"质量是一种难以捉摸的属性，并不能简简单单地衡量"[1]，诸多学者虽然提出了自己的真知灼见，但时至今日依然没有一个能被普遍接受的"质量"定义。

1969年，"质量"一词开始运用于教育领域，称为教育质量（quality of education 或者 educational quality），联合国教科文组织国际教育规划研究所的两次会议对教育质量的内涵和概念进行了讨论[2][3]，会议中一些哲学家、社会学家、教育学家对教育质量的概念进行了讨论，争论的焦点是教育质量究竟是事物本身还是外在的条件和设备？是教育的条件重要还是教育的结果重要？Peters[4]认为教育质量是相对的，"质量的标准是多元的，并且人们面对教育质量问题时总是在询问一个问题'什么是最好的'"。Professor C. E. Beeby[5]也认为要想

---

[1] [美] E. 格威狄·博格、[美] 金伯利·宾汉·霍尔：《高等教育中的质量与问责》，毛亚庆、刘冷馨译，北京师范大学出版社2008年版，第52页。

[2] Beeby, C. E., "Educational Quality in Practice", in C. E. Beeby, *Qualitative Aspects of Educational Planning*, Paris: International Institute for Educational Planning, UNESCO: 39 – 68, 1969.

[3] Adams, R. S., *Educational Planning: Towards a Qualitative Perspective*, Paris: International Institute for Educational Planning.

[4] Peters, R. S., "Sociological Comments on Concepts of Qualityand Quantity in Education", in C. E. Beeby, *Qualitative Aspects of Educational Planning*, Paris: International Institute for Educational Planning, UNESCO: 149 – 167, 1969.

[5] Beeby, C. E., "Assessment of Indonesian Education: A Guide in Planning", http://xueshu.baidu.com/usercenter/paper/show? paperid = 9c0092bcaacac43b9bf9ecbc82e87721.

给出一个绝对的教育质量的概念是不可能的。后来，他采取一种争议较少的方式来进行界定，用含有质性标准的"变化"理念，由"qualitative change"代替，以区分原有的倾向于"定量性变化"（quantitative change）的质量含义，"被界定为一个简单的线性扩充，由于当前教育实践中存在较多的建筑物、较多的学生与教师、较少的考试类型与标准……因此，界定了有质量的变化的两层含义：一个层面是教室里的质量变化——教什么和怎样教；另一个层面是学生群体的质量变化——谁在受教育和在哪儿受教育"。

20 世纪 80 年代，人们又进行了教育质量规划专题探讨，希望以此帮助学校系统改善教育环境，实现学生的知识、技能、价值需求方面的期望。学者 Mialaret[①] 认为教育质量包含了具体教育所表达的社会期望和教育过程的实际特征，以及在学习方面所发生的能够观察到的变化。也有研究表明，教育质量主要取决于学习过程中参与者的理解、体验和需要。国际组织与机构也对教育质量进行了研究，2004 年 9 月联合国教科文组织（United Nations Educational, Scientific, and Cultural Organization, UNESCO）提出了《关于提高所有青年教育质量优先行动事项的建议》，指出全球化时代背景下，教育质量内涵包含了日常生活所需的能力、生产的知识与能力、发展与选择的能力、关注人类社会的能力。2004 年 11 月《全民教育：提高质量势在必行——2005 年全民教育全球监测报告》指出，纯粹的教育质量的定义还没有出现，但是有两个基本准则：一是学生认知能力发展是所有教育体系的主要目的，教育系统能否达到这一目的是衡量教育质量的一项指标；二是儿童的创造力和情感发展促进共同价值观的形成，这一目标也是衡量教育质量的标准，但是这些目标的实现与否评估起来难度很大。除了联合国教科文组织之外，联合国儿童基金会（United Nations International Children's Emergency Fund, UNICEF）也制定了

---

① 朱益明：《教育质量的概念分析》，《比较教育研究》1996 年第 5 期，第 55 页，资料来源：Aletta Grlsay, Lars Mahlek, "The Quality of Edueation in Developing Countries: Are View of Some Research Studies and Policy Documents", UNESCO, 1991。

《教育质量内涵》，指出教育质量包含学习者、环境、内容、过程与成果五个要素。非洲联盟（African Union，AU）[①]指出，质量是一个多维的概念，包括教育系统的所有功能和活动，包括教学和学术课程、研究和奖励、工作人员、学生、建筑、设施设备、社区服务、学术环境、国家的文化价值观，还包括适应国际变化环境的知识交互、网络互动、教师和学生的流动性、国际研究项目等。

中国对教育质量的研究和界定涉及社会需求、个人发展、未来预期等各个方面，学者们从不同层面探讨了教育质量的内涵。王学男[②]认为，中国"教育质量"概念理解的多元化与不充分并存，造成教育质量的多元化理解的原因是不同利益相关群体的视域不同和不同社会发展阶段的社会、历史、经济和文化诉求不同。袁振国[③]指出，教育质量的含义丰富，从不同角度可以有不同阐释，但教育质量终究是人才培养质量，根本标准有两个，一是是否适应社会经济发展的需要；二是是否适应人的发展需要。冯建军[④]认为，教育质量是教育输入、教育过程和教育结果的特性满足不同顾客需要的程度。王敏[⑤]指出，教育质量具有教育满足个体和社会显现的和浅在的教育需要能力的特性。由此可见，尽管学界对教育质量的概念尚未达成共识，但是可以看出，个体发展和社会发展的需要是判断教育质量的基本准则。

研究者从教育需要的满足程度来界定教育质量的内涵，形成了教育质量"程度说"。如顾明远主编的《教育大辞典》[⑥]中界定："教育质量是对教育水平高低和效果优劣的评价""最终体现在培养对象的

[①] African Union, "Developing an African Higher Education Quality Rating System", Retrieved October 28, 2013, http://www.africa-union-org.
[②] 王学男：《何谓"教育质量"——"十三五"时期提升教育质量的概念前提》，《河北师范大学学报》（教育科学版）2017年第6期，第84—89页。
[③] 袁振国：《教育质量的国家观念》，《中国教育学刊》2016年第9期，第27页。
[④] 冯建军：《论教育质量及教育质量均衡》，《教育研究与实验》2011年第6期，第1页。
[⑤] 王敏：《教育质量的内涵及衡量标准新探》，《东北师大学报》2000年第2期，第20—23页。
[⑥] 顾明远主编：《教育大辞典》（第一卷），上海教育出版社1990年版，第24页。

质量上""衡量标准是教育目的和各级各类学校的培养目标，前者规定受培养者的一般质量要求，亦是教育的根本质量要求，后者规定的是受培养者的具体质量要求，衡量人才是否合格的质量规格"。王军红等[1]提出，教育质量是对培养人的服务规定性的量度表达，是教育投入产出的效率以及达到顾客满意的有效程度的反映，具有功能性、经济性和文明性特征。程凤春[2]则认为，教育质量特性包括功能性、文明性、舒适性、时间性、安全性、经济性和可信性，需要通过教育输入、教育过程和教育结果全方位来体现，对于不同的教育消费者而言，教育质量特性的表现形式和具体内容也有所不同。袁益民[3]认为，教育质量具有正当性、满意性、有效性、效率性、适切性、价值性、公平性、民主性等特征，教育质量的判断标准有：教育是否满足经济社会需求；学习结果是否满足人们的期待；教育目标是否实现；教育资源利用的有效性如何；课程设置是否适应社会和人们的期待等。教育质量"程度说"实质上是将教育质量设定为某种标准，这种标准与教育服务对象有很大关系，不同层次的服务对象对教育活动和结果的需求不同，这也就造成了教育质量内涵的差异性、多元性和层次性。

综上所述，教育质量是一个复杂的、内涵丰富的概念，包含了条件质量、过程质量与结果质量等，它不但反映了良好的办学条件设施、合格的师资，还涉及课程设置、运行机制、最终成果，更反映了学生的发展水平，体现教育目标的实现程度，是一个多维系统的综合体，具有动态性、过程性、情境性特征。教育质量最终指向的是学生发展。有质量的教育是一种保障人权的教育，旨在将学习者培养成为兼具个体、家庭成员、社会成员和全球公民等角色能力的人，构建的是知识、技能、态度、价值观以及可持续发展的能力。

---

[1] 王军红、周志刚：《教育质量的内涵及特征》，《河北大学学报》（哲学社会科学版）2012年第5期，第70—73页。

[2] 程凤春：《教育质量特性的表现形式和内容——教育质量内涵新解》，《教育研究》2005年第2期，第45—49、67页。

[3] 袁益民：《教育质量的保障与评估》，江苏大学出版社2015年版，第11页。

2. 职业教育质量内涵研究

全面重视职业质量问题的标志是1996年欧洲职业培训发展中心（European Centre for the Development of Vocational Training，CEDEFOP）的报告《欧洲职业教育与培训中的质量问题和趋势》[①]的发表，该报告的出台开启了世界范围内轰轰烈烈的职业教育质量运动。该报告提出，质量是一个多维的相对概念，因此，不可能给出一个适合所有情况的独特定义。人们在评估质量时可能会使用一些重要的观点和看法：(1) 质量意味着卓越，具有一定特质；(2) 结果导向的质量具有可测量性；(3) 质量意味着顾客期望的实现或达成；(4) 过程导向的质量意味着符合规范性；(5) 价格或收益导向的质量意味着价值增量。这些质量观念可以单独或结合起来，适用于包括职业教育和培训在内的任何类型的产品或服务。该报告还提出，职业教育与培训中质量观念往往会随着时间的推移而改变，人们对教育和培训质量的不同看法可以归纳如下：(1) 从教学或者教育学的角度来看，如从教学和培训的有效性、灵活学习方式的适当性和补偿项目教育的质量等方面来看，职业教育质量可视为教学与学习的优化过程；(2) 从（宏观）经济的角度考虑，如以教育与培训机构（或者企业）的投资回报、班级规模的成本与效益等作为教育质量的主题，教育与培训的成本优化或投资回报率提高可看作职业教育的质量；(3) 从社会或社会学的角度来看，如以为弱势群体提供平等机会等来看，职业教育质量被视为对社会教育需求回应的最优化；(4) 从客户的角度来看，如以学校与培训供给者满足客户（学生、家长、雇主）的教育与培训需求的能力来看，职业教育质量被视为顾客需求满意度的最优化；(5) 从管理学的角度来看，聚焦于教育机构的学校效能和全面质量管理（TQM）方式，将职业教育质量视为教育组织和过程的最优化。

---

① Van den Berghe, Wouter, "European Centre for the Development of Vocational Training, Thessaloniki (Greece)", *Quality Issues and Trends in Vocational Education and Training in Europe*, Luxembourg: Office for Official Publications of the European Communities, 5 – 10, 1996.

综上所述，对职业教育质量的认知从教育过程、教育结果、社会期望达成、雇主满意度、全面质量管理等方面进行界定，体现了社会对职业教育质量的期望，评估就是要关注职业教育质量的优质性、可测性、合目的性、合规范性、增值性等。

目前，还有一种基于"标准"的职业教育质量观。ISO 8402 标准对"质量保证"的定义是在质量体系内实施的所有计划和系统活动，并根据需要进行明确，为实现质量的全部要求提供充分信念，也就是说，首先制定质量标准，其次制定适当的流程，运用这些流程监测职业教育与培训和标准的一致性，最后分析不一致的原因，通过适当的纠正措施消除问题。基于"标准"的质量观的出现引起了各国关注，它在职业教育质量保障环节主要采用的是职业教育资格认证和职业教育质量认证，即建立"职业教育办学标准"进行办学资格审查，配套"职业教育质量标准"进行监测与评价。另外，全面的职业教育质量观也备受关注，M. Fatma[①]认为，职业教育和高等教育一样，应从服务能力、公众需求期望的达成、质量的变革过程及系统、管理机制、反馈机制、高质量的技术技能型人才的培养质量等方面判断教育质量。

中国学界对职业教育质量内涵也进行了诸多研究。由于职业教育类型多样，而且教育形式多有不同，对职业教育质量内涵的研究大多出现在劳动力培训、终身教育、资格证书、高等职业教育、中等职业教育等领域，尤其是高等职业教育研究领域对职业教育的内涵与外延进行了较深入的探讨。职业教育质量观是对职业教育质量内涵理解的具体表现，一方面影响了职业教育实践的逻辑起点；另一方面也是职业教育质量评价组织进行评价与衡量时的着眼点。由于职业教育本身的特殊性，对职业教育质量的认识也出现了多样性和特殊性，与高等教育、基础教育的质量观既有共同之处，也有差异之处，表现出独有的特质。一方面，从总体上讲，职业教育质量观强调技能性和对劳动

---

① Fatma, M., "A Systems Approach to Program Evaluation Model for Quality in Higher Education", Quality Assurance in Education, (1): 37, 2006.

力市场的适应性,"是'服务'理念的质量观,是多元化的质量观,是发展的质量观,是开放的质量观"①;另一方面,由于研究角度、逻辑起点、学科特性等存在差异,不同学者又提出了不同的职业教育质量观。

(1)基于ISO 9000标准的职业教育质量。1992年5月全国质量工作会议召开,决定引入ISO 9000族标准,并以双编号(GB/T-和ISO-)的形式发布标准,学校也引入ISO 9000族标准,并建立标准质量管理体系来实现学校教育质量管理。有研究者根据ISO组织定义的质量概念来界定职业教育质量的内涵和质量标准。比如吴德华、戴冬秀、武马群等从职业教育固有的特性作为分析逻辑起点,结合《GB/T 19000—2000质量管理体系标准基础和术语》进行了职业教育质量内涵研究。戴冬秀②提出"一个体系,两套标准",即包含形成性衡量标准和终结性质量标准的高职教育质量标准体系,该标准体系应包含。吴德华③认为,高职教育质量的内涵主要体现在学生发展,包括知识、能力、素质的协调发展,尤其强调以职业能力为核心,同时发展非智力因素、创新创业能力等。武马群等④从"教育服务"和"顾客满意"的角度,系统化地提出了职业教育质量要遵循"教育服务"理念和"顾客满意"职业教育质量观,并根据质量管理的8项原则和PDCA工作方法,将"教育服务""过程管理""持续改进""顾客满意"等作为质量管理核心理念。但是,ISO 9000不是一个操作指南标准,而是一个方法论标准,有一套严谨的管理系统,拥有自己的概念体系,职业教育引用此概念体系进行术语及质量系统的界定,一定程度上会导致概念内涵不清、管控对象模糊、操作性较差等背离质量管理初衷的问题。

---

① 刘晓欢主编:《职业教育质量研究专论》,天津大学出版社2013年版,第50—51页。
② 戴冬秀:《关于高职教育质量的三个问题》,《职教论坛》2008年第23期,第21—24页。
③ 吴德华:《构建基于ISO9000标准的高等职业教育质量保障体系》,《长沙航空职业技术学院学报》2004年第2期,第2页。
④ 武马群等:《基于ISO9000质量管理体系标准的高等职业教育教学质量管理与保障体系研究实践》,《中国职业技术教育》2014年第32期,第5—8页。

(2) 基于"效益"的职业教育质量。有研究者依据教育经济学的学科理论逻辑强调投入与产出之间的效益关系,从"投入—产出"视角来界定和解释职业教育质量的内涵。刘晓欢、闵建杰等研究者认为职业教育质量要考虑投入与产出之间的关系,刘晓欢[1]认为,职业教育活动要使用和消耗资源(输入),也产生相应的结果(输出),教育资源的投入管理与教育结果输出成果反映了教育的转化过程,职业教育质量要基于"产品—教育服务"的职业教育质量理念。闵建杰[2]认为,职业教育质量是一种多元主体的价值关系,即对于学校提供的具有政治、经济、文化、人本等广泛效用的教育服务,学生、用人单位、政府等对其有用程度作出评价的质量价值关系。基于教育经济学理论的教育质量观关照了投入与产出之间的关系,但是忽略了质量生成过程中复杂因素之间的关联。

(3) 基于"服务"的职业教育质量。以就业为导向的职业教育质量观实质上是一种基于服务理念的质量观。致力于为经济建设培养技术技能型人才的职业教育,"市场"和"就业"是其不可回避的关键词。同时,基于"服务"的职业教育质量观实质上是一种"顾客"理念的质量观。该质量观认为职业教育质量通过学生体现出来,其路径有二:一是服务学生,即满足学生的需求;二是促进学生发展,即实现学生发展的增量显著,造就实用性人才。基于"服务"的职业教育质量观主要以服务"顾客"为视角进行质量内涵的界定,如成丙炎[3]提出了"三重顾客论",即直接顾客(学生)、间接顾客(政府、家长)、最终顾客(用人单位),职业教育质量对学生而言是促进个体形成职业能力、养成品行、提高生活质量,对政府而言是发挥政治职能和公共职能,对家长而言是子女接受教育服务,对用人单位而言是毕业生能否为企业创造价

---

[1] 刘晓欢:《基于产品观的职业院校教育质量特征》,《武汉职业技术学院学报》2007年第4期,第11页。
[2] 闵建杰:《论高职的教育质量、质量标准、质量评价与质量管理——兼与戴冬秀先生商榷》,《职教论坛》2009年第21期,第33—36页。
[3] 成丙炎:《顾客导向视野下的高职教育质量观》,《中国成人教育》2009年第23期,第43—44页。

值。简彩云[①]以教学工作为例,认为学生是职业教育服务的首要顾客,在满足学生顾客需求的同时也提高了办学质量。阎泽[②]认为,职业教育质量是满足"顾客"(学生)职业适应力、就业竞争力、可持续发展力要求的程度。职业教育质量取决于职业教育院校满足社会和学生需求的程度、服务效益等,为"顾客"服务的职业教育质量的载体理应是学生。杨彩菊、周志刚[③]认为,"高职教育质量的最终表达者是学生"。王晓萍[④]认为,"高职教育人才观、质量观与教学观的本质是'以学生为本'"。基于学生发展的职业教育质量观关照了"人"的发展的目的性,把学生发展聚焦于质量的中心地位,成为质量的本体。市场需要什么样的技术技能型人才,职业教育就要努力满足这种需要,以就业为导向,实现服务社会、服务市场、服务学生的功能。

综合以上分析可以看出,对职业教育质量内涵的界定呈现多样化的特征,总的来讲,具有以下特点。

(1)学生发展是职业教育的基本目标,职业教育机构的运行目的就是满足学生这一核心顾客的发展需要,学生发展是职业教育质量的核心载体。

(2)职业教育质量不仅仅是结果层面的技术技能型人才质量,还在于职业教育整个运行过程中的人才培养质量。

(3)基于职业教育的特殊性,培养高质量学生和服务社会发展均是职业教育质量的应有之义。

二 职业教育质量评价研究述评

教育质量评价这一概念,在实际运用和学术研究中存在着不同的

[①] 简彩云:《论学生满意视野下的高职教育质量观》,《职业教育研究》2008年第12期,第20—21页。

[②] 阎泽:《教学质量与工学结合条件下的高职教育质量观》,《高等职业教育》2010年第1期,第33—35页。

[③] 杨彩菊、周志刚:《基于人本主义教育思想对高职教育质量观的再审视》,《职教论坛》2014年第4期,第41—42页。

[④] 王晓萍:《人才观、质量观和教学观视野下的高职教育考试观》,《湖北广播电视大学学报》2011年第4期,第18页。

形式和表达方式，如"教育评价""教育质量评估""教育质量督导"等。这种宽泛的术语表达方式为本身就比较多样化的教育质量概念增添了更多内容和形式。大多数情况下，这些术语包含了近似的内容，有一定的关联性，但是在使用过程中也有一定的倾向性。就使用情境而言，教育评价一词的内容最为广泛，而教育质量评估与教育质量督导等相对来讲具有一定的机构偏向性。职业教育质量评价与教育评价一样，也存在着比较灵活的表达方式，有职业教育质量评估、职业教育质量督导、职业教育质量认证等。总体来看，表述方式虽有一定的倾向性，但其核心目的都是对职业教育的发展水平和目标达成度进行事实判断和价值判断。本研究对"教育质量评价"一词进行概括性综述。

1. 职业教育质量评价主体研究

职业教育质量评价主体不仅包括政府，也包括其他的利益相关者，如学生及家长（顾客）、职业学校、中介组织、企业等。孔凡成[1]以澳大利亚、法国、英国、美国、德国为例，分别介绍了职业教育评价以政府为主体、以社会为主体、以企业为主体的三种模式，并分析每种模式的运行效果。郄海霞、王世斌、董芳芳[2]以美国亚利桑那州为例，指出职业教育质量评价由利益相关者共同参与，形成了联邦、州、地方学区、职业学校、协会组织等多元参与、相互协调的外部评价机制。孙颖、刘红、杨英英等[3][4]研究日本的职业教育质量评价时发现，日本职业教育质量评价有三种方式，每一种方式有不同的评价主体，其中设置认可主要由文部科学省进行评价，内部评价主要由职业学校自己进行自评，外部评价主要由第三方评价机构进行评

---

[1] 孔凡成：《简述国外职业教育评价模式及特点》，《世界教育信息》2007年第6期，第15—17、93页。
[2] 郄海霞、王世斌、董芳芳：《美国中等职业教育外部质量评价机制及启示——以亚利桑那州为例》，《比较教育研究》2013年第12期，第40页。
[3] 孙颖、刘红、杨英英、王世斌：《日本职业教育质量外部评价的经验与启示——以短期大学为例》，《比较教育研究》2013年第48期，第48—55页。
[4] 孙颖、刘红、杨英英：《日本职业教育质量外部评价的经验与启示——以高等专门学校为例》，《外国教育研究》2014年第5期，第33—39页。

价。欧盟也提出了同行评价模式，并认为是"一个特别有前景的质量保证"手段[①]。

中国职业教育质量评价主体主要是政府教育管理部门，同时也倡导第三方评价机构的参与。从政策文件来看，2014年6月《现代职业教育体系建设规划（2014—2020年）》提出，鼓励社会各界参与监督职业教育，积极支持第三方机构开展评估。2016年国务院《中等职业学校办学能力评估暂行办法》指出，委托第三方机构基于学校相关数据信息和省级评估报告，形成国家评估报告。从学术研究来看，主要是从评价主体的层级上进行探讨。例如，唐智彬等[②]从博弈论的角度提出政府进行制度安排、中介机构是主力、鼓励社会参与评价的新形式。周劲松等[③]认为，应从国家层面、省级层面、市级层面、学校层面界定评价主体和评价体系，以政府、学校自身作为评价主体。张宏亮[④]认为，改革职业教育质量评价应引入行业企业参与机制，在宏观、中观和微观层面上建构起与行业企业岗位标准相对接的评价指标体系基础上，组建以企业为主体的评价队伍，校企合作确定评价目标、标准和实施方案，优化评价过程控制，构建驱动激励机制、强化评价绩效评估。陆春阳[⑤]、张良[⑥]、赵福水[⑦]、赵岩铁[⑧]等认为，职业

[①] 李作章：《同行评价：欧盟职业教育质量评价的重要方式》，《职业技术教育》2012年第13期，第90页。

[②] 唐智彬、夏金星、饶异伦：《在博弈中完善——论我国职业教育质量评价体系》，《职教论坛》2006年第11期，第7—9页。

[③] 周劲松、肖智清：《基于全面质量管理的高等职业教育质量评价模型的建设》，《职业技术教育》2008年第2期，第5—6页。

[④] 张宏亮：《行业企业参与职业教育质量评价研究：指标体系、实施路径及保障机制》，《中国职业技术教育》2015年第33期，第5—9页。

[⑤] 陆春阳：《让第三方参与职业教育人才培养质量评价》，《职业技术教育》2011年第30期，第64—65页。

[⑥] 张良、王建林、马芫茗：《职业教育第三方质量保障体系建设研究——基于社会经济发展需求导向的视角》，《湖南社会科学》2013年第6期，第272—274页。

[⑦] 赵福水等：《职业教育第三方质量监控保障体系研究》，《职业技术教育》2013年第17期，第59—61页。

[⑧] 赵岩铁：《开展职业教育第三方评估监测的探讨》，《当代职业教育》2015年第11期，第7—9页。

教育质量评价体系的构建和执行引入第三方评估机构是贯彻落实职业教育方针政策的需要，也与职业教育评价的国际发展趋势相符合。姚爱国等[1]认为，社会评价是教育评价的重要组成部分，可以提高社会对职业教育的参与度和认同感。总体来看，根据已有研究可以获得关于职业教育质量评价主体的如下认识。

（1）在应然层面，职业教育质量评价主体具有多元化特征，主要由利益相关者组成，如政府、学生及家长（顾客）、中等职业学校、中介组织、企业等。

（2）在实然层面，中国职业教育质量评价主体目前仍是教育主管部门，企业、社会及其他利益相关方相对较少。但是面向未来，职业教育质量评价主体正在由政府单一主体逐步转向由政府主导的、以学校自身为主的，第三方评估组织、社会和企业共同参与的多元化主体结构。

2. 职业教育质量评价标准研究

在职业教育质量评价中，评价标准是实践和研究领域非常关注的问题。美国斯塔弗尔比姆（D. L. Stufflebeam）于20世纪70年代建立了CIPP评估模式，背景（context）、输入（input）、过程（process）、结果（product）不断深化为10个要素：合同协商（contract）、背景（context）、输入（input）、过程（process）、影响（impact）、成效（effectiveness）、可持续性（sustainability）、可移植性（transportability）、元评估（meta-evaluation）、最后的综合报告（final synthesis）[2]。其中，过程和成效成为CIPP模式建立教育质量标准的重要维度。德国赖因哈德·施托克曼在其《评估学》中也强调"效果"在质量评价标准中的重要地位[3]。瑞典评估专家维东（E. Vedung）使用有效性、生产

---

[1] 姚爱国、谭必翰：《社会评价：高等职业教育质量的有效保证》，《职业教育研究》2006年第5期，第4—5页。

[2] ［德］赖因哈德·施托克曼、［德］沃尔夫冈·梅耶：《评估学》，唐以志译，人民出版社2012年版，第140—141页。

[3] ［德］赖因哈德·施托克曼：《非营利机构的评估与质量改进——效果导向质量管理之基础》，唐以志、景艳燕译，中国社会出版社2008年版，第103—105页。

率、成本收益、成本有效性四条标准对公共政策进行评估[①]。英国《继续教育卓越框架》(2006)把经济性、效率、效能和公平作为评价的准绳[②],在职业教育评价体系中,遵循统一的评价标准即总体效能,根据学员的学习成果,教、学和评价质量,领导与管理效能等进行等级评定[③]。澳大利亚将"效果与效率"评估贯穿TAFE学院职业教育与培训的全过程,注重评价TAFE学院的教学效果与工作效率[④]。《欧盟职业教育与培训质量保障参考性框架》(2009)提出,质量改进是一个投入、过程、产出、成果的循环的持续过程,质量评价标准的核心是学习结果、学习者的能力发展,以及在职业实践活动中的利用与迁移效率,甚至包括对职业发展的影响[⑤]。总体来说,以"过程—效果—目标"为导向的职业教育质量标准促进了职业教育发展的"标准化"运动。

中国研究者从人才培养和服务的质量标准出发,构建了职业教育质量标准体系,人才培养的质量标准包含了知识、能力、素质三大要素,其核心特性是综合职业能力。职业教育服务的质量标准从教育管理、教育过程、服务效果等方面构建了质量标准[⑥]。研究者从职业院校内部质量评价的指标体系框架出发,将评价标准分为组织保障、教育资源、专业与课程建设、教学实施、教学结果五大部分。也有研究者认为职业教育质量的一个标准是提供满意的服务,中职学校提供的教育服务适应ISO 9000质量管理体系,中等职业教育质量评价应以是否满足个人和社会显现的和潜在的教育需要为依据。还有研究从影

[①] Vedung, E., *Evalustion im öffentlichen Sektor*, Wien: Böhlau, 223, 1999.
[②] 肖菲、韩晶晶:《英国继续教育质量评估框架研究》,《职教论坛》2014年第18期,第42—48页。
[③] 金晶、董婧怡:《英国职业教育质量评价标准》,《职业技术教育》2012年第28期,第89—93页。
[④] 王雅文、韩玉:《澳大利亚TAFE学院"效果与效率"管理机制研究》,《职业技术教育》2017年第30期,第70页。
[⑤] Frank, "Umsetzungdes Deutschen Qualifi-kationsrahmens-Qualitätsentwicklung in der Beruf-sausbildung auf allen Ebenen gefordert", *Berufsbil-dung in Wissenschaft und Praxis*, (2): 34-37, 2012.
[⑥] 刘晓欢:《职业教育质量研究专论》,天津大学出版社2013年版,第65—70页。

响教育质量的客观因素和主观因素出发，如邢天才[1]结合高职教育特点分为宏观和微观评价体系，宏观评价体系的质量评价标准从政治、法律环境相适应性、占用社会资源合理性、区域性平衡、区域和行业经济适应性、专业设置和区域布点的前瞻性、社会接受程度等方面进行设置；微观评价体系的质量评价标准从基础设施、师资队伍、教学方法、教学手段等方面进行设置。刘晓欢、刘骋[2]则是从满足市场需求，适应市场变化的角度确定能力标准，从人才培养质量和服务质量进行标准设置，构建内部评价和外部评价两个标准。

国外的职业教育质量评价更多着重于学习结果以及学习者的能力发展，学生能力在职业实践中的运用与迁移效率以及对职业的影响，从效率、效益、有效性方面进行评价标准的设置，并以"过程—效果—目标"为依据制定职业教育质量标准。从中国职业教育质量评价标准研究结果来看，质量评价标准从不同层面进行了设置和研究，兼顾了条件设施、运行过程、结果表现等方面的内容。

3. 职业教育质量评价工具研究

随着外部问责和职业教育质量评估的兴起，政府和公众渐渐开始要求学校提供教育质量的证据。因此，各国开始开发关于教育发展质量的测量工具，诸多研究者也开始关注职业教育质量评价的测量工具的设计，职业教育质量评价过程中，评价工具也具有一定的特殊性。比如 Hamish Coates[3] 介绍了澳大利亚质量培训框架的质量指标的发展过程及现状、质量指标的定义、反馈工具的发展、支持数据的搜集与使用、形成结果、构建实践的基础等，并研究了职业教育质量测量指标的工具。从整体来看，职业教育质量评价中，具体使用的评价工具有观察、情境化口试、实践操作、笔试、案例分析、

---

[1] 邢天才：《试论高等职业教育质量评价体系和标准的构建》，《职业技术教育》2006 年第 4 期，第 41—46 页。

[2] 刘晓欢、刘骋：《论职业教育的质量标准与质量评价》，《职业技术教育》2005 年第 19 期，第 32—35 页。

[3] Hamish Coates, "Building Quality Foundations: Indicators and Instruments to Measure the Quality of Vocational Education and Training", *Journal of Vocational Education & Training*, 61 (4): 517–534, 2009.

问卷、访谈、自我评价等，工具具有多样化特征，从学生"怎么做""做得如何""为什么这样做"等方面对学生多方面的能力进行评估。职业教育质量评价除了专家依据自身的专业知识和能力进行自主评价外，评价工具的设置也开始出现多样化和适应化，强调评价工具的多元性、情境性、可操作性、互动性等已经成为质量评价的基本共识。其中，调查问卷、考试与测量工具、综合性实践工作任务是常见的测量工具。

（1）调查问卷。调查问卷是质量评价的重要工具之一，调查问卷是进行职业教育质量评价时采用的一种比较常见的形式，问卷可以被广义地看作学校或者学生的自我汇报，通过问卷调查可以收集评估资料。例如，德国对职业学校进行评价时采用网上调查问卷的形式收集教师、学生、企业的相关信息①。美国社区学院是美国实施高等职业教育的主要场所，鉴于社区学院的教育目标、学生总体特点和资源与本科教育的不同，面向社区学院和技术学院学生开展高职院校学生学业质量调查，包括问卷调查。

（2）考试与测量工具。学业成就与能力发展是教育质量水平的主要表征，美国将学术成绩作为职业教育质量评价的一个指标，并强调了各州考试测量工具的设置问题，有些州认为教师通过期末成绩的方式给学生的技能总体评价是较好的技能测评方式，因而采用学分绩（GPA）作为技能测评数据；还有的州如明尼苏达州认为课程经过教师和产业界专家审核，包含了该职业领域必须掌握的技能，因此要采用课程的完成情况（course completion）作为技能获得的测量指标②。澳大利亚职业资格框架中每一级资格都通过对知识、技能、知识与技能应用等维度进行测试，学术成绩是重要的组成部分，学术成绩测量工具主要采用试卷测试方式。

（3）综合性实践工作任务。采用完成实践任务的实际操作形式作

---

① 王玄培、王梅、王英利：《德国职业教育外部质量评价及其对我国职教评价体系的启示》，《教育与职业》2013年第32期，第23页。
② 高山艳：《美国生涯与技术教育绩效评价：内容、困境及启示》，《外国教育研究》2013年第10期，第118—128页。

为评价工具也成为职业教育质量评价的主要特征。德国在进行评价时，工作任务主要表现为两种类型：一是考生所在企业实际生产组织条件下的"真实工作任务"；二是模拟"跨企业、与企业发展相关的实践任务"[①]，评估考生的获取信息能力、与客户交流能力、质量意识等，通过工作任务的完成来获得代表教育质量的直接证据和间接证据。澳大利亚也采用了完成工作任务评价教育质量这一新的工具，通过学生完成工作任务，对学生的问题识别、策略选择、实施计划、解决问题、解决效力等方面进行评价[②]。

也有研究者对评估工具表现出了担忧，《评估和监测职业教育和培训系统的方法和手段：以证据为基础的政策制定的基础》[③] 指出，对职业教育和培训系统而言，专家评估职业系统状态的方法和工具的需求日益增加，但是，用于监测和评估职业教育与培训体系的工具和工具清单非常简单，并且大量的工具可能并不能提供政策所需要的真正的证据，评估的指标也不能被真正地测量出来。学生的技能水平需要在实践操作或项目执行中进行测评，这需要大量的人力物力财力的支持，因此需要解决经济可行性方面的困难，同时测评技术也需要进一步提高。

三 职业教育质量评价指标体系研究述评

职业教育质量评价指标体系研究主要表现为三种形式：（1）国外对职业教育质量评价指标体系的描述与构建意见；（2）国内对国际职业教育质量评价政策或制度的评价指标体系的描述与阐释；（3）对中国职业教育质量评价指标的解读与构想。

1. 国外关于职业教育质量评价指标体系的研究

国际上，关于职业教育质量评价指标体系的文献主要分为三类：

---

① 黄方慧、赵志群：《德国职业教育毕业考试质量控制经验及其借鉴》，《职业技术教育》2015年第32期，第74页。

② 庞世俊、王春丽、张磊：《澳大利亚职业教育与培训中的职业能力评价》，《中国职业技术教育》2010年第13期，第76页。

③ Philipp Grollmann, Melanie Hoppe, "Methods and Instruments for the Evaluation and Monitoring of Vocational Education and Training Systems: A Basis for Evidence-Based Policy Making?", *Research in Comparative and International Education*, 6 (3): 250-254, 2011.

一是来自国际组织或国家管理机构的关于职业教育质量评价指标体系的文件；二是对职业教育质量评价指标体系构建的建议与意见；三是对各类国际组织或国家管理机构的关于职业教育质量评价指标体系构建的应用评估。中国诸多学者对国际组织和发达国家的重要的职业教育评估文件内容都做了比较详细的介绍，在研读文献中，国际组织主要包括联合国教科文组织（United Nations Educational, Scientific and Cultural Organization, UNESCO）、欧洲联盟（European Union, EU、欧盟）、经济合作与发展组织（Organization for Economic Co-operation and Development, OECD、经合组织），国家和地区主要包括德国、澳大利亚、美国、英国、芬兰、韩国等国家的文件内容，这部分内容将在随后的"国内对国外职业教育质量评价指标体系的研究"部分介绍，故在此不再赘述。本部分主要从国际上关于对职业教育质量评价指标体系构建的建议与意见、职业教育质量评价指标体系的应用等方面进行陈述。

在进行职业教育指标设置与体系构建时，对指标的认知、评价目的的确定、教育目标的定位都影响了指标设计的科学性、准确性与效用性。研究者认为职业教育质量评价指标体系研究应以职业培训为重点，探讨质量指标在教育及训练方面的应用及效用。对于指标的关注重点往往随着时间的推移而改变，这在教育和培训中也可以看到。Van den Berghe 和 Wouter[1]认为，最初大多数注意力集中在输入因素上，后来人们开始关注与产生结果有关的指标。然而，在包括教育和培训在内的某些部门，由于其复杂性、成本甚至对特定成果的价值缺乏共识，很难制定出完美的评价指标体系。Stephen Saunders[2]指出，如果培训指标要对职业教育规划的可持续改进作出最大贡献，组织和国家职业教育机构的资源和专门知识就非常重

---

[1] Van den Berghe, Wouter, "Indicators in Perspective: The Use of Quality Indicators in Vocational Education and Training", CEDEFOP Document, http://www.cedefop.europa.eu/ga/publication-types/cedefop-document-series.

[2] Stephen Saunders, "Stephen Using Training Indicators to Improve Planning for Vocational Education and Training", http://www.avetra.org.au/PAPERS%.202001/SW20Saunders.pdf.

要。Ethel[①]指出，职业教育评价应包括学习者用户调查、内部和外部评估、检验与审核程序、输入过程与学习质量的输出结果等，但目前职业教育的评价方法比较欠缺，职业教育课程内容指标仍然以学习认知层面指标代替了生产指标，职业教育评价应具有实践性和理论性，使其在社会中发挥应有的作用。

有研究者对评价指标体系设定时要考虑的因素进行了研究，Kaaren Blom 和 David Meyers[②]认为，职业教育和培训系统质量采用的评价指标，要考虑质量过程中的利益相关者、质量目标、质量定义、质量指标、如何测量等因素，形成一个由四个主要因素组成的质量评价指标框架：背景、利益相关者期望、培训过程和培训结果。有研究者对设定需要考虑的层面与内容进行了研究，比如 Van den Berghe 和 Wouter[③]研究分析了质量指标在设计、加工和使用过程中存在的主要问题，提出了设计、加工和使用过程中要考虑的十个维度：(1) 信息和资料内容（概述、管理/政策、绩效、质量）；(2) 目的（分析、交流、规范）；(3) 定性与定量；(4) 客观性和可测量性的程度（相对于主观性）；(5) 政府或顾客与机构需求之间的驱动力；(6) 过程层面（输入、过程、输出、结果）；(7) 与过程相关的目标或目的；(8) 可比性；(9) 系统层面（系统政策、系统组织、机构、项目、课程、培训者、学员）；(10) 质量特征类型（设计质量与达成质量）。可以使用这些与内容相关的标准，以特定的方式对指标进行分类。

也有研究者对指标本身属性可能衍生出的一些问题进行了研究，

---

① Ethel E. Idialu, "Ensuring Quality Assurance In Vocational Education", *Contemporary Issues In Education Research-Fourth Quarter*, Volume 6, Number 4: 431–438, 2013.

② Kaaren Blom, David Meyers, "Quality Indicators in Vocational Education and Training International Perspectives", http://www.ncver.edu.au/_data/assets/file/0015/5118/nr0026.pdf.

③ Van den Berghe, Wouter, "Indicators in Perspective: The Use of Quality Indicators in Vocational Education and Training", CEDEFOP Document, http://www.cedefop.europa.eu/ga/publication-types/cedefop-document-series.

Tom Karmel[①]认为,指标必须易于解释,在制定一套指标时,第一个问题是明确目标,第二个问题是涉及指标自身的一些属性,这些属性包括以下九种。(1)关联性:指标是否与目标有关,是否可测。(2)可操作性:指标必须能够被收集。(3)混合因素:技能测试是否与市场需求有关。(4)分配问题:指标与资源管理方式带来的风险。(5)衍生问题:如果资源是根据指标分配的,那么就存在反常行为的风险,如高完成率得到奖励,那么教育提供者可能会有意识降低标准或排除更难教的学生。(6)规避难题:相对工资率与衡量资格证书的价值有关,但人们不愿说资格证书没有价值,即使它们在劳动力市场上没有得到奖励。(7)稳健性:如果使用指标来分配资源,那么指标必须是稳健性的。(8)指标不能代替分析:世界是一个复杂的地方,认为通过简单的指标就能充分评估政策结果是太幼稚了。(9)简单并不总是一种优势:决策者往往喜欢简单的指标,然而简单并不总是有助于理解,例如,指标往往是以全体人口为基数计算的,但是具体年龄的计算措施可能更有用,整个人口水平的指标受到人口份额变化的影响,因此可能具有误导性。Tom Karmel还认为,效率是一个很难理解的概念,虽然输出与输入的比值是一个明显的度量,但它并不包含质量维度。质量很难衡量,但是,学生满意度可以提供一个可信的指标,另一个明显的衡量标准是完成率。

　　研究者也对各类指标出现的频率进行了研究。Kaaren Blom 和 David Meyers[②]在对各国的评价指标体系分析中发现,成就、参与、进步、保留、成功率和完成率等质量指标相当普遍,学习者的经验以及人力、物力和财力支持资源被衡量的频率较高,其他经常出现但不太

[①] Tom Karmel,"Measuring Educational Outcomes: Vocational Education and Training", National Centre for Vocational Education Research (NCVER), http://www.ncver.edu.au/_data/assets/file/0018/9531/measuring-educational-outcomes-2128.pdf.

[②] Kaaren Blom, David Meyers,"Quality Indicators in Vocational Education and Training International Perspectives", http://www.ncver.edu.au/_data/assets/file/0015/5118/nr0026.pdf.

普遍的质量指标包括就业和其他劳动力市场结果、少数群体的代表性、扩大服务、获得教育平等机会，而合作创新和研究行为等指标出现的频率最低。

从以上分析中可以发现，国际上对职业教育评价指标体系的构建提供了一定的参考标准和意见，国外在进行指标构建时注重职业教育结果的产出和效益，但是，也应避免由于指标本身的特性和使用方式的原因而带来的潜在风险。

2. 国内对国外职业教育质量评价指标体系的研究

中国对国际组织和发达国家的职业教育质量评价指标体系进行了诸多研究。从研究对象上来看，国际组织主要包括联合国教科文组织、欧洲联盟、经济合作与发展组织；国家和地区主要包括德国、澳大利亚、美国、英国、芬兰等国家。从研究形式上来看，主要表现为三种形式：专题介绍国际组织关于职业教育质量评价中的指标体系、对国际组织或国家的职业教育质量评价指标体系进行比较研究、将国际组织或国家的职业教育质量评价指标体系与中国职业教育质量评价指标体系进行比较研究。从研究结果上来看，比较详细地介绍了国际上关于职业教育质量评价指标体系的概貌，并对中国职业教育质量评价及评价指标体系的构建提供了借鉴性建议与意见。从研究方法上来看，主要采用的是文献分析法、比较研究法。

关于欧盟职业教育质量评价指标体系研究相对较多，有学者将指标类型分为基础性指标、社会性指标和发展性指标[①]，也有学者将指标类型分为基准指标、重要指标和一般指标等[②]。有研究者介绍了欧洲职业培训发展中心 2010 年《职业技术教育和培训的认证及质量保证：欧洲途径》中质量保证系统的相关性、对培训教师和培训人员的投资、课程参与率、课程完成率、课程就业率、所学技能在工作中的利用率、个人标准的失业率、弱势群体的成功率、劳动力市

[①] 张义民、任胜洪：《欧盟职业教育质量指标体系探析》，《中国职业技术教育》2018年第15期，第72—76页。

[②] 刘松林、谢利民：《欧盟职业教育与培训质量指标主要内容与特点探析》，《外国教育研究》2010年第4期，第37—43页。

场下的培训需求、发展计划 10 个指标[1]；欧盟职业教育质量指标体系由原来 10 个指标发展到由现在的 10 个一级指标、14 个二级指标构成[2][3][4]，具体表现为教师培训、入学率、毕业率、就业率、技能实用性、失业率、弱势群体学生比例等；从欧盟职业教育与培训数据监控指标体系发现主要涉及就读机会、吸引力和灵活性；技能发展与劳动市场相关性；整体过渡和就业趋势等方面内容，包括各类人口参与比例、培训支出投入比例、毕业率、就业率、失业率等 29 个具体指标[5]。学者们对欧盟职业教育指标体系进行了评价，认为欧盟职业教育质量评价指标体系体现了指导性、通用性特征[6]，强调需求导向、指标兼具一定的贯通性、公平性[7][8]；但是"部分指标内容过于宽泛、部分指标应用比例""应用比例较高较高的指标是入学率、辍学率、毕业率"[9]。

学者们还介绍了联合国教科文组织关于职业教育质量评价指标的原则方法、评价基础、评价核心以及评价指标体系构成等，指出联合国教科文组织在构建职业教育质量评价体系时遵循了指标体系的指向性、可测性、可操作性、现实性、灵活性原则，以保障学生发展权为

---

[1] 侯新华、闫志利：《欧盟职业教育质量评估制度及其借鉴意义》，《教育与职业》2014 年第 15 期，第 20—22 页。

[2] 尹翠萍、周谊、李洁：《欧盟职业教育与培训质量保障参考框架述评》，《中国职业技术教育》2012 年第 30 期，第 62—66 页。

[3] 范军：《欧盟职业教育与培训质量保障框架新进展》，《职教通讯》2013 年第 19 期，第 36—41 页。

[4] 张义民、任胜洪：《欧盟职业教育质量指标体系探析》，《中国职业技术教育》2018 年第 15 期，第 72—76 页。

[5] 谷峪、李玉静：《国际资格框架体系比较研究——基于对英国、欧盟、澳大利亚的分析》，《职业技术教育》2014 年第 19 期，第 82—88 页。

[6] 王永林：《美国、欧盟职业教育评估的取向与特征评析——以评估体制与指标为基础》，《高等教育研究》2015 年第 3 期，第 50—59 页。

[7] 刘松林、谢利民：《欧盟职业教育与培训质量指标主要内容与特点探析》，《外国教育研究》2010 年第 4 期，第 37—43 页。

[8] 尹翠萍、周谊、李洁：《欧盟职业教育与培训质量保障参考框架述评》，《中国职业技术教育》2012 年第 30 期，第 62—66 页。

[9] 张义民、任胜洪：《欧盟职业教育质量指标体系探析》，《中国职业技术教育》2018 年第 15 期，第 72—76 页。

评价基础，以学生发展为核心，遵循职业教育特性，关注人力市场的要求和学生就业的要求，有接受职业教育机会、内部体系效率、资源投入与就业的关联性等 8 个维度共计 54 个评价指标[1]。由 UNESCO 出版的《职业教育与培训全球数据初始研究》所涉及的主要指标领域包括各国职业教育的职业教育层次、项目类型与数量情况，职业教育项目具体发展中学生的入学年龄、学习年限、总体及各类人群入学率以及职业教育经费投入等情况[2]。比较结果发现"UNESCO 建构职业教育发展评估指标体系具有很大的普适性，它注重从教育类型出发进行评价，但较少职业教育政策取向和文化因素"[3]。

对发达国家职业教育质量评价指标的研究主要集中在对德国、澳大利亚、美国、英国等国家的经验介绍上。有研究者详细介绍了德国职业教育质量指标体系的内容架构，从宏观层面、中观层面、微观层面进行研究，发现输入、过程、输出与长效质量四个节点构成了职业教育质量的评价标准系统，并具体介绍了评价指标体系的构成[4]，还对学校层面职业教育标准进行了研究[5]。学者们也研究了德国的外部质量评价标准与指标体系[6]、职业学校内部可持续质量发展评价标准与指标设置[7]、EFQM 质量标准与评价指标体系[8]、职业教育毕业考试

---

[1] 李玉静：《国际职业教育质量评估指标体系比较分析——以 UNESCO、欧盟和澳大利亚为样本》，《职业教育研究》2012 年第 28 期，第 70—82 页。

[2] 谷峪、李玉静：《国际资格框架体系比较研究——基于对英国、欧盟、澳大利亚的分析》，《职业技术教育》2014 年第 19 期，第 82—88 页。

[3] 李玉静：《国际职业教育质量评估指标体系比较分析——以 UNESCO、欧盟和澳大利亚为样本》，《职业教育研究》2012 年第 28 期，第 70—82 页。

[4] 申文缙、周志刚：《德国职业教育质量指标体系及启示》，《外国教育研究》2015 年第 6 期，第 109—118 页。

[5] 李文静、周志刚：《德国职业学校教育质量保障》，《中国职业技术教育》2014 年第 24 期，第 61—66 页。

[6] 王玄培、王梅、王英利：《德国职业教育外部质量评价及其对我国职教评价体系的启示》，《教育与职业》2013 年第 32 期，第 22—24 页。

[7] 李文静、周志刚：《德国职业学校质量可持续发展 OES 模式研究——以巴登-符腾堡州职业学校为例》，《职教论坛》2013 年第 33 期，第 30—35 页。

[8] 王亚盛：《德国职教 EFQM 质量体系及其在职业院校质量诊断改进中的借鉴与应用》，《中国职业技术教育》2017 年第 20 期，第 87—90 页。

质量控制体系①，质量评价指标体系涵盖了法律制定、资源投入、培养过程、结果表现等方面。总体而言，德国职业教育质量评价标准与指标体系的研究比较全面和深入，涉及了整体职业教育发展质量评估、学校职业教育认证、学校教育质量外部评估、学校教育质量内部评价以及具体教育项目的评估指标体系等。

澳大利亚职业教育质量评价研究主要依据《澳大利亚质量培训框架》发展演变过程中关于职业教育质量资格认证介绍和职业教育培训包（the Training and Education Training Package）的评价标准的介绍，更准确地说是通过职业教育资格认证标准和培训包设置认证标准的介绍，探讨职业教育质量评价的指标体系。学者们研究认为澳大利亚资格框架就是一个监管框架②，并借鉴OECD《教育概览》和欧盟《职业培训》提出的关键指标，构建了6个维度53个评价职业教育发展质量的指标体系③。

美国职业技术教育质量评价指标研究主要依据《帕金斯职业教育法案》的变革历程来进行，有学者对美国职业教育的评估从国家、州、院校三个层面进行，介绍了不同层面制定不同的评估指标体系④。1996年《帕金斯职业教育法案》联邦政府为各州制定了4个核心指标：学术及职业技术技能掌握情况；文凭完成率；向中等后教育及劳动力市场过渡及其保持情况；对非传统项目的参与及完成情况等，各州在评估时又把这4个核心指标具体化为7个指标及指标的具体算法⑤。2006年将核心指标由此前的4项详细分解为中学

---

① 黄方慧、赵志群：《德国职业教育毕业考试质量控制经验及其借鉴》，《职业技术教育》2015年第32期，第74—77页。

② 刘世成：《联邦国家职业教育质量保障体系比较研究——以澳大利亚、加拿大、德国为例》，《职教论坛》2015年第24期，第92—97页。

③ 李玉静：《国际职业教育质量评估指标体系比较分析——以UNESCO、欧盟和澳大利亚为样本》，《职业教育研究》2012年第28期，第70—82页。

④ 王永林：《美国、欧盟职业教育评估的取向与特征评析——以评估体制与指标为基础》，《高等教育研究》2015年第3期，第50—59页。

⑤ 谷峪、李玉静：《国际资格框架体系比较研究——基于对英国、欧盟、澳大利亚的分析》，《职业技术教育》2014年第19期，第82—88页。

阶段的6项和中学后阶段的5项，对指标数据资料的获取方式进行了研究①，并对中等职业教育外部质量评价中要重点评价内容如计划的执行情况、教师供需质量情况、学业和就业情况进行了评述②。

对其他国家职业教育质量评估指标体系的研究：学者对英国的职业教育评估标准及评估内容、评估指标体系、评估指标证据的收集与鉴别、评估指标体系的经验借鉴等进行了研究③。还有一些学者对芬兰、俄罗斯等国家职业教育质量评价指标体系进行了研究。研究发现，各国的质量评估指标体系特色各异，"过程监控和全面质量是英、美、德、澳四国的职业教育质量评估指标体系的最大亮点"④，同时操作性比较强，是"可操作的职业教育质量指标体系"⑤。

通过国内学者的研究结果可以看出，学界对相关国际组织和国家的职业教育质量评价指标体系概貌已经有了一定程度的认知。国际经验显示，对职业教育质量进行评价时，不但要关注职业教育质量保障的条件性评估，更要关注职业教育发展的过程性、结果性、效果性评估，其中，受教对象即学生成为职业教育质量评估的中心。

3. 关于中国职业教育质量评价指标体系的研究

中国学者对国内职业教育领域的质量评价指标体系也进行了深入研究。从研究层面上来看，主要分为两个层面内容：一个层面是对中

---

① 高山艳：《美国生涯与技术教育绩效评价：内容、困境及启示》，《外国教育研究》2013年第10期，第118—128页。

② 郄海霞、王世斌、董芳芳：《美国中等职业教育外部质量评价机制及启示》，《比较教育研究》2013年第12期，第40—47页。

③ 刘元：《英国职业教育的评估体系及其对我国的启示》，《河北职业技术学院学报》2007年第2期，第3—5页；杨文明：《英国职业教育的评估体系与借鉴》，《外国教育研究》2003年第12期，第57—61页；刘立丹：《英国职业教育框架的标准化进程》，《高教研究》2013年第10期，第238页；涂三广：《英国职业教育质量保障体系：运行机制与实践思考》，《职教论坛》2014年第9期，第86—91页；金晶、董婧怡：《英国职业教育质量评价标准》，《职业技术教育》2012年第28期，第89—93页；吴雪萍、金晶：《英国职业教育质量评价探究》，《比较教育研究》2013年第2期，第87—91页。

④ 李鹏、朱德全：《职业教育质量监测评估：英、美、德、澳的经验与启示》，《西南大学学报》（社会科学版）2018年第6期，第51—59页。

⑤ 郑立：《国际比较视野下职业教育质量保障体系的特点与启示》，《黑龙江高教研究》2018年第5期，第82—85页。

国职业教育评价政策中的指标体系进行总结与反思；另一个层面是从研究或实践的视角构建或设想职业教育质量评价指标体系。从研究对象上来看，以三类对象为研究切入点：一是对高等职业教育质量评价指标体系进行研究；二是对中等职业教育质量评价指标体系进行研究；三是对职业教育整体性的质量评价指标体系进行研究。从研究领域上来看，主要表现为职业教育质量评价指标体系研究、教学质量评价指标体系研究、学业发展质量评价指标体系研究等。从研究方法上来看，主要采用文献研究法、内容分析法、问卷调查法等。下面将从职业教育质量评价的政策分析研究和指标构想研究方面进行文献追溯与评述。

（1）关于对中国职业教育政策中评价指标体系的研究概况

从研究状况来看，大多数研究者都是从对中国职业教育评价政策及指标体系进行分析和反思，研究目的或是进行政策评价，或是进行评价指标的重新构建。

对职业教育质量评价政策的反思研究。比如，侯新华等[①]通过国际比较的形式分析了示范学校评估主要指标体系和国家级重点中职学校评估指标体系，认为要建立全国统一有效的中职教育机构基本标准和复评制度，毕业生就业率、毕业生满意度、雇主满意度、学生满意度和毕业率等数据都是学校复评环节中重要的参考数据，教育质量评价要过程评价与结果评价相辅相成，要基础认证和阶段评估相结合。马丽飞等[②]从中国中等职业教育评估历程出发，分析了各阶段的评估标准和指标体系，比如2014年教学工作合格评估指标体系的办学思路、资源条件等8个一级指标、23个二级指标和57个观测点，以及2016年《中等职业学校办学能力评估暂行办法》评估指标体系中基本办学条件、师资队伍、课程与教学等6个方面共19项具体指标，认为国务院教育督导委员会的全国性中等职业学校评估指标体系有利于了解职业

---

① 侯新华、闫志利：《中职教育质量评价：国际经验与中国实践》，《职教论坛》2013年第33期，第30—35页。
② 马丽飞、曹晔：《我国中等职业教育评估历程回顾与展望》，《教育与职业》2016年第21期，第8—12页。

教育发展现状，但是各地经济发展、办学条件不同，统一的标准难以体现区域性特征。曹晔等[1]从中国中等职业教育督导评估制度的变迁出发，分析了不同时期中等职业教育督导指标体系的变化与趋势，研究认为国家仅需提供指导性方案，具体评估指标体系应由地方制定，指标体系要规范基本的教育教学行为并满足学校改革创新的需要。周志刚[2]认为指标体系的构建要依据国家相关法律法规和部分省中职学校评估标准，作者详细解读了《中华人民共和国职业教育法》关于举办中等职业学校的基本条件要求、《中等职业学校设置标准》、国家级中等职业学校评估指标体系、部分省中等职业学校等级评估指标体系，认为学校管理、教师队伍、办学条件和办学经费、专业建设和教学改革是中等职业学校办学质量保障的最基本、最重要的四个元素，是学校办学的基础条件，效果指标是办学质量的具体体现，也是办学目标实现程度的体现，并据此勾勒出相关的中职教育质量评价指标体系。

也有研究者从省、地市的职业教育质量评估或专业评估出发对评价指标体系进行研究，比如，胡兰[3]对上海市中职校专业评估指标体系进行了实证分析，发现上海市中职校专业评估针对专业建设和发展的不同阶段（层次）设有不同的评估项目及相应的评估指标体系，新专业设置可行性论证指标包括7个一级指标；新设专业教学质量中期检查评估包括5个一级指标、11个二级指标、34个观测点；精品特色专业认定评估包括4个一级指标、12个二级指标，并另有"特色说明"一项。周志刚[4]研究了江苏省中等职业学校星级评估体系的8个一级指标和30个二级指标，山东省中等职业学校分级标准中的16个指标和63个评估标准点，浙江省中等职业学校等级评估中的8

---

[1] 曹晔、高玉峰：《我国中等职业教育督导评估制度的变迁与构建策略》，《中国职业技术教育》2015年第21期，第45—51页。
[2] 周志刚：《职业教育质量评价体系研究》，经济科学出版社2018年版，第259—412页。
[3] 胡兰：《上海市中职校专业评估指标体系实证分析》，《江苏教育研究》2014年第27期，第19—23页。
[4] 周志刚：《职业教育质量评价体系研究》，经济科学出版社2018年版，第259—412页。

个一级指标和 27 个二级指标，陕西省示范中等职业学校的 5 个指标和 24 项评估标准，认为中等职业学校评价是一个综合性、全面性的评价。

还有研究者对指标体系的政策效果进行评价研究。比如，徐夏等[1]对江苏省中职教育首轮星级评估进行分析，星级评估包含学校总体概况、师资队伍、专业与课程、实训实习基地、设施条件、学校管理、学生培养、社会服务 8 个一级指标、30 个二级指标，该评估体系坚持"评估引领"原则，评估指标体系实施后效应明显，在资源投入、资源优化、专业布局、校企合作、师资水平、内涵建设方面取得了显著成效。

（2）关于职业教育质量评价指标体系重构的研究概况

学者们认为职业教育质量评价指标体系是教育质量的具体化内容和评价的操作依据，也是评价体系的核心环节，因此通过对实践反思，进行职业教育质量评价指标体系的构建是非常有必要的，据此也进行了较多的研究。

有研究者从构建相关模型的角度对职业教育质量评价指标体系进行研究，比如，曹妍等[2]根据"六西格玛管理"模型建构了技工院校教育质量评价指标体系，该指标体系包括教育资源、社会服务、学生学业、基础管理、教务与教学管理 5 个一级指标、19 个二级指标，并赋予了指标权重。闫志利[3]构建了中职教育质量生成过程的评价体系和中职教育质量结果的评价体系。在中职教育质量生成过程的评价体系中，评价主要从课业活动评价、课外活动评价、顶岗实习评价等方面进行，其中对顶岗实习评价体系进行了明确的评价指标体系的构建，从背景评价、投入评价、过程评价、结果评价四个层面构建了顶

---

[1] 徐夏、陈兆兰：《江苏省中职教育质量保障体系的构建与效应分析——基于首轮星级评估实践》，《职业技术教育》2014 年第 20 期，第 47—49 页。

[2] 曹妍、王芮文、纪玉国：《教育质量评价与改进研究》，江苏凤凰科学技术出版社 2014 年版，第 57—106 页。

[3] 闫志利：《中职教育质量：评价与保障》，中国社会科学出版社 2017 年版，第 152—231 页。

岗实习政策、顶岗实习方面、知识技能基础、专岗吻合度等21个细化评价指标，对顶岗实习质量进行评价。在中职教育质量结果的评价体系中，主要构建了基于学生素质增进的中职教育质量评价模型，该模型以学生产生的（包括知识、技能、能力、中介变量、行为及其他关联要素）总量为一级指标，构建了知识、技能、能力、中介变量、行为5个二级指标和文化知识、专业知识、人文辅助知识、职业资格、上岗许可、技能比赛等21个三级指标，并对指标体系进行了权重分析和实践。

有研究者从不同层面对职业教育质量评价指标体系进行了分层次、综合性研究，比如，周志刚[①]在对中国职业教育评价指标体系进行分析的基础上，构建了高职院校职业教育质量评价体系和中职学校教育质量评价体系，并选取一些试点进行了试评估。中等职业学校评价研究分为中等职业学校合格评价研究、中等职业学校专业质量评价研究、中等职业学校课程评价研究。中等职业学校合格评价方案从办学思路、德育工作与文化建设、学校管理、教师队伍、办学条件与经费、专业建设与教学改革、实训基地建设、办学质量与绩效等方面构建了8个一级指标、27个二级指标、72个主要观测点，其中"办学质量与绩效"评估指标中包含了办学规模与效益、毕业生质量、社会服务、学校荣誉4个二级指标。中等职业学校专业质量评价方案从专业定位与运行、教育教学管理、师资队伍、教学条件与课程资源、绩效、特色与优势等方面构建了6个一级指标、14个二级指标、35个观测点。中等职业学校课程评价方案从课程开发、课程师资、实践条件、课程实施、课程效果、课程管理、课程特色等方面构建了7个一级指标、17个二级指标、26个主要观测点。从研究设想和趋向上来看，对职业教育质量评价指标的研究，既有从宏观层面学校整体发展上进行评价，也有着眼于中观层面专业建设等层面进行评价，既涉及条件建设评价，也涉及学校发展结果和学生发展结果评价。

---

① 周志刚：《职业教育质量评价体系研究》，经济科学出版社2018年版，第259—412页。

有研究者从"投入—过程—结果"角度设计了职业教育质量评价的投入性指标、过程性指标、结果性指标。师资、仪器设备等是职业教育质量评价的重要指标,学校培养的过程评估和培养结果也应设置一定的评价指标体系[1]。熊建武、周进、戴小鹏[2]则认为,可以以就业率、就业对口率、职业稳定率、岗位晋升率为指标评价职业教育质量。张建君等[3]从指数的角度设计职业教育质量评价指标,通过计算职业教育投入指数、职业教育规模(层次)指数、职业教育成就指数、职业教育的社会化指数和职业教育发展指数对职业教育质量进行评价。

与国际相比,中国职业教育有如下特征。

(1)中国职业教育的评价指标体系研究相对起步较晚,在理论研究方面主要侧重于借鉴国外职业教育评价模式的引进。

(2)从指标特征上看,中国职业教育质量评价指标体系关注办学条件性指标,对职业教育发展结果评价虽有所涉及,但是在整体指标体系的构建中相对较少,尤其是对于学生发展过程、学生发展结果虽有关注,但是不够具体。在评价工具的研制方面也相对薄弱。

(3)从研究方式方法上看,职业教育质量评价指标体系研究着力于文献研究和思辨研究,对评价指标体系开发的过程性控制相对较少,对所开发的评价指标体系的适应性与可行性的分析以及指标体系的影响效应的分析研究比较匮乏。

第三节 核心概念

一 中等职业教育

职业教育概念有广义和狭义之分。从广义上来理解,"职业教育

---

[1] 顾明远:《高等教育评估中几个值得探讨的问题》,《高教发展与评估》2006年第3期,第2—3页。
[2] 熊建武、周进、戴小鹏:《浅论高等职业教育质量的评价标准——兼议以就业为核心的高职教育质量评价体系》,《职业教育研究》2006年第1期,第28—29页。
[3] 沈剑光、张建君:《构建职业教育发展指标体系的思考》,《职业技术教育》2003年第24期,第14—16页。

不只是学校要关注的问题,更不能将其理解为技术学习、传授单一定向化的以工作为本的培训,应将职业教育理解为所有的社会职业人"①。可以说,职业教育是以职业需要为导向,通过提高受教育者的态度信念、职业技能、专业素养等,培养符合职业或产业所需的技术技能型人才的教育。从狭义上理解,职业教育主要是指各级各类职业学校的教育。

中等职业教育是职业教育的重要组成部分,包括普通中等专业学校、技工学校、职业中学教育及各种短期职业培训等。全日制中等职业学校学历教育主要招收初中毕业生或具有同等学力者,它为社会输出初、中级技术人员及技术工人。就学段来看,中等职业教育属于高中教育阶段;就教育类型属性来看,中等职业教育属于职业教育,主要表现为此阶段课程不仅设置高中阶段应有的基础课程,还设置职业方向性课程。中等职业教育的培养目标是:德、智、体、美、劳全面发展,具有综合职业能力,在生产、服务一线工作的高素质劳动者和技能型人才②。本书的研究视域主要是中等职业学校教育。

二 教育质量评价

根据文献综述可知,教育质量的一般性定义复杂多维,有质量的教育不等于教育质量本身,办学条件只是教育质量的基础,并不能取代教育质量。本研究中的教育质量主要是指中职学校教育中学生的发展质量,既包括学生发展结果的质量,也包括学生发展过程的质量。本研究中的教育质量从过程看,既包括学生课内的发展质量,也包括学生课外的发展质量;从结果看,既包括学生个体的发展质量,也包括学生群体的发展质量;学生个体的发展质量既包括学生认知方面的发展质量,也包括学生非认知方面的发展质量。

根据本书对教育质量的理解和定位,教育质量评价即是在收集有

---

① 许正中等:《中国现代职业教育理论体系研究》,人民出版社 2013 年版,第 4 页。
② 教育部办公厅:《教育部办公厅关于制订中等职业学校专业教学标准的意见》,http://www.moe.edu.cn/publicfiles/business/htmlfiles/moe/moe_722/201212/146273.html。

效的和可靠的数据资料基础上对学生发展进行事实判断和价值判断，是对学生发展水平进行评价。具体到本书研究的中等职业教育领域，即是根据中等职业教育的办学定位和人才培养目标，依据一定的质量标准，采用一定的评价方法，以事实资料为基础，对中等职业学校的学生发展情况进行事实分析和价值判断。

三　质量评价指标体系

评价指标体系是为了实现评价目标而对某些关键方面的具体规定，是具体化、行为化和可操作化的实践标准。指标体系与评价目标、评价取向相关联，既承载着评价的价值内涵，又限定了获取事实依据的方向和范围[①]，是质量控制与评价的关键因素。同时，指标体系也影响着评价方法的选择和评价结果的呈现方式。可以说，评价指标体系起着风向标的作用，影响着评价者和被评价者的行为。

指标是指标体系的基本要素，根据不同的特征可以分为不同类型。通常按照指标的可量化程度分为量化指标和非量化指标。量化指标是通过某种工具可测量和可数值化，在一定数据值域上可进行数量化比较的指标类别，具有明确性和直观性，在进行评价分析时比较客观、清晰。非量化指标主要是定性指标，一般从基本概念、属性特征等方面对被评价对象进行语言描述。非量化指标的特点是外延宽广，依据非量化指标进行评价时，在明晰指标内涵和评价标准的情况下，需要专家根据专业知识与能力进行合理判断，进行分数转换后整合到评价指标体系中。

本书试图建构的中等职业教育质量评价指标体系是根据中等职业教育质量评价目标，由表征中职学生发展的多方面特性及其相互联系的多个指标构成，既包括量化指标，又包括非量化指标，该指标体系可以从多个侧面反映出中等职业教育系统和中职学生发展的主要特征和质量状态。

---

① 杨小微：《教育现代化评价之核心指标三问》，《教育科学研究》2015年第7期，第5页。

四 学生发展

关于学生发展问题，国内外探讨已久。一般来讲，学生发展是指学生在心理和生理上的变化过程。赞可夫从心理学角度出发，认为学生发展包括智力与非智力的整个身心的全面而和谐的发展，既强调个性发展的整体性，又强调个性发展的动态性，将发展视为一个由量变到质变的过程。杜威根据学生"生长"和儿童自由发展的逻辑，认为学生发展是基于活动与经验生长的个体心智、思维、能力的生长过程。中国学者认为"学生发展包括认知发展、情感发展和创造力发展等"[1]，表现在"身体健康、品行表现、心理健康、实践能力、学业表现"[2]等方面，其内涵是"知识与技能，过程与方法，情感、态度与价值观的三维目标的整合"[3]。

基于已有的关于学生发展的界定，本书认为学生发展的本质内涵是学生全面的、良性的可持续发展，包括认知发展和非认知发展，蕴含知识、技能、情感、态度、价值观等方面的发展。聚焦中等职业教育领域，学生的综合职业能力也是学生发展的核心内容。

第四节 研究设计

一 研究思路

本研究从中国中等职业教育质量及其评价现状出发，依据国际职业教育质量评价发展趋势，确定从学生发展视角探讨中等职业教育质量评价指标体系问题，建立以学生发展为核心的中等职业教育质量评价指标体系，并检验该指标体系的可行性和以评价促发展的影响效应，进而探寻中等职业教育质量提升之路。研究思路如图 0-2 所示。

---

[1] 陆根书、杨兆芳：《学习环境与学生发展研究述评》，《比较教育研究》2008 年第 7 期，第 2 页。
[2] 赵德成：《以学生发展为本的学校办学质量评估体系构建》，《教育研究》2012 年第 6 期，第 50 页。
[3] 陈瑞生：《学生发展视角的课堂教学有效性评价》，《教育探索》2009 年第 8 期，第 55 页。

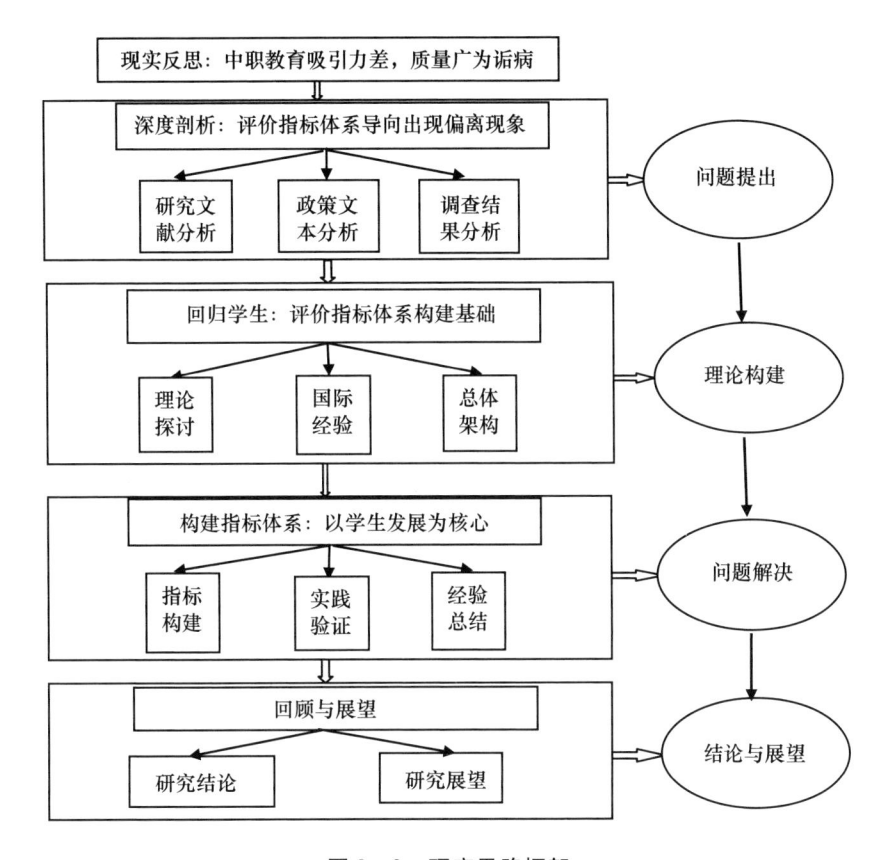

图 0-2 研究思路框架

二 研究方法

本研究将质性研究与量化研究相结合，通过调查和准实验方法进行数据收集与分析，构建基于学生发展的中等职业教育质量评价指标体系，主要研究方法如下。

1. 文献法

文献法是对已有文献资料研究进行搜集、鉴别与整理，对研究的理论依据和已有研究成果进行总结和梳理，为本研究提供理论支撑和经验借鉴。文献研究主要集中于以下方面：（1）借鉴国际经验、国内经验和学者的研究结果，分析表征职业教育质量的要素、学生发展的要素、质量评价指标、评价方法、测量方法以及评价运行中存在的问题等，梳理出基于学生发展的中等职业教育质量的表征方式；（2）整理分析利益相关者群体理论、层次分析理论、模糊综合评价理论以及影响评估范式，为本研究构建方法论基础。

2. 访谈法

本研究采用访谈法了解公众和专家学者、政府管理人员等对中等职业教育质量的看法，征询对中等职业教育质量评价指标的科学性、合理性、适用性意见，尽可能全面地获得中等职业教育质量发展信息。

（1）通过深度访谈进行信息挖掘。采用认知科学中的类似原型法，从产品质量的角度对中等职业教育质量和中等职业教育质量评价指标进行信息收集，具体做法是：请被试对"中等职业教育质量""中等职业教育质量评价指标""中职学生发展"的相关信息进行提取和筛选，请被试仔细考虑提到"中等职业教育质量"或"中等职业教育质量评价指标"时所能想到的内容或者关键词，尽可能地列举。为防止回答"中等职业教育质量"时对"中等职业教育质量评价指标"信息提取的影响，这两个问题分别对两组被试进行提问，每组被试为15人。访谈后，梳理中等职业教育质量和质量评价的指标要素。

（2）邀请30人进行结构化访谈，访谈对象包括职业教育研究专家、职业教育督学、企业管理人员、职业学校校长、职业学校管理人员、教师、学生、学生家长等。以现有职业教育质量评价体系为蓝本，以相关文献为依据提取基本评价指标，让被试对每项评价指标进行评述，评价其与现实教育要求的吻合情况、适用性和可行性、增补情况、删减情况，并进行访谈内容的整理，抽取有效指标，同时对指标的频次进行统计分析，一方面统计构建的指标体系中提到过的指标的频次及删减情况，另一方面提取被试认为应当增加的指标。

3. 问卷法

（1）采取专家咨询法构建指标体系，邀请45位专家进行咨询。本研究通过不同的资料来源，构建初步的指标体系后，编制调查问卷，采用德尔菲法，面向教育研究专家、管理者、职教实践者、企业人力资源部人员进行调查，以此确立以学生发展为核心的中等职业教

绪 论

育质量评价要素及其结构。

（2）抽取3所中职学校进行指标体系资料的收集与评价，并邀请专家对学校的教育质量评价指标表现进行等级评定，以此检验指标体系的可行性。

问卷具体内容如下。

① 以学生发展为核心的中职教育质量评价体系专家咨询问卷，包括初步框架问卷、第一轮咨询问卷、第二轮咨询问卷、指标权重评定调查问卷。

② 中职教育质量评价指标体系的综合评价调查问卷。

③ 中职生就读经验与发展调查问卷，包括初始问卷和正式问卷。

④ 中职学校教育与管理情况调查问卷。

⑤ 中职学校毕业生调查问卷。

4. 测量法

本研究运用专业考试、心理测量、能力测量的方法，设计课程考试试卷、心理测量量表、工作任务与项目等测量工具，并进行信度和效度检验，然后对学生的知识水平、心理特征、能力特征等进行测量与评价。

（1）对学生知识水平的测量，一方面参考教育管理部门的学业水平测试成绩；另一方面课题组邀请中职学校学科专业教师和专家进行测试试卷的设计，然后进行测量。在专业知识及数学考试卷的设计上，采用了现代测量理论（Item Response Theory，IRT）①，即项目反应理论与方法，对题目难度、鉴别度等进行分析，确保考试成绩的有效性。

（2）在课程学习、行为习惯、学习毅力等心理特征的测量方面主要采用经典测量理论（Classical Test Theory，CTT）分析方法，设计测

---

① 备注：IRT理论即项目反应理论（Item Response Theory，IRT），又称题目反应理论、潜在特质理论（Item Response Theory），是一系列心理统计学模型的总称。IRT是用来分析考试成绩或者问卷调查数据的数学模型。这些模型的目标是确定潜在的心理特征是否可以通过测试题反映出来，以及测试题和被测试者之间的互动关系。目前广泛应用在心理和教育测量领域。

量问卷进行试测，然后分析问卷信度，并采用探索性因子分析，进行效度分析。通过对测量工具的设计和试测检验，保证了测量结果的有效性，并保证了测量问卷的信度与效度。

（3）考虑到职业教育的特殊性，在对学生的专业技能、职业能力的考核上，第一，参考教育管理部门的专业技能测试成绩，该专业技能测试是教育主管部门组织的，以实际项目测试形式进行，学生上机或在实践中进行实际操作，从而获得专业技能考核成绩；第二，参考任课教师、实训教师对学生在实践环节的技能、能力的发展情况的评价结果；第三，邀请专业课及实训教师设计专业技能测量量表和职业能力测量量表对学生进行考核，对学生自我评价的技能评估量表进行克隆巴哈信度检验和以教师评价为标准的效标关联性检验；第四，设计具体工作项目测评学生完成任务的职业能力，测评方法主要借鉴和参考 KOMET 能力模型理论，以及庄榕霞、赵志群等学者关于职业院校学生职业能力测评的研究方法进行测评任务与项目的设计，并根据中职生实际情况和专业的特殊性，设计行业典型任务、职业能力评价标准，评价学生在完成项目时的表现与水平，由专业教师对学生的任务完成情况进行评分，并检验教师评分结果的一致性。

5. 实验法

本研究抽取了 10 所中职学校，对其中 5 所学校实施干预措施，另外 5 所学校作为控制组进行对比，通过准实验研究方式，经过指标体系的详细解释和评价方法的交流，进行跟踪调查，收集实验组与对照组的数据资料，然后根据数据类型进行推断统计，主要采用统计推断方法和教育生产函数模型等差异性和影响效果分析。其中，教育生产函数是计量教育经济效率的方法，探讨教育过程中教育投入量与产出量的依存关系，将两者的相关关系用数学方程式表示，便构成教育生产函数。假定产出用 Y 表示，投入用 X 表示，则教育生产函数为：$Y = f(X)$，即说明 Y 与 X 具有函数关系。本研究以教育生产函数方法为基础，运用该理论构建影响效应模型，探讨以学生发展为核心的中等职业教育质量评价指标体系对于学生成绩产出的影响。用下列方程式表示在一定时期内，其他条件不变的条件下，教育过程中影响要素

投入量 $X = (X_1, X_2, X_3, \cdots, X_m)$ 和实际教育产出 Y 之间的依存关系为：$Y = f(X_1, X_2, X_3, \cdots, X_m)$。主要采用多元线性回归模型进行分析，基本模型为：$Y = a + \beta_1 X_1 + \beta_2 X_2 + \cdots + \beta_m X_m + \varepsilon$，其中，$f$ 表示教育转化过程的数学函数，Y 表示产出变量（成绩、能力、心理水平等），X_1 表示是否干预，X_2—X_m 表示各种控制变量（影响因素），ε 为扰动项。

第五节　研究意义与创新

一　研究意义

1. 理论意义

（1）本研究为职业教育质量评价指标体系研究提供了逻辑理路。中等职业教育质量评价指标体系研究实质上是建立在人学立场上的一种思考，它从利益相关者的角度出发，探寻中等职业教育发展的核心利益相关者的发展需求，认为学生是中等职业教育的核心利益相关者，学生发展是中等职业教育质量评价的逻辑起点，也是评价目标的落脚点，提出了构建以学生发展为核心的中等职业教育质量评价指标体系的理论框架。

（2）本研究丰富了职业教育质量评价理论体系。对中等职业教育质量评价与学生发展之间的关联进行理论解释，将中职学生发展过程和发展结果作为中等职业教育质量评价的基本领域，形成了基于学生发展的中等职业教育质量评价指标体系，为职业教育质量评价指标体系的开发提供了新的视角，丰富了职业教育质量评价指标开发模式，也丰富了职业教育质量评价理论。

2. 实践意义

规模宏大的中等职业教育牵动着成千上万个家庭的福祉，关涉数以亿计的个体生存与发展，关涉国家经济发展的人才供给，因此，中等职业教育质量已成为教育利益相关者首要关注的问题。

（1）注重中职学生发展的教育质量评价体系研究，有利于切实影响中职学校注重以学生发展为产出指标的教育方式和管理方式的建立,"以学生发展为核心"的中等职业教育质量评价范式将引领中等职业教育质量保障范式的变革。

(2)本研究为中等职业教育质量评价改革提供政策依据和实践经验,力求在更大范围内促进中等职业教育人才培养质量的提升,使中等职业教育进入良性循环发展状态。

二 创新之处

1. 理论创新

以学生发展为核心的评价在普通教育领域已经比较深入,但是在中国中等职业教育领域,教育质量评价仍然重投入评价而轻学生发展评价。本研究提出了中等职业教育质量评价要从投入性评价转向"以学生发展为核心"的评价理念,并依据现实需求、理论取向和国际经验,设计出一套经过试点检验适合中国中等职业教育发展的以学生发展为中心的教育质量评价指标体系,倡导注重内涵的质量评价,为中等职业教育质量评价提供了新的政策视角和方式,引导中等职业教育发展回归教育本质。

2. 方法创新

本研究借鉴人力资源管理学、心理学、统计学、计量学等多学科知识与方法,基于利益相关群体抽取调查对象,综合运用焦点小组访谈、专家咨询、层次分析、模糊综合评价、主成分分析等方法,筛选评价指标,赋予指标权重,设计测量工具,确定数据收集方法,努力尝试使指标体系具有科学性,使指标测量具有操作性,使评价结果具有可信性。

3. 实践创新

本研究采用准实验方法在实践中试点实施本书所构建的中等职业教育质量评价指标体系,检验该指标体系的影响效应,探讨该评价指标体系的预期推行效果。在政府部门的支持下,本研究随机选择10所中职学校,分为实验组和对照组进行干预,通过准实验研究,不仅检验了本书构建的指标体系的影响效应,并且探索出切实可行的评价数据的收集与分析路径,为该评价指标体系的推广使用提供了实践借鉴。

第一章 中等职业教育质量评价指标体系研究的制度背景

第一节 中等职业教育质量评价制度的历史变迁

一 中等职业教育质量评价制度的变迁历程

1978年，中国开始进行中等职业教育结构调整，当时职业教育体系的建设还只有一个初步的轮廓，中等职业教育质量评价体系尚未产生。20世纪80年代中期，地方政府及教育管理部门开始出台相关政策，对中等职业教育的办学条件、办学水平等进行试点评价，后来，随着社会经济的发展和国家教育政策的调整，初步形成了中等职业教育质量评价政策体系，中等职业教育质量评价得以逐步实施，诸多学者也开始进行相关评价政策的研究。陆燕飞等对中国中等职业学校评估制度及政策的演变历程做了比较系统的梳理，将中国中等职业学校评估制度分为四个阶段。探索期：办学水平试点评估阶段（1986—1990年）；初步建设期：中等职业学校办学水平分类评估阶段（1990—1996年）；调整期：中等职业学校评估标准及评估内涵调整阶段（1996—2010年）；逐步完善期：以申报制为主及强调建立第三方评估制度的评估阶段（2010年至今)[①]。曹晔等将中职教育评估划分为：有计划商品经济时期的探索阶段（1978—

---

① 陆燕飞、陈嵩：《我国中等职业学校评估制度和政策发展探析》，《上海教育评估研究》2015年第4期，第7—13、43页。

1991年)、适应市场经济体制的全面实施时期(1992—1998年)、建立统一的评价标准时期(1999—2005年)、示范校评建结合时期(2005年至今)①。本研究借鉴相关研究成果,以政策重心转移的关键节点为依据,将中等职业教育质量评价发展分为四个阶段。探索阶段:办学水平试点评估(1985—1990年);发展阶段:办学水平分类评估(1990—2003年);动态调整阶段:重点校调整与示范校认定结合(2003—2015年);完善阶段:教学工作诊断与年度质量报告(2015年至今)。

1. 探索阶段:办学水平试点评估(1985—1990年)

1978年党的十一届三中全会召开后,中国进入全面改革时期,教育领域也进行了相应改革,中国教育事业得到了全面恢复,开始走上了蓬勃发展的道路,教育评估也被提上了日程。学校评估工作开始于1985年颁布的《中共中央关于教育体制改革的决定》(以下简称《决定》),《决定》提出将对高等学校办学水平进行评估。虽然《决定》只提出了针对高等教育领域进行评估,但也对其他教育领域起到了引领作用,教育评估工作也开始在其他教育领域实施。

在中等职业教育领域,各省市教委、各部委等对本系统本行业的职业学校实施了办学水平的试点评估。1985年10月,上海市教育局联合其他部门实施了上海市办学水平试点评估,并在此基础上修订评估指标,完善评估方案,形成了《上海市办学水平指标体系》及综合评估方案。评估内容包括三部分:办学的条件、过程和目标。评估结果分为三个等级:A为优秀等级,B为良好等级,C为合格等级。1988年,北京市尝试对市属中等专业学校的基本办学条件开展合格性评估,主要从师资力量、实验实习条件、校舍、图书、规模、经费等方面进行,目的是促进学校基本办学条件的改善和教育质量的提高。② 1988年7月,原河南省教委通过对职业学校办学条件进行评

---

① 曹晔、高玉峰:《我国中等职业教育督导评估制度的变迁与构建策略》,《中国职业技术教育》2015年第21期,第45—51页。

② 陆燕飞、陈嵩:《我国中等职业学校评估制度和政策发展探析》,《上海教育评估研究》2015年第4期,第7—13、43页。

估，认定首批 18 所省级示范性职业技术学校①。截至 1990 年，全国已有 18 个省（自治区、直辖市）和 8 个部委开展了办学水平的试点评估工作。试点评估的主要目的是对中等职业教育的办学条件进行评价，尤其是对由普通高中转制的职业高中的办学条件进行评估，促进转制后的职业高中尽快适应职业教育的基本要求。

2. 发展阶段：办学水平分类评估（1990—2003 年）

1990—2003 年，中国开始从国家层面全面关注中等职业教育评估，逐步建立职业教育评估制度、完善评估标准。该阶段评估主体是地方政府，同时鼓励专家与企业参与评估。该阶段强调办学水平的分类评估，主要从两条线进行，一是点面结合的分类评估，即普适性评估与重点校评估；二是由不同部门实施的分类评估，教育部负责中等专业学校与职业高中教育评估，劳动部等各部门负责技工学校评估。

表 1-1　　　　中等职业教育国家层面的评估制度文件

时间	主要政策文件	评估政策要点
1991 年	《关于大力发展职业技术教育的决定》	建立职业教育工作定期巡视检查制度，加强对职业教育的督导和评估检查
1993 年	《中国教育改革和发展纲要》	建立各级各类教育的质量标准和评估指标体系，提倡多种形式进行质量评估和检查
1996 年	《中华人民共和国职业教育法》	县级以上地方各级人民政府应当加强对本行政区域内职业教育工作的领导、统筹协调和督导评估

资料来源：中华人民共和国中央人民政府网站、中华人民共和国教育部网站。

（1）中等专业学校的教育评估

20 世纪 90 年代初，中国中等职业管理体制实行多部门管理的不同行政层级政府管理模式。从管理部门来看，有隶属于国家教委等各个部委的中等职业学校，也有省属学校或者地市所属学校。很多学校

---

① 曹晔、高玉峰：《我国中等职业教育督导评估制度的变迁与构建策略》，《中国职业技术教育》2015 年第 21 期，第 45—51 页。

的隶属关系具有一定的行业性，结合行业自身特点进行评估，有一定的行业特色。1991年1月，原国家教委《关于开展普通中等专业学校教育评估工作的通知》中将评估分为合格评估、办学水平评估和选优评估三种基本形式。合格评估是一种鉴定性评估，鉴定职业学校的办学条件，尤其是对新建中等专业学校进行办学条件的认定与审核。办学水平评估是在学校办学条件合格后的督导性评估，分为综合评估和单项评估，其中，综合评估主要评估学校的整体办学水平和教育质量，单项评估是对思想政治教育、专业教学等进行专门性评估。选优评估是在办学水平评估的基础上遴选优秀，促进办学水平进一步提高。

（2）职业高中的教育评估

职业高中大部分是由普通薄弱中学转制而来的，办学条件较差，办学水平较低。为促进职业高中办学水平的提升，教育部门开始以"重点校"为切入点，采取建立"省级重点校"和"国家级重点校"的方式，集中力量建设一批重点职业高中。1990年8月，原国家教委出台《省级重点职业高级中学的标准》（教职〔1990〕008号），各地依据该标准，结合地方实际情况，制定地方性评估标准和办法，进行省级重点职业高级中学评定。随后，原国家教委于1994年、1955年先后出台《国家级职业高级中学标准》（1994）和《关于开展国家级重点职业高级中学评估认定工作的通知》（1995）。1995年，审批认定省级重点职业高级中学909所。1996年2月，审批认定国家级重点职业高中296所。1999年，教育部出台《关于开展国家级重点中等职业学校调整认定工作的通知》，将国家级重点中等专业学校评选和重点职业高级中学评选条件区分开，两类学校评估指标体系中相应的条件要求具有一定的差异。

（3）技工学校的教育评估

在同一时间段，劳动部颁发了《国家级重点技工学校标准》（1992）、《关于开展技工学校评估工作的通知》（1994）、《技工学校教育督导评估暂行规定》（1997）等一系列评估文件，逐步深入开展技工学校评估工作，按照"合格评估—选优评估"的形式评选出省

（部）级重点技工学校和国家级重点技工学校。从对技工学校办学条件的评估要求上来看，重点技工学校的标准高于中等专业学校和职业高中办学条件，要求相对比较严格。

3. 动态调整阶段：重点校调整与示范校认定结合（2003—2015年）

（1）重点校调整

重点校的认证与评估促进了中等职业教育的发展，但是，随着职业教育的布局调整，国家开始对重点校进行重新认定。2003年教育部开始展开此项工作，分两批对重点职业学校重新认定评估，并建立了专业学校与职业高中统一的评定条件，自此，教育部中职学校评估由分类评估转向统一评估。经过新一轮的国家级重点学校的认定评估，中职学校的新格局基本形成。为激励其他学校继续提升办学水平和教育质量，鞭策现有重点职业学校不断进步，教育部规定，从2005年始，国家级重点职业学校监测工作成为常态，即每年进行国家级重点职校的优选与认定工作，将优选与评估作为常规化的检查手段。2005—2010年，评估认定的国家级重点中等职业学校共计2246所。技工学校在管理体制上仍然隶属劳动部门，也形成了相对独立的技工学校评估标准以及重点技校、技师学院的评估标准。

（2）示范校评建结合

2010年，教育部联合人社部、财政部发布《关于实施国家中等职业教育改革发展示范学校建设计划的意见》（以下简称《意见》），《意见》决定2010—2013年重点支持1000所中等职业学校进行改革创新，形成一批国家级重点示范学校。示范学校的认定方式发生了变化，采用"申报—评审"的项目招标形式分批遴选，各地根据《国家中等职业教育改革发展示范校建设计划项目学校遴选基本条件》推荐项目学校。2013年，评估总结建设计划实施工作情况，然后进行项目建设成果评估验收。

重点校调整与示范校认定工作目的是通过调整与评估，提高职业学校的办学质量，引领职业学校健康发展。

4. 完善阶段：教学工作诊断与年度质量报告（2015年至今）

为了促进职业教育的评估工作不断深化，2015年教育部出台

《关于建立职业院校教学工作诊断与改进制度的通知》，建立了职业院校教学工作诊断常态化的改进机制。随后又出台了《高等职业院校内部质量保证体系诊断与改进指导方案（试行）》《中等职业学校教学工作诊断与改进指导方案（试行）》，学校常态化自保障人才培养形式拉开序幕。2016 年 1 月，教育部根据《国务院关于加快发展现代职业教育的决定》中关于"实施职业教育质量年度报告制度"的要求、《教育部关于印发〈职业院校管理水平提升行动计划（2015—2018 年）〉的通知》中关于"建立中职学校质量年度报告制度"的要求，颁布了《开展中等职业教育质量年度报告工作的通知》，形成了《教育行政部门中等职业教育质量年度报告编制参考提纲》，涉及内容有基本情况（规模和结构、设施设备、教师队伍）、学生发展（学生素质、就业质量）、质量保障措施（专业布局、质量保证、落实教师编制、教师培养培训情况）、校企合作（校企合作开展情况和效果、学生实习情况、集团化办学情况）、社会贡献（技术技能人才培养、社会服务、对口支援）、政府履责（经费、政策措施）、特色创新、学校党建工作情况、主要问题和改进措施。该年度质量报告开始关注中职生的发展情况，包括学生德育工作情况、学生思想政治状况、文化课合格率、专业技能合格率、体质测评合格率、毕业率等数据及与上一年度相比的变化情况；在就业质量方面关注就业率、对口就业率、初次就业月收入、创业率等数据及与上一年度相比的变化情况，还关注技能竞赛的成绩等。2016 年 3 月，国务院教育督导委员会发布《中等职业学校办学能力评估暂行办法》，评估内容包括学校基本办学条件、师资队伍、课程与教学、校企合作、学生发展和办学效益六个方面。学生发展方面有毕业生计算机等级考试通过率、毕业生职业资格证书获取率、三年巩固率、直接就业率等评价指标，这些政策的出台从国家层面开始关注中职学生发展情况，无疑给中等职业教育质量发展提供了明确导向，也是中等职业教育质量评估体系的重要转向。从整体来看，教学工作诊改方案关注学生发展问题，但是诊改内容仍以教育教学条件与设施的投入性诊改为主，而教学过程诊改、学生学习过程诊改、学生学习结果诊改等仍需加大力度。

二 中等职业教育质量评价制度的变迁特征

1. 变迁模式：以强制性变迁为主的制度供给特征

林毅夫[①]根据制度的需求与供给分析框架及改革主体的不同，将变迁分为需求诱致性变迁和强制性变迁两种路径。诱致性制度变迁是指一群（个）人在响应由制度不均衡引致的获利机会时所进行的自发性变迁；强制性制度变迁是指由政府法令引起的变迁。强制性变迁以政府为主体，具体表现为通过行政权力、政府命令、立法手段等推行制度、变革制度，是一种强制性的自上而下的变迁路径，带有外在强制力驱动的特征。需求诱致性变迁以制度的基层主体为改革主体，是通过主体对潜在利益追求而发生的，是一种自发性的自下而上的变迁路径。需求诱致性变迁和强制性变迁这两者最大区别是：需求诱致性变迁表现为"自下而上"的变迁流程，强制性变迁表现为"自上而下"的变迁流程。

中国中等职业教育质量评价经历了以各省为主的办学水平的试点评价探索阶段、以国家为主的办学水平分类评价发展阶段、重点校调整与示范校认定相结合的动态调整阶段、教学工作诊断与年度质量报告为契机的完善阶段。中等职业教育质量评价制度经历了一系列制度变迁，各种评价制度的交错构成了一定时期的评价方向、重点、手段、措施及评价结果。在中等职业教育评价制度变迁过程中，政府通过教育主管部门颁布评价政策、规范等强制性措施，对各方的权利和利益进行调整，促成评价制度改革，引起了中等职业教育质量评价制度的变迁。在此变迁过程中，从评价政策与制度的制定以及改革的主体来看，主要表现为国家行政机关进行统筹，以各省、各部等行政机构为主实施评价。政府是评价制度的变迁主体，国家层面的教育部门、各部委的中专教育主管部门、各省的教育主管部门是中等职业教育评估政策的制定者，并起决定作用。从总体来看，国家与社会经济发展需求是评价制度变迁的重要动力，中国政府在各利益相关者的利

---

① 林毅夫：《林毅夫自选集》，山西经济出版社2010年版，第1—10页。

益博弈中注重中等职业教育人力资源的市场供给数量，政府的利益需求成为制度变迁内部动力的重要组成部分。这种评价模式与中国教育管理制度发展模式基本趋于一致，中国的教育管理体制以自上而下的集权管理模式为主，教育领域的制度安排主要由政府进行。中等职业教育主体大多数具有公立性质，基本上由政府主办，其发展过程带有浓厚的政府色彩，政府集管理者、投资者、评价者于一身，质量评价制度改革在很大程度上受到政府的指导与约束。从总体来看，中国中等职业教育发展经历了从计划经济到市场经济、从规模扩张到质量提升，教育质量评价制度改革呈现出自上而下的强制性变迁特征。

2. 执行模式：以政府为主的评价主体特征

中等职业教育质量涉及诸多利益相关者：政府、学生及家长（顾客）、学校、企业等，质量评价主体亦由诸多利益群体构成。从教育质量评价政策实施过程来看，评价主体主要包括政府（国家教育行政部门、行业主管部门、地方教育管理部门）、中等职业学校、社会机构、行业及个人（学生、家长）等。在实施评价时，主要依靠政府部门推进，社会团体、行业及个人的参与力量非常有限，比如，在试点探索阶段主要通过地方和部委进行试点评价；在发展阶段和动态调整阶段，职业教育质量评价仍以政府部门为主。直至《现代职业教育体系建设规划（2014—2020年)》(2014)、《中等职业学校办学能力评估暂行办法》(2016)明确提出支持第三方机构开展评价，政府开始委托第三方机构参与学校的数据处理、数据分析，形成省级评价报告或国家评价报告，同时要求评价程序透明，评价结果公开，接受社会监督。但是，纵观整个教育质量评价过程，中等职业教育管理主体和投资主体依然是政府机构，质量评价主体依然是政府，国家层面的教育部门、各部委的中专教育主管部门、各省的教育主管部门是中等职业教育在质量评价中重要的实施者，评价执行主体仍然以政府为主，单一化评价的主体特征仍然明显。

政府本身具有行政权力，且掌握一定的中等职业教育发展资源，所设定的质量评价标准具有很强的导向性，评价结果具有一定的权威性，易于被大众所认识和接受。但是，政府作为中等职业教育质量评价主体，就陷入了既是"运动员"又是"裁判员"的困境。而多方评价主体的参与和监督有利于解决单一政府评价的角色冲突，第三方评价责任的日渐加强对中等职业教育质量的科学评价产生了深远影响。2012年，由中国职业技术教育学会、教育部职业技术教育中心进行了第三方评价的首次尝试，通过大量的调查和研究，形成中国第一份由第三方机构评价的《中国中等职业学校学生发展与就业报告》（简称《报告》），具有一定的里程碑意义。《报告》从学生的角度反映职业教育人才培养质量，包括中等职业学校教育的基本情况、学生发展、学生就业、社会贡献等方面，内容较为全面。2013年，上海学校德育决策咨询课题组对本市30所学校进行了评价，构建了思想品德、学习和发展能力、职业素养、身心健康4个一级指标（包含13个二级指标、42个观测点）。第三方评价组织具备脱离各种利益平衡的条件约束，可以公平、客观地反映职业教育质量发展状况。但是，由于第三方组织存在于中等职业院校及其相关管理机构的外部，没有足够的行政权力，在获取信息资料方面存在一定的阻力，因此，第三方评价机构必须获得政府部门的授权和大力支持，充分获取职业教育内部的资料信息，才能客观地进行质量评价。

3. 内容指向："投入性"评价的路径依赖特征

长期以来，中国中等职业教育质量评价制度与范式形成了固化的思维模式，强调通过外在条件性评价来衡量中等职业教育质量，沿袭外在投入型为主的评价模式，具有典型的路径依赖特征。考察1985—2016年中等职业教育质量评价政策演变历程后发现评价政策侧重于关注投入性办学条件，具有典型"投入性"的办学条件评价特征，评价政策的制定具有一定的路径依赖性。比如《关于实施国家中等职业教育改革发展示范学校建设计划的意见》（2010）中，国家级示范学校的遴选指标包括学校管理、基础条件、校企合作、教育教学、办学效益5个层面和20个评价指标，评价指标大多涉及办学规模、办学条件，而涉及学生发展质量的评价指标仅有3个：毕业生"双证书"获得率、毕业生就业率、学生在相关专业领域技能大赛中获得的省级以上奖励。在国家级示范学校建设的70多个质量监测指标中,大多数指标仍然是建筑面积、设备总值、实训教室数量等资源投入性指标,涉及学生发展质量的评价指标仅有初次就业率、初次就业平均月薪、国家级技能大赛奖项3项,涉及学生发展的指标在评价体系中并未体现。2011年,教育部出台的《中等职业教育督导评估办法》中列出政策制度、经费投入、发展水平等4个层面30个评价指标,从政策建设、制度创新、总量投入、基础设施、教师队伍、发展规模、教育质量6个维度进行评价指标设计,其中涉及教育质量的有3项,包括中职毕业生初次就业率、中等职业教育的社会满意度、中等职业教育发展特色,与学生发展最直接相关的仅有"学生一次性就业率"这一项指标。同样,督导评估标准在整个指标体系变革的过程中,更多关注的仍是教育教学的保障条件,也是以投入性指标为主。虽然中等职业教育质量评价政策近期开始从条件性评价向"内涵性评价"的方向发展,但是,在具体评价标准的制定中,内涵性评价指标仍处于薄弱地位。

表1-2　　　　　　1990年以来中国政府颁发的中等职业教育评价指标体系一览表

时间	标志性文件	评价指标类别	指标倾向性
1991年	国家教委《关于开展普通中等专业学校教育评估工作的通知》	1. 合格评估(鉴定):学校基本办学条件和基本教育质量 2. 思想政治教育及其他教育工作单项评估标准 3. 办学水平综合评估:办学指导思想,贯彻执行党和国家的教育方针、政策的情况,学校思想政治工作,学校建设状况,教学管理、行政管理水平和办学质量和效益	投入与产出质量兼顾
	劳动部《关于开展技工学校评估工作的通知》	1. 办学指导思想与组织领导 2. 办学条件 3. 教师队伍 4. 思想政治教育及学生工作 5. 行政工作	以投入性指标为主

第一章 中等职业教育质量评价指标体系研究的制度背景

续表

时间	标志性文件	评价指标类别	指标倾向性
1995年	教育部《关于开展国家级重点职业高级中学评估认定工作的通知》	1. 办学方向 2. 学校管理和教育教学质量 3. 在校生人数 4. 校园占地面积 5. 年生均经费 6. 教学设施完备	以投入性指标为主
1997年	劳动部《技工学校教育督导评估暂行规定》	1. 贯彻执行国家教育法律、法规和方针、政策的情况 2. 执行国家办学标准、工作条例及管理制度情况 3. 基础设施、办学条件、教学管理和教学质量 4. 教师上岗资格、职业道德和相关待遇 5. 学生德、智、体全面发展的情况 6. 对学生进行职业指导和毕业生就业服务情况 7. 承担劳动预备制度培训任务和开展其他培训情况	以投入性指标为主
2003年	教育部《关于开展国家级重点中等职业学校调整认定工作的通知》	1. 办学指导思想 2. 办学规模 3. 毕（结）业生质量 4. 骨干示范作用 5. 校园占地面积 6. 校园建筑面积 7. 专兼职教师比例合理 8. 教学设备、场地 9. 信息化建设 10. 有较完善的体育、卫生设施与设备 11. 稳定的经费来源	以投入性指标为主
2006年	教育部《国家级重点中等职业学校评估指标体系》	3个一级指标，15个二级指标 1. 办学方向与质量效益 1.1 办学方向 1.2 办学规模 1.3 毕业生质量 1.4 示范作用 2. 基础条件与合理利用 2.1 校园 2.2 专任教师	

续表

时间	标志性文件	评价指标类别	指标倾向性
2006年	教育部《国家级重点中等职业学校评估指标体系》	2.3 实验、实训 2.4 信息化建设 2.5 体育、卫生 2.6 经费 3. 规范管理与改革创新 3.1 办学模式 3.2 办学机制 3.3 队伍建设 3.4 德育工作 3.5 教学改革	以投入性指标为主
2007年	劳动部《关于做好国家重点技工学校评估工作有关事项的通知》	1. 办学方向 2. 办学特色 3. 办学功能 4. 办学规模 5. 领导班子 6. 师资队伍 7. 办学经费 8. 占地面积 9. 实习设施 10. 教具仪器 11. 图书阅览 12. 体育设施 13. 信息技术 14. 管理体系 15. 咨询机构 16. 校企合作 17. 专业建设 18. 德育管理 19. 教学管理 20. 就业指导 21. 安全管理 22. 行政管理 23. 师资培训 24. 教学质量 25. 就业质量 26. 培训质量 27. 德育质量 28. 体育质量 29. 教研成果 30. 社会评价	以投入性指标为主

续表

时间	标志性文件	评价指标类别	指标倾向性
2010年	教育部《关于实施国家中等职业教育改革发展示范校建设计划的意见》	1. 基本办学条件 2. 专业与课程建设 3. 教师队伍建设 4. 实习实训 5. 信息化建设 6. 国际合作 7. 校企合作 8. 办学效益	以投入性指标为主
2011年	教育部《中等职业教育督导评估办法》	1. 政策制度 1.1 政策建设 1.2 制度创新 2. 经费投入 2.1 总量投入 2.2 专项投入 3. 办学条件 3.1 基础设施 3.2 教师队伍 4. 发展水平 4.1 发展规模 4.2 教育质量	以投入性指标为主
2013年	人力资源社会保障部《关于做好国家级重点技工院校评估工作的通知》	1. 办学方向 2. 办学条件 3. 学校管理 4. 培养模式 5. 办学质量	以投入性指标为主
2016年	教育部《中等职业学校办学能力评估暂行办法》	1. 学校基本办学条件 2. 师资队伍 3. 课程与教学 4. 校企合作 5. 学生发展 6. 办学效益	以投入性指标为主

资料来源：从中华人民共和国教育部网站搜集整理。

三 中等职业教育质量评价制度的变迁逻辑

从制度产生的背景环境、运行环境各要素的互动关系分析中等职业教育质量评价制度的变迁逻辑可以发现，政策理念与目的、制度产生的背景环境、运行环境各要素的互动关系、利益相关者之间的博弈影响了整个评价制度的变迁逻辑。

1. 基于经济发展战略的"背景—制度"逻辑

随着社会发展和系列探索，政府部门做出了以经济建设为中心的重大决策。党的十一届三中全会确立的经济体制改革推动了中国经济的发展，确定人才发展是经济发展的基础，也就是说，经济发展中最为关键的就是人力资源的供给问题，其制度背景具体表现为以下两方面。

（1）中国在改革开放后迎来了发展的黄金时期。中国经济建设进入到一个快速而高效的发展时期，而人力资源供给呈现急需型、规模型、技能型的特征，但是，"经济建设大量急需的职业和技术教育没有得到应有的发展"①，许多行业都面临人才缺乏问题，尤其是各类应用型人才严重缺乏，技能型人才总量严重不足。

（2）中国产业结构随着经济的迅速发展也在不断调整。随着国外先进设备和技术的大量引进，新的岗位以及岗位要求逐渐出现，各行各业对一线技术型人才的数量和质量都提出了更高的要求，企业对从业人员的素质要求也在不断提升，希冀教育能提供更多更高质量的应用型人才。随后受到教育体制改革及金融危机等方面的影响，企业对人才素质及规格的要求越来越高。在这样的经济背景下，中等职业教育应面向生产第一线，以培养职业岗位能力为中心，重视岗位实践技能发展，与此同时，教育质量也亟待提高，应注重教育内涵的提升。

制度的产生和变迁受宏观背景的影响，在中国经济发展模式不断演进的背景下，中等职业教育质量评价宏观制度背景、中观制度设计、具体政策都发生了一定的变化，要求由规模发展评价向内涵发展评价转型。可以说，时代背景影响了中等职业教育发展趋势、质量评价取向及制度选择。

---

① 国务院：《中共中央关于教育体制改革的决定》，http://www.moe.gov.cn/jyb_sjzl/moe_177/tnull_2482.html，1985。

2. 基于效率优先的"理念—制度"逻辑

理念是"政策变革重要的推动力","有一定的行动者带入政治制度,然后通过政策的手段得到展现","影响着制度选择的方向、模式和结果"①,理念在中国中等职业教育质量评价政策的变迁中起着举足轻重的作用。

党的十一届三中全会后,全国明确以经济建设为中心开展工作,效率优先和社会本位的理念是整个社会和经济发展的重要观念,教育政策也受到此观念的强烈冲击,表现出"效率优先、非均衡发展、注重精英培养"的为经济发展服务的政策价值取向。中等职业教育质量评价制度逻辑同样遵循了"效率优先"的制度发展理念,主要表现为以下两方面。

(1) 重点校示范校建设与评价制度建设。自1978年以来,中国中小学教育政策遵循"效率原则",通过"重点校制度"来优化教育资源的配置,提高教育资源的使用效率。与普通中小学教育一样,中等职业教育领域同样通过重点校制度实现"效率优先"原则,如1990年的省级重点职业高中评价酝酿工作、1999年的国家级重点中等职业学校调整认定工作、2010年的国家中等职业教育改革发展示范学校建设与评价工作等。通过中等职业教育质量评价筛选出重点中等职业学校,并依据评价结果给予学校荣誉即省级重点或国家级重点,同时基于政策与资金方面的倾斜,引导教育资金等办学资源投向重点学校。重点校示范校建设与评价制度建设的理念是:希望通过重点校或示范校建设,对其他学校起到引领的作用,提升整个中等职业教育的质量。

(2) 以"规模"与"数量"为主要指标的评价形式。中等职业教育质量评价指标是质量评价理念的具体表现,也是评价制度理念的具体体现。中等职业学校的遴选方面主要有:《关于对职业高级中学开展评估,认定"省级重点职业高级中学"的通知》(1990)要求"学历教育的在校学生规模,城市不少于600人,农村不少于500

---

① 刘圣中:《历史制度主义》,上海人民出版社2010年版,第169—171页。

人";国家教委《关于评选"国家级、省部级重点普通中等专业学校"的通知》(1993)要求国家级重点学校"现有学生(包括各种职业技术教育和短训班折合的年度在校生人数)1200人以上","能用5年左右时间将其建成效益规模达3000人以上、办学条件配套、水平较高的学校";《国家级重点中等职业学校条件》(2003)要求"全日制学历教育在校生人数达2000人以上,年培训人数达1000人以上";教育部、人力资源社会保障部、财政部《关于实施国家中等职业教育改革发展示范学校建设计划的意见》(2010)提出,国家中等职业教育改革发展示范学校建设计划项目学校遴选基本条件为"近三年来,年均学历教育在校生规模原则上达5000人以上(新疆、西藏除外)"。技工学校的遴选方面主要有:劳动部《关于开展技工学校评估工作的通知》(1991)要求技校"办学规模在400人以上";《关于印发〈国家重点技工学校标准〉(修订)的通知》(1997)要求重点技校"办学规模达1000人以上,其中学制教育不少于800人";《关于做好国家重点技工学校评估工作有关事项的通知》(2007)要求"在校生达到2000人以上,开展就业前培训、在职培训和再就业培训等每年不少于1000人次";2013年出台的《国家级重点技工学校评估标准》要求"培养规模应达到3000人以上,其中学制教育在校生规模不低于1500人,年职业培训规模1500人次以上",《国家级重点高级技工学校评估标准》要求"培养规模应达到5000人以上,其中学制教育在校生规模不低于2500人,年职业培训规模2500人次以上",《国家级重点技师学院评估标准》要求"培养规模达到8000人以上,其中学制教育在校生规模不低于4000人,年职业培训规模4000人次以上"等。由此可见,无论是中等职业教育整体质量发展评价,还是重点校与示范校的遴选与评价,"规模"与"数量"都是重要的评价指标。中等职业教育质量评价制度的变迁路径沿袭了效率理念,以规模和数量为主的发展理念构成了效率优先的"理念—制度"逻辑。

第一章 中等职业教育质量评价指标体系研究的制度背景

表1-3 中等职业教育质量评价的"教育规模指标"数据

时间	部门	文件名称	指标表述
1990	国家教委	《关于对职业高级中学开展评估，认定"省级重点职业高级中学"的通知》	学历教育的在校学生规模，城市不少于600人，农村不少于500人
1991	劳动部	《关于开展技工学校评估工作的通知》	办学规模在400人以上
1993	国家教委	《关于评选"国家级、省部级重点普通中等专业学校"的通知》	现有学生（包括各种职业技术教育和短训班折合的年度在校生人数）1200人以上、能用5年左右时间将其建成效益规模达3000人以上、办学条件配套、水平较高的学校
1995	教育部	《关于开展国家级重点职业高级中学评估认定工作的通知》	在校生1200人以上，其中接受职业高级中学（职业中专等）学历教育的不少于1000人
1997	劳动部	《关于印发〈国家重点技工学校标准〉（修订）的通知》	办学规模达1000人以上，其中学制教育不少于800人
2003	教育部	《国家级重点中等职业学校条件》	全日制学历教育在校生人数达2000人以上，年培训人数达1000人以上
2007	劳动部	《关于做好国家重点技工学校评估工作有关事项的通知》	在校生人数达2000人以上，开展就业前培训、在职培训、再就业培训等每年不少于1000人次
2010	教育部 人力资源社会保障部 财政部	《关于实施国家中等职业教育改革发展示范学校建设计划的意见》	近三年来，年均学历教育在校生规模原则上达5000人以上（新疆、西藏除外）
2011	教育部	《关于印发〈中等职业教育督导评估办法〉的通知》	高中阶段招生职普比，基本达到1∶1；职业培训规模与全国或中部、西部、东部地区平均水平比较

续表

时间	部门	文件名称	指标表述
2013	人力资源社会保障部	《人力资源社会保障部关于做好国家级重点技工院校评估工作的通知》	国家级重点技工学校评估标准：培养规模应达到3000人以上，其中学制教育在校生规模不低于1500人，年职业培训规模1500人次以上； 国家级重点高级技工学校评估标准：培养规模应达到5000人以上，其中学制教育在校生规模不低于2500人，年职业培训规模2500人次以上； 国家级重点技师学院评估标准：培养规模达到8000人以上，其中学制教育在校生规模不低于4000人，年职业培训规模4000人次以上

资料来源：从中华人民共和国教育部、中华人民共和国人力资源和社会保障部网站搜集整理。

3. 基于利益博弈的"行动—制度"逻辑

依据道格拉斯·诺斯关于制度变迁的行动集团理论，推动制度变迁的主体有第一行动集团（初级集团）及第二行动集团（次级集团），第一行动集团提出制度变迁方案和选择，是制度变迁的创新者、策划者和推动者；第二行动集团是制度变迁的实施者，两个行动集团共同努力去实现制度，并就可能获得的创新收益进行分配。[①] 制度与行为的互动推动着制度的变迁，国家、组织、个人等一切行为者的行为都是在一定的制度环境中展开的，影响着行动者的身份认同和选择倾向。中等职业教育质量评价制度变迁的关涉对象是多元的，涉及中央政府、地方政府、家庭、学校、社区等。中央政府作为第一行动集团，在评价制度供给中发挥主导作用，肩负制度创新的重任；省、县是第二行动集团，作为次级行动集团的地方政府是中等职业教育质量评价的主体，发挥着执行者与实施者的作用。行动集团虽然存在着利

---

① 丁冰、张连城：《现代西方经济学说》（修订版），中国经济出版社2002年版，第427—429页。

益博弈，各方行动主体交互影响，但是由于采取自上而下的强制性制度变迁，两个行动集团在利益博弈过程中，可以通过"行动—制度—行动"模式逐步推动中等职业教育质量评价的实施与变革。

第二节 中等职业教育质量评价制度存在的现实问题

中等职业教育质量评价制度过多关注外在资源条件性与规模增长的倾向性评价模式，偏离了以人为本的教育发展价值目标，造成现阶段中等职业教育质量评价目标的错位，也使中等职业教育质量评价在追求效率的同时一定程度上失去公平，同时造成评价效率的低下问题。

一 重行政督导，轻科学评价

公立学校是中国中等职业教育的主流，属于政府办学的典型的政府投入模式。在评价中，政府一方面是典型的运动员，另一方面又担当了裁判员的角色。对中等职业的教育评估主要采用行政督导的形式进行，各种行业协会、专业组织、社会团体等社会力量、非行政工作人员等较少参与督导评估与监测工作。中等职业教育评估存在重视行政督导形式，忽视科学质量评价的问题。行政督导是一种教育管理手段，是教育行政管理体制的专门性的监督系统，设有专门的教育督导机构，由专门人员进行指导性的教育行政工作，规范办学行为，检查验收与督导评估学校工作等，它是教育行政部门实施监督与指导的重要手段。但是，中等职业教育评估重视教育行政督导表现形式，而评估的科学性却未受到足够重视，主要表现在以下方面。

（1）人员行政化，缺乏专业性。中等职业教育发展呈现专业化特征，需要专业人员参与督导与评价，有效开展教育督导评估和质量监测。但是督导队伍以教育行政干部为主体，督导人员组成存在行政化倾向，偏重行政监督职能而忽视专业指导职能，强调教育经验在教育督导工作中的重要性。由于缺乏对具体的学科教学与课程实践的深入了解，教育督导人员专业水平相对缺失，教育督导过程、方法、督导方案设计不尽合理，督导指标不够系统，整个督导过程具有一定的随意性和较强的主观性[①]。同时，开展和科学实施评价的专业性不足，使得教育督导无法真正发挥"督学"和"评估"的职能。

（2）评估形式化，缺乏规范性与指导性。监督搞形式主义、走过场，强调的是"面上的监督"，使本已少得可怜的教学监管被弱化，无法有效行使指导、咨询、服务的职能。中国教育督导的体制机制还不够完善、督导权威也还不足、问责机制还不健全，同时，结果运用也还不到位，督导评估队伍专业水平不高和结构不合理等，导致督导过程中出现评估监测规范性缺失问题，严重制约职业教育评估监测的科学化运行，弱化了教育教学监管与指导作用。

二 重投入质量，轻产出质量

职业教育质量的评价政策主要聚焦条件性保障的外在资源投入，注重规模、资金、设备、校园建设、"双师型"教师比例等，轻视教育产出的评价。投入型质量评价范式与中国中等职业教育的规模偏小、条件薄弱等外延式发展需要相符合，在特定时期内具有一定的历史合法性。20世纪80年代，中等职业教育的恢复建设阶段是由精英化阶段向大众化阶段转型的初始阶段，中等职业教育发展的规模与速度、数量与条件往往更受重视。为确保资源投入和基本条件建设，以资源条件为主的制度保障和评估成为评价主题，这与中等职业教育初步恢复阶段的时代背景相适应：第一，中等教育结构单一，普通教育规模过大，中等专业学校较少，大量未升入高一年级的学生缺乏劳动技能而未能有效就业，同时，企业又面临着技能型人才的大量缺失。因此，改变中等教育结构，扩大中等职业教育规模成为改革的基本趋势。第二，中等职业教育办学条件薄弱。一方面，中等职业教育资源在"文革"期间遭到了极大的破坏，底子薄；另一方面，中等职业

---

① 刘静：《教育督导：问题与辨析》，《教育测量与评价》（理论版）2014年第1期，第69页。

学校在扩张过程中，将部分基础薄弱的普通高中转制为职业（技术）学校、职业中学、农业中学。由于调整转制的大部分是农村高中，而且是薄弱学校，这就造成了转制后的中等职业教育学校存在着先天性缺陷，办学条件薄弱，教育质量较差。尽管中等职业教育在数量上获得了较大的增长，但是这些高中本来的教学条件实际上难以支撑职业教育的重任。因此，通过资源性、条件性评价促进职业学校办学条件的提高，成为中等职业教育质量评价政策的适时选择，也符合当时的时代特征，但是也引发了一些教育问题。

1. 中等职业教育质量评价前期和中期侧重于关注外在资源性投入和学生规模效益，评价政策制定倾向于投入性办学条件，以办学条件评价代替办学结果评价。教育资源性投入是中等职业教育发展的前提和基础，注重条件性建设并不等于内涵发展。以外在资源性为主的中等职业教育质量评价倾向，造成了替代性评价异化现象，中等职业教育学校的重心多是把质量建设集中在如何获得更多来自政府的资源和政策支持上，消极应对政府的教育质量评价，没有从根本上重视人才培养质量建设，忽视了学生学习与发展的教育价值目标。实质上，外在条件性资源倾向的质量评价模式缺失了对人才供给质量的评价，这与教育发展价值目标之间存在一定的冲突，影响了职业教育价值目标的实现。

2. 外在条件性资源评价模式在无意之中把质量责任推向了政府。由于有政府托底，有限的外在市场竞争并不关乎学校的生死存亡，办好一所学校很难，办垮一所学校也很难，一些面临招生困难的中职学校充其量也就是换领导或者合并到其他学校而已。归根到底，公立中职学校并没有倒闭关门之忧，所以忧患意识与责任担当意识比较薄弱。在资源的多少受制于政府的分配方案的环境下，学校自身可以对这种资源型评价方式置之度外，政府所制定的质量约束机制就无法真正地发挥效力。这种评价模式产生了复杂的评价效应：一是对地方政府和中职学校进行"捆绑问责"，从而会造成共同应对评估问责的现象；二是产生"问责悖论"，中职学校只是政府的附属机构，政府对政府所办学校进行质量评价和问责，也就是"政府自己评价自己，自己问责自己",这种现象直接导致问责制度的失效以及质量评价激励功能的日渐消退,中职学校发展功能逐步弱化。中等职业教育质量评价制度与现实冲突直接导致了评价的低效现象,同时也不利于中等职业教育质量的提升。

三 重规模建设,轻学生发展

纵观改革开放以来中职教育40年的发展历程,规模始终是发展的着力点。规模驱动的教育供给战略能够推进中等职业教育规模的快速扩张,为提升中等职业教育质量奠定了量的基础,但这种供给模式固有的不足与缺陷也带来了突出问题[①]。中等职业教育外延发展强调数量增长和规模扩大,中等职业教育内涵发展强调结构优化和效益增值。相应地,在教育质量评价过程中,外延发展评价注重数量指标——资源投入、规模扩张、发展速度、学生人数、学校数量等,内涵发展评价则注重的质量指标是学生成长性、教学水平、结构优化等。在原有的中等职业教育评价体系中,真正反映教育质量高低的学生发展没有得到应有的关注。教育评价的政策引导效应导致了对学生发展关注减弱,学生作为教育质量的核心利益相关者,在评价中却处于比较薄弱的地位。总体来看,中等职业教育发展也开始受到数量与规模的瓶颈制约,规模发展效应评价模式产生了路径锁定效应,中等职业教育规模的扩张也产生了一定的负面影响,主要表现在学校为追求学生数量增长而忽视教育质量问题,造成学校教育功能的缺失,效率优先与教育发展公平目标出现冲突。

1. 规模评价的"替代"效应。在质量评价过程中,还有一些隐性质量驱动手段,它就像一只看不见的手,以隐性激励制度渗透进去,从政府绩效、学校经费等方面渗透教育质量评价的导向,通过生均经费、问责制度等形式影响经费投入、政府绩效,从而达到促进教育规模扩张的政策目标。中等职业学校的办学经费主要来自政府拨

[①] 李桂荣、姚松、李向辉:《中职教育供给侧存在的问题及改革思路》,《教育发展研究》2017年第3期,第34—35页。

款,中等职业学校公用经费根据学校有正式学籍的全日制一、二、三年级在校生人数拨付。生均公用经费是学校的主要经济来源,虽然中等职业教育生均经费历年来不断增加,但是对于学校而言,学生数量的多少直接影响者办学经费的多寡,基于此,学生规模越大,学校所获得的经济收益就越多。这种以办学资源作为衡量质量的隐性标准,导致学校间竞争的内容不是职业教育服务质量的高低,而是生源,甚至是恶性竞争生源。为了获取生源,有的学校甚至将招生计划分配到教师,将招生与教师的奖金挂钩,"中职学校人人都有任务,个个都是招生人员"[1],"在强大的招生压力驱使下,中职教师往往无法把精力专注于课堂教学和学生培养上,致使中职生的学习风气较为涣散,'学生感'不强"[2]。"职业学校招生任务完成情况与申报上级财政支持的中等职业学校建设项目挂钩。市教育局对超额完成招生任务的中等职业学校、县(市、区)教体局给予表彰"[3],"不管是公办中职还是民办中职,都会很在意生源的问题,因为很多人都认为生源就是财源"[4],有些学校甚至通过虚假宣传、提高招生回扣等方法获得生源,还出现了招生掮客,招生掮客以帮学校招生为谋生之路[5]。这种现象涌现的主要根源是:在现有的评价和投入体制下,职业学校拥有的学生数量的多少几乎就意味着获得经济支持的多少。在教育资源相对短缺的情况下,扩充学生数量成为学校发展的不二选择,这就导致了职业学校重规模轻培养状况的发生。

2."规模捆绑"隐性激励的驱动效应。各类隐性激励制度促使各类行政管理制度形成了合力,推动中等职业教育规模的快速扩张。教

---

[1] 何文明:《规范中职招生还须强化政府统筹》,《教育与职业》2014年第12期,第74页。

[2] 李桂荣、姚松、李向辉:《中职教育供给侧存在的问题及改革思路》,《教育发展研究》2017年第3期,第36页。

[3] 平顶山市教育局:《关于做好2013年中等职业学校招生工作的通知》,http://www.pdsedu.gov.cn/index/show.asp?xs_id=10021108。

[4] 李芳:《中职代理招生模式的问题反思与矫正策略》,《长沙铁道学院学报》(社会科学版)2011年第6期,第111页。

[5] 朱蓬蓬:《从"招生掮客"说开去》,《中国职工教育》1998年第9期,第35页。

育部每年《关于做好××××年中等职业学校招生工作的通知》，都会对地方中职教育招生规模提出相应要求，诸如"力争各类中职和普通高中招生数大体相当"①，"有新的增长，使中等职业教育与普通高中教育做到招生规模大体相当"②，"努力使中职学校与普通高中招生规模大体相当"③。截至目前，"普职招生规模大体相当"的要求都是高中阶段的教育政策目标。为实现这一规模目标，2003年开始，中职学校绩效考核开始与地方政府管理部门的政绩挂钩，中等职业教育招生任务完成情况成为地方政府管理部门政绩考核的重要指标，招生工作列入各级教育工作年度考核内容，建立招生工作激励机制。2007年，中等职业教育发展规模成为政府攻坚战的政治任务，发展规模不达标要进行政府问责。而中等职业学校招生实行月报告制度，面临的督导检查力度更大。在学校发展规模与政绩考核挂钩的激励政策驱动下，职业教育规模考核变相地成为政府政绩的一个重要指标，也成为官员追求政绩和升迁的资本。地方政府竭尽全力守住中等职业教育规模，出台了一系列措施确保招生规模的稳定与增长。"为确保招生目标的完成，市教育局将与县（市、区）教育局签订《2013年中等职业学校招生目标责任书》，对完成招生任务目标的单位和招生工作突出的初中学校校长、班主任给予表彰奖励。各县市区也要出台相应政策，加强对全市中等职业学校招生工作的督查，把中等职业教育招生情况列为年度工作考核内容"④。县（市、区）教育局的领导和各学校校长是中职招生工作的第一责任人，承担着中职学校招生和生源输送的责任，中等职业教育发展规模成为学校领导绩效考核的指标之一，"各市中职招生培训任务完成情况将继续列入教育强县考核和党

---

① 教育部：《教育部关于做好2002年中等职业学校招生工作的通知》，http://www.moe.gov.cn/s78/A07/zcs_left/moe_950/201001/t20100129_830.html。
② 教育部：《教育部关于做好2003年中等职业学校招生工作的通知》，http://www.moe.gov.cn/srcsite/A07/moe_950/200302/t20030228_78962.html。
③ 教育部：《教育部关于做好2004年中等职业学校招生工作的通知》，http://www.moe.gov.cn/srcsite/A07/moe_950/200403/t20040324_78952.html。
④ 济宁市教育局：《济宁市教育局关于做好2013年中等职业学校招生工作的通知》，http://www.jnjyw.edu.cn/Article/201304/13283.html。

政领导干部考核"①。面对生源困境，一些地方政府为完成中职招生指标，采取行政强制方式，诸如禁止当地学生流出，搞招生"地方保护主义"，这种行为在限制了学生教育选择权的同时，也将中等职业教育陷于"廉价供给""劣质供给"的尴尬境地。

在进行教育质量评价时，重行政督导，轻科学评价；重投入质量，轻产出质量；重规模建设，轻学生发展，当这些问题相互交错、共同作用于中等职业教育，自然成了现代职业教育发展的阻梗。比如，在重点校、示范校建设与评价制度中，强调学校规模，以资源观和数量观为主要评价取向，因为政府确定的重点校或示范校，学生数量是重要的评价指标，因此也造成了中职学校重视招生而忽视培养的态势。如果学校被评定为重点校或者示范校，无论在学生发展质量问题上有无作为，它们在资源经费和政策上都会获得政府的大力支持，处于中职学校建设的优势地位，而有的中职学校则基本享受不到同等的来自政府的资源经费和政策支持，这就形成了典型的马太效应和天花板效应。这种中等职业教育质量评价模式导致中职学校在不完全竞争和竞争不充分条件下进行质量建设，进而可能导致一些学校怠于竞争，把教育质量问题归咎于外在原因，认为之所以出现教育质量问题，是因为政府投入和支持不够。这就造成了即使中等职业教育发展速度快、发展体量大，但是教育质量却难以保障，失去教育的公平性的同时也造成中等职业教育供给质量不尽如人意。

第三节 中等职业教育质量评价制度的革新诉求

一 中等职业教育质量评价亟须整体革新

中等职业教育质量隐含国家社会的要求和个人的期许，是中等职业教育事业发展的生命线。2010年，《国家中长期教育改革和发展规

---

① 安徽省教育厅：《安徽省教育厅关于做好2014年中等职业学校招生工作的通知》，http://www.ahedu.gov.cn/30/view/248389.shtml。

划纲要（2010—2020）》在阐释"教育质量"时指出，要"树立以提高质量为核心的教育发展观，注重教育内涵发展，鼓励学校办出特色、办出水平，出名师，育英才"。《关于加快发展现代职业教育的决定》（2014，以下简称《决定》）、《现代职业教育体系建设规划（2014—2020年）》（2014，以下简称《建设规划》）、《关于深化职业教育教学改革全面提高人才培养质量的若干意见》和《职业院校管理水平提升行动计划（2015—2018年）》（2015，以下简称《管理计划》）等政策的出台，标志着中等职业教育从政策目标层面进入内涵发展的轨道。内涵式发展是中国中等职业教育在外在数量扩张型发展达到一定程度后的必然回归，是摆脱单纯规模型发展的桎梏、开启中等职业教育发展质量之维的必然选择，也是经济发展的新常态对中等职业教育发展提出的新要求，即中等职业教育发展要适应外在环境变化，同时适应内在发展。事实上，教育质量问题是中等职业教育可持续发展的短板，内涵式发展已成为中等职业教育可持续发展的必由之路。作为治理手段之一的中等职业教育质量评价也亟须从规模评价向效益评价、从外延评价向内涵评价转化。总之，革新中等职业教育质量评价方式已成为当前中等职业教育管理的紧迫任务。

二 中等职业教育质量评价革新亟须重构指标体系

中等职业教育质量评价要从资源型、规模型评价转向以学生发展为主的过程型、结果型评价，其关键环节是评价指标体系的确定。首先，指标体系反映质量评价的价值取向，是评价目标的外在具体状态的体现。有什么样的评价目标，就要构建相应的评价指标体系以反映评价目标。其次，评价指标体系反映了质量评价的维度，要构建具体的质量评价的层次结构以反映评价目标，然后根据实践中的具体指标反映不同的结构特征。再次，指标类型影响着评价方法的选择。指标表现为量化指标和质化指标、过程指标和结果指标、外在指标与内在指标等，不同的指标类型需要不同的收集方式和处理方式，也影响着质量评价结果的呈现方式。最后，各指标权重反映了该指标的重要程度，各指标之间的权重直接影响评价结果。另外，反馈环节也要根据指标体系进行查漏补缺。科学合理的评价指标体系可以正确反映教育的效果和效益,从评价结果的后续效应来看,评价客体总是依据评价指标指向调节自己的行为,以便取得较好的评价结果。如果教育质量评价指标和标准设计不尽合理,则有可能导致教育质量评价行为偏离评价目标。因此,评价指标体系构建是关键,这涉及评价标准和支撑材料的选定,直接影响评价结果。因此,中等职业教育质量评价革新亟须重新构建评价指标体系,扭转评价方式与评价重心。

第二章 中等职业教育质量评价指标体系研究的国际参照

第一节 国际职业教育质量评价指标体系经验概述

本研究以联合国教科文组织（United Nations Educational, Scientific, and Cultural Organization, UNESCO）、欧盟（European Union, EU）等国际权威机构和一些发达国家的职业教育质量评价经验作为基础。这些国际教育权威机构和发达国家在职业教育质量评价方面进行了大量的研究和实践，具有较高的参考价值。研究借鉴国际职业教育质量评价的经验，比较职业教育包括中等职业教育质量评价指标，并根据指标属性分为学校层面、课堂层面、学生层面，在对职业教育质量评价的重要指标进行分析的基础上，提取中等职业教育质量评价指标体系构建的参考要素。

一 国际组织职业教育质量评价指标体系

1. 联合国教科文组织职业教育质量评价指标体系分析

联合国教科文组织开发了国际通用的职业教育质量标准及评价框架，推动世界各国职业教育的国际化、可比性与国际交流，一直是 UNESCO 促进世界职业教育发展的重要举措[1]。1987 年在德国柏林召

---

[1] 李玉静：《为了可持续发展与工作世界的教育——UNESCO 职教思想与发展战略报告》，《职业技术教育》2012 年第 6 期，第 26—45 页。

第二章 中等职业教育质量评价指标体系研究的国际参照

开了第一届国际技术和职业教育大会，1989年通过《技术和职业教育公约》，1999年通过《技术和职业教育与培训：21世纪展望——致联合国教科文组织总干事的建议书》，2005年发布《全民教育全球监测报告》，2014年全球普及教育（EFA）会议通过并经广泛磋商制定了《马斯喀特协定》，2015年《全民全球教育监测报告》，2016年《教育2030：仁川宣言》等一系列措施，制定了职业教育发展的指导方针和面向学习者的新型职业教育体系，建立以学习者为核心的教育质量标准，并将人的教育发展权作为职业教育质量评价的基础，为所有人提供包容和公平的优质教育和终身学习的机会，使人们更多、更公平地获得高质量的职业技术教育与培训。

2009年，联合国教科文组织对职业教育质量指标体系提出的具体要求有：指向性、可测性、可操作性、现实性。指向性要求指标具体和精确，能够体现目标与预期产出之间的紧密关系；可测性要求指标可以测量出数量关系，是可以计算的，是客观的，能够反映对象的所有变化；可操作性是指能够反映最大量的信息内容，以便进行综合性分析；现实性是指应该在资源投入与预期产出间建立一种持续的关系[①]。据此，联合国教科文组织根据职业教育的特性、劳动力市场要求、就业等要素，从职业教育的机会、范围、TVET体系内部效率、人力和物质资源、经费、教育与就业一致性比例、教育与就业之间关系、劳动力市场表现8个维度进行职业教育发展指标体系的构建，具体指标共计54个。该指标体系从国家层面进行职业教育发展评价，在指标体系设计时考虑教育投入（人力、物力、财力等）、教育机会（过渡率、入学率、增长率、弱势群体比率等）、教育效率（升级率、复读率、辍学率、保有率、增长率、毕业率等）、就业关联性（培训与就业领域一致性比例、双元制培训中所占比例、在企业进行实践培训的比例、到企业实地参观的比例等）和劳动力市场表现（总就业

---

① UNESCO, "Regional Bureau for Education in Africa", Regional Contribution to Information Statistical System Development for Technical and Vocational Education and Training, http://www.unesco.org/new/fileadmin/MULTIMEDIA/FIELD/Beirut/pdf/Regional_Report_on_Higher_Education_in_the_Arab_States.pdf, 2009.

数量、就业率、失业率、就业更新率、就业安置率等）。联合国教科文组织的职业教育评价指标体系关注职业教育投入、职业教育过程、职业教育产出、职业教育与市场的关联性等，尤其注重职业教育过程的实践性特征以及产出效果的就业性特征。

2016年，联合国教科文组织发布的《教育2030行动框架》提出，各个国家和区域需要做出更大的努力，达到教育的公平性和包容性，衡量和弥补质量和学习成果方面的差距，建议在进行指标构建时要考虑四个层次——全球性、专题性、区域性、国家性，在制定指标体系时要基于五个标准——相关性、与目标的一致性、定期（但不一定是每年）跨国家收集数据的可行性、与全球受众沟通的便利性及可解释性。有些国家已经有了强有力的指标体系，但对其他国家来说，仍然需要做出重大努力来完善指标或提高收集和使用数据的能力，应根据国家背景、能力和数据的可用性，根据指标的相关性对其进行跟踪。

联合国教科文组织的职业教育质量评价指标体系的总体表现是：（1）评价的切入点是超国家层面或者国家层面的职业教育发展状况，从区域性、国家性等方面进行考察；（2）评价以学习者为核心，从各类人群的教育机会、职业教育的效率等方面进行评价，关注职业教育的公平性与效率性；（3）评价注重与劳动力市场的关联性，从培训中企业实践状况、就业安置比率等方面进行考察。

2. 欧盟职业教育质量评价指标体系分析

长期以来，欧盟非常关注职业教育的发展和质量评估工作，2002年，《哥本哈根宣言》呼吁各国要加强在职业教育质量保障方面的工作，建立职业教育质量保障体系框架；2003年，《职业教育与培训共同质量保障框架》提出了职业教育质量保障工作应遵循的共同原则、基本准则和政策工具；2004年，欧盟提出建立职业教育质量保障框架的欧洲议会和理事会的建议；2006年，《赫尔辛基公报》提出要加强职业教育质量改进方面的合作；2008年，《职业教育质量保障框架的建议》提出高等教育与职业教育领域的质量保障的共同原则；2009年，欧盟立法通过《欧洲职业教育与培训质量保障参照框架》（以下简称《参照框架》），并将《参照框架》作为一项参考工具，帮助成

第二章　中等职业教育质量评价指标体系研究的国际参照

员国在参考欧洲共同体基础上促进和监测本国职业教育系统的持续改进情况，内容包含职业教育质量保障机制、内部和外部评价组成的质量监控机制，以及一套完整的质量评价指标体系。

《参照框架》作为一个基于共同参照标准来帮助各成员国促进和监测职业教育与培训系统的参照工具，各成员国根据本国特点来制定实施相应的职业教育质量保障政策与方案[①]。《参照框架》提出，职业教育质量是一个"投入—过程—产出—成果"的循环过程，这一过程促使学生获得的能力迁移到职业实践中，对职业活动产生影响。因此，《参照框架》是欧盟层面的质量保证参考框架，适用于职业教育体系和职业教育供给者的两级质量管理标准。《参照框架》包括质量保障、改进周期（规划、实施、评估/评估和审查/修订）、质量管理标准、解释示例和质量指标。该框架希望帮助职业教育的质量改进，在国家层面的职业教育体系中建立信任关系，推广无国界的欧洲终身学习领域。《参照框架》建立的目的不是引入新的标准，而是支持欧盟成员国继续改进质量，同时保持其方法的多样性。指标体系的使用建立在自愿的基础上，要符合各国的国家法律和实践体系。《参照框架》应该被视为一个"工具箱"，不同的使用者可以从中选择他们认为与自己的特定质量保证系统的需求最相关的描述示例和指标，它们是适用于初级职业培训还是持续的职业培训取决于每个成员国的职业教育与培训体系的个体特征以及职业教育提供者的类型。

《参照框架》在进行质量保障与改进或者教育质量评价时，学习成果及成果在职业世界里所产生的影响是教育质量评价的核心标准，该质量评价指标包括 3 个维度，10 个一级指标，并衍生出 14 个二级指标[②]，

[①] Commission of the European Communities, "Proposal for Recommendation of the European Parliamentand of the Council on the Establishment of a European Quality Assurance Reference Framework for Vocational and Training", http://www.europarl.europa.eu/sides/getDoc.do?type = REPORT&reference = A7 - 2011 - 0021&language = EN.

[②] European Parliament And Council, "Recommendation Of the European Parliament and of the Council: on the Establishment of a European Quality Assurance Reference Framework for Vocational Education and Training", https://eur-lex.europa.eu/LexUriServ/LexUriServ.do?uri = OJ: C: 2009: 155: 0001: 0010: EN: PDF, 2009.

3个维度包括质量保障的总体指标、职业教育与培训政策相关的指标以及背景信息,其一级指标和二级指标具体如下。

(1)职业教育与培训提供者有关的质量保障系统建设指标。该指标包含两个二级指标:(a)内部设置质量保障体系的职业教育与培训机构的比例;(b)通过认证的职业教育与培训机构的比例。这些指标设置的政策目标是促进职业教育与培训机构的质量与文化水平的改进,提高培训质量的透明度,改善培训规程的互信度。

(2)师资培养的投入情况。该指标包含两个二级指标:(a)师资进修参与比率;(b)投入资金额度。这些指标设置的政策目标是增强在质量改进过程中师资队伍的主人翁意识,改进职业教育与培训对劳动力市场的反应能力,改善个人学习构建能力,提高学习者的学业成就。

(3)职业教育与培训项目的参与率。该指标只包含一个二级指标:依据不同教育类型统计的参与职业教育与培训项目的人数。该指标的政策目标是在职业教育与培训系统和提供者层面获取有关职业教育吸引力的基本信息,支持包括处境不利群体在内的人群,增加他们接受职业教育服务的机会。

(4)职业教育与培训项目完成率。该指标是根据课程类别及个性化标准,成功完成职业教育与培训课程的人数。该指标的政策目标是获取有关职业教育与培训过程质量的基本信息,比较中途退学率与参与完成率之间的关系,将圆满完成职业教育作为质量的主要目标之一,为包括弱势群体在内的人群提供适当的培训。

(5)职业教育与培训就业率。该指标包括两个二级指标:(a)职业教育培训项目结束后,学员在一定时间内的就业去向(根据不同项目类型和个性化标准进行统计);(b)职业教育培训项目结束后,在一定时间内学员被雇用的比例(根据不同项目类型和个性化标准进行统计),指标的政策目标是支持就业能力培养,提高职业教育对劳动力市场需求不断变化的反应能力,为包括弱势群体在内的人群提供适当的培训。

(6)习得技能在工作场所的利用情况。该指标包括两个二级指标：(a)学员在培训结束后获得的有关职业方面的信息;(b)雇主对习得技能或能力的满意率。该指标的政策目标与上一指标的政策目标一致,也是支持就业能力的培养,提高职业教育对劳动力市场需求不断变化的反应能力,为包括弱势群体在内的人群提供适当的培训。

(7)依据个性化标准统计的未就业率。该指标的政策目标是为政策审查与决策提供背景资料。

(8)弱势群体的参与率。该指标包括两个二级指标:(a)根据年龄与性别划分的处境不利群体参与职业教育的比率;(b)根据年龄与性别划分的处境不利群体参与职业教育的成功比率。该指标的政策目标是为政策审查与决策提供背景资料,为处境不利群体提供接受职业教育的通道与适合的职业教育。

(9)确定劳动力市场培训需求机制。该指标包括两个二级指标:(a)不同水平的劳动力市场需求信息鉴别机制;(b)该机制的有效性证据。该指标的政策目标是提高职业教育对劳动力市场需求不断变化的反应能力,支持就业能力的培养。

(10)职业教育与培训高阶计划。该指标包括两个二级指标:(a)现存不同层级的计划资料;(b)现存计划有效性证据。该指标的政策目标是为包括处境不利群体在内的人群提供接受职业教育的通道与适合的职业教育。

《参照框架》的评价指标体系包括背景性指标、过程性指标和结果指标,从整体来看,涉及质量过程的有四类一级指标,涉及质量结果和产出的也有四类一级指标,可以有效帮助决策者和实践者掌握职业教育质量发展信息,并与劳动力市场供需信息相关联。指标体系注重对职业教育产出过程和结果进行评价,主动关注处境不利人群的职业教育机会获得和质量供给问题。此外,欧盟支持各国的方案和措施为确保"高质量"教育所作的努力,促进其成员国之间的合作。而支持欧洲教育指标等管理工具正是欧盟对区域层面职业教育的现状和目标以及各成员国的现实情况的一种反应。

2012年年底,欧盟发布《重新思考教育:加强技能投资,实现更好的经济社会发展成果》,提出要改善职业教育的学习结果、评价和鉴定机制,并于2013年秋季启动"教育与技能网上评估"平台,个人和企业都能对技能发展情况进行评估,以促进学生发展[①]。欧盟在职业教育领域从数量和质量方面收集、处理和分析数据信息,特别关注就业能力,注意职业教育供给与需求之间相匹配,关注弱势群体的平等参与,构建职业教育与培训评价框架,把就业能力和市场需求进行匹配,注重从学生发展、就业取向、市场反馈等产出结果进行评价。

二 发达国家职业教育质量评价指标体系

1. 德国职业教育质量评价指标体系分析

德国经济腾飞的秘密武器是德国的"双元制"教育,职业教育对经济的推动力举世瞩目,它也是世界上职业教育最发达的国家之一。德国职业教育质量指标体系构建较为完整,由输入、过程、输出与长效质量四个维度构成,每个维度都由宏观、中观和微观三个层级构成。德国的职业教育质量评价具有"提出评价目标的导向性、评价主体的协同性、评价标准的全面性、评价方法的科学性和评价报告的实用性五个特点"[②]。有研究者认为,"德国职业教育质量指标体系是依据全面的、过程性和以人为本的教育质量观",见表2-1。

表2-1 德国职业教育质量指标体系框架

维度	层面	指标
输入质量指标	宏观层面	1. 职业教育体制机制层面的保障条件("双元制"结构、职业教育法律法规体系等)
	中观层面	2. 培训企业及职业学校办学质量的内涵和质量标准
		3. 培训企业及职业学校的组织架构

[①] 李玉静:《国际职业教育质量评估与报告制度:经验与借鉴》,《职业技术教育》2013年第9期,第37页。
[②] 王玄培、王梅、王英利:《德国职业教育外部质量评价及其对我国职教评价体系的启示》,《教育与职业》2013年第22期,第21—24页。

续表

维度	层面	指标
输入质量指标	中观层面	4. 培训企业及职业学校的基础设施建设状况
		5. 培训企业及职业学校培养计划、培养方案及师资配备
		6. 培训企业及职业学校办学质量的其他保障条件
	微观层面	7. 教师职业能力与资质
		8. 学生基础能力（生源质量）
过程质量指标	宏观层面	9. 职业教育政策制度实施过程的条件
	中观层面	10. 职业教育相关机构间的合作
		11. 培训企业与职业学校协同育人
		12. 其他方面的合作与交流
		13. 教学条件的创设与使用：教学质量标准，教学机构的组织条件，教学设施设备的使用及优化，培养方案的实施和教学活动组织
	微观层面	14. 教学活动计划
		15. 教学过程设计与实施（基于行动导向、设计导向等先进教学理念）：教学氛围营造，明确教师和学生在教学活动中的角色及任务，师生间积极互动，教学方法选择，教学内容实施
		16. 教学活动的评价和反馈
输出质量指标	宏观层面	17. 职业教育政策制度健全，体系运行良好
	中观层面	18. 职业教育满足企业人才需求，有效提升其经济效益
	微观层面	19. 学生对企业培训的满意度
		20. 职业教育促进学生职业能力发展
		21. 毕业生适应企业环境，独立完成工作任务
		22. 拥有积极阳光的生活态度，有效解决生活难题
长效质量指标	宏观层面	23. 职业教育人才培养成果的社会效益
	中观层面	24. 职业教育为企业长远发展提供优质人力资源
	微观层面	25. 可持续发展的职业能力和终身学习能力
		26. 对企业文化的认同和归属感
		27. 毕业后的职业生涯发展
		28. 拥有完美的生活和较高的社会地位

资料来源：申文缙、周志刚《德国职业教育质量指标体系及启示》，《外国教育研究》2015年第6期，第109—118页。

德国职业教育采取培训与考核相分离的质量考核办法，从考核内容上来看，分为实践技能考试与专业知识考试；从考核时间上来看，分为中间考核和结业考核；从考核形式上来看，分为书面考试和实际操作技能考试；从考核结果的应用来看，考核结果与工作岗位资格相关联，考核合格者获得国家承认的岗位资格证书。

德国职业教育质量评价以学生的职业能力评价为核心内容，以职业教育全程管理为监控手段，将质量监控和评价贯穿于整个培养过程，进行输入、过程、输出、成果的全过程评价。这种评价机制既参考了欧盟职业教育质量与培训保障参考框架，又结合本国"双元制"职业教育特征进行本土特色化指标设计，与劳动力市场中岗位要求与岗位资格相结合，切实保障职业教育的实践技能养成的职业教育特色。

2. 澳大利亚职业教育质量评价指标体系分析

澳大利亚职业教育在国际上享有盛誉。20世纪90年代初期澳大利亚国家培训署成立，大力发展职业教育，开启全国统一的职业认证培训，并颁布一系列职业教育法律法规。从职业教育管理机构的建立到质量保障体系的完善，澳大利亚不断改革与完善职业教育质量管理体系，1995年联邦政府发布学历资格框架、1996年发布国家培训框架、2001年制定了质量培训框架等，从职业教育的师资队伍、设备条件、管理措施等方面严格认证，保障职业教育质量在国家层面的统一。澳大利亚出台这些职业教育与培训资格与质量保障制度的宗旨是保证职业教育与培训的有效性和规范性，例如2005年，澳大利亚国家培训署声称："行业、政府和国家培训署共同建立了一个世界级的国家职业教育与培训系统。"2008年，经济合作与发展组织（OECD）在对国际职业教育发展评估中是这样评价澳大利亚职业教育系统的发展情况的："澳大利亚有非常发达的职业教育与培训体系，是高度值得信赖的"[1]，2009年澳大利亚技能协会宣称"澳大利亚因其职业教

---

[1] Hoeckel, K., Field, S., Justesen, T. R., Kim, M., *Learning for Jobs: OECD Reviews of Vocational Education and Training: Australia*, Paris: Organisation for Economic Co-operation and Development, 2008.

育与培训制度而备受推崇",2014年澳大利亚职业教育与培训工作小组成员Furnell在澳大利亚首都领地培训与高等教育论坛(Australian Capital Territory Training and higher Education Forum)上宣布,澳大利亚职业教育"具有显著优势,在国际上受到高度重视",澳大利亚职业教育取得了世界瞩目的成就。

澳大利亚生产力委员会(The Australian Productivity Commission, 2011)认为,政府参与职业教育领域建设有很多缘由,也存在着不同的形式,其中一种形式就是监管,"其中很多都是为了解决质量问题"。澳大利亚出台联邦政府统一的职业教育质量标准和框架体系,各州和各教育机构根据其实际情况进行调整,具有较大的灵活性。2007年,在《澳大利亚质量培训框架》(2001)的基础上进行修订形成《注册培训机构标准》《注册/课程认证机构标准》《注册培训机构的优秀标准》,该培训框架指标体系涉及教学质量与资源开发、领导力与办学效益、人力开发与人才建设、服务能力与社会影响、资源配置与综合实力等,除公布办学基本标准外,对质量评价指标进行具体设置。质量评价指标非常关注职业教育毕业率、学生课程满意度、雇用单位对学员的认可度。2011年,澳大利亚成立了澳大利亚技术质量局(Australian Skills Quality Authority),颁布统一标准的职业教育与培训的条例,颁布《国家职业教育和培训监管法案》(*National Vocational Education and Training Regulator Act 2011*)、《职业教育与培训课程认证标准》(*Standards for VET Accredited Courses 2011*),2012年修订《国家职业教育和培训监管法案》(*National Vocational Education and Training Regulator Act 2012*)、《职业教育与培训课程认证标准》(*Standards for VET Accredited Courses*)(2012),进一步确保职业教育质量。同时,《澳大利亚质量培训框架2011》先后经历了多次修订与完善,《资格框架体系指南》于2013年1月1日开始实施。2015年颁布《国家职业教育与培训监管机构修正案》(*National Vocational Education and Training Regulator Amendment Act 2015*),2018年7月2日颁布《国家职业教育与培训监管机构(收费)修订决定(第1号文件)》[*National Vocational Education and Training Regulator (Char-*

ges) *Amendment Determination*（*No.1*）]。随着一系列文件措施的出台,澳大利亚教育与培训的监管体系逐步完善。从评价体系内容来看,澳大利亚职业教育与培训包括国家层面的整体监控和培训机构层面的质量认证与监控。

国家层面的质量评价与监控指标共计6个维度53个具体项目,且全部归入背景、参与、结果、产出、资源的分析框架中[①],主要包括职业教育发展背景、为所有公民提供的职业教育完成情况、对职业教育与培训的投入情况、职业教育与培训的产出效益等方面进行评价,具体评价指标包括劳动力市场人口受教育程度、失业率、培训参与率、校本培训参与率、师徒制学生参与率及不同年龄性别学生分布比例、不同群体参与继续教育与培训的比例及不同性别年龄参与人数的比例和参与时间、不同群体参与工作场所培训的比例及不同性别年龄参与人数的比例、项目完成率、辍学率、经费投入及来源比例、完成的成本等方面进行评价。

办学机构层面质量评价与监控主要包括办学机构的资格认证、课程认证、办学资格与课程模块审计等方面。认证框架与外部审计主要表现为质量保障和质量管控,办学资格认证和课程认证实际上属于办学资格审核评估,为职业教育培训质量提供了基本条件保证;对办学资格与课程模块的审计属于对办学效果的评估,对办学机构的办学质量进行跟踪评价,新注册的教育机构在一年之内要接受一次评估,办学一年以上的教育机构每年需要进行自评,每五年要进行一次办学质量的水平评估。办学资格的注册与认证主要从办学目标与宗旨、办学资源、财务制度、教师资格包括教师职业能力、行业技能教师进修支持力度、专业设置、课程模块、培训方案与程序、资格证书与课程结业证明发放管理规则等方面进行。

办学机构质量审计与评估形式主要采用风险评估模式,对办学机构发展进行过程性管理,要求定期报告、及时记录、透明化和具有应

---

① 李玉静:《国际职业教育质量评估指标体系比较分析——以UNESCO、欧盟和澳大利亚为样本》,《职业教育研究》2012年第28期,第70—82页。

用性,主要是评估办学水平与效果、课程的质量等,评估不合格要求整改或注销办学资格或课程。采用职业教育培训包中关于基于行业要求设定的有效、可靠、灵活和公平评估的方法,依据学生所获知识和技能能够符合工作场所所要求的绩效标准,体现将知识和技能转移和应用于新情况和环境的能力。课程识别与课程结果评价方面主要评估职业教育机构所提供的课程与就业能力技能之间的关联性,建立能力认可制度,对学生在新的工作环境中的知识能力、技术能力、情感态度等进行评价,定期进行行业满意度、学生满意度、学生辍学率、学生就业率等方面的调查。

3. 美国职业教育质量评价指标体系分析

职业和技术教育越来越被视为美国经济复苏的主要潜在贡献者。美国职业教育类型包括中等职业教育、中等后职业教育以及技术预备教育,实施机构包括综合性高中、中等职业学校、中等后职业技术教育机构、社区学院、技术学院等,其中,中等职业教育以综合中学为实施主体。美国联邦政府倡导建立一个提供高质量就业培训机会的世界级教育体系[1],因此非常重视职业教育发展和职业教育的评估与保障工作,为此制定了相关的法律法规,比如《史密斯—休斯法(1971)》(*The Smith-Hughes Act of 1971*)、《职业教育修订案(1963,1968,1976)》(*The Vocational Act, 1963, 1968, 1976*),颁布职业教育投资与拨款的法律规定,支持职业教育快速发展。修正案规定资金可用于高中学生、完成或离开高中的学生、劳动力市场中需要再培训的个人以及在社会经济或其他其他领域存在障碍的个人。1984年,在修正《职业教育法》的基础上又颁布《帕金斯职业教育法(1984)》(*The Carl D. Perkins Vocational Education Act of 1984*),旨在解决经济的需要,并改善特殊需要人口接受职业教育的机会。该法案目的包括"扩展"与"改善"职业教育,发展高质量的职业教育项

---

[1] Office of Vocational and Adult Education US Department of Education, "Investing in America's Future: A Blueprint for Transforming Career and Technical Education", https://www.ed.gov/news/speeches/investing-americas-future-blueprint-transforming-career-and-technical-education.

目，促进职业教育现代化，满足国家现有和未来劳动力对市场技能的需求，并提高生产力和促进经济增长[①]。1990 年、1998 年、2006 年美国联邦政府又连续地对该法案进行修订，最终形成《帕金斯职业教育与技术法案（2006）》（*The Carl D. Perkins Vocational and Technical Education Act of 2006*，Perkins IV）。2018 年 7 月 26 日，美国总统唐纳德·特朗普总统签署《2006 年法案》授权其重新生效，2018 年 7 月下旬，国会一致通过《加强 21 世纪职业和技术教育法案》。

《帕金斯职业教育与技术法案》（以下简称《法案》）非常重视职业教育质量，为学生有计划地提供连贯严谨而富有挑战性的系列课程和教育活动要符合学术标准和相关的技术知识和技能标准，为当前或新兴行业的进一步教育和职业生涯做准备，包括基于能力的学术知识、高阶推理能力、解决问题的能力、工作态度、一般能力、技术技能和职业特殊技能包括创业能力以及一个行业的所有方面的知识、获得行业认可的资格证书或副学士学位等。由此，《法案》建立了国家与地方合作的职业教育与技术的学术标准，将职业教育质量放在了重点评估的核心地位，提高对学生的学术成绩的要求，强调阅读、科学、数学成绩对学生发展的影响，在评估学生的成绩时，要求采用测试的形式进行考评，重视对职业教育的"投入—产出"效能进行评估。该方案也反映了《不让一个孩子落后》法案的精神实质，注重学生的成长与发展，强调学术与技术教育相结合，高中教育与高等教育相结合，通过严格的标准和评估流程提高学生成绩，联结中学至大学的教育，支持高技能、高工资、高需求职业的项目，更注重商业和工业。该法案要求对中等职业教育和中等后职业教育质量分别进行单独评估，中等职业教育质量评价的核心指标包括：学业成就、技术技能成就、中等职业教育完成率、毕业率、毕业生就业率等，其中学业成就指标主要评价学生的阅读、语言艺术、数学的熟练程度的学生比例；中等后职业教育质量评价核心指标有：技术技能成就、证明或证

[①] Scott, J., M. Sarkees, Wircenski, *Overview of Career and Technical Education*, 3rd ed. Homewood, IL: American Technical Publishers, 444, 2004.

书或毕业证的获得率、学生保有率、学生转学率、学生就业率等。无论是哪一类型教育的评估，关注重点始终为学生成绩的核心指标，强调具有挑战性的学术内容和国家成绩标准。

全国职业教育评价是在《法案》指导下确定的中等职业教育评价指导方针和绩效指标，各州可以根据职业教育评价指标，选取符合地方特色的指标进行调整与修订，比如，亚利桑那州中等职业教育最新的核心指标为：①在阅读语言艺术方面的学术成就；②在数学方面的学术成就；③2S1技术方面的技能素养；④教育完成情况；⑤学生毕业率；⑥实习职位；⑦非传统学生参与情况；⑧非传统学生教育完成情况，指导方针为实现上述指标制定了详细的工作流程[①]。华盛顿州增设毕业生薪酬、雇主满意度、学生满意度3个地方性指标。此外，《法案》还建立问责机制，强化问责效应。如果国家不能满足任何核心指标至少90%的调整后的绩效水平，就必须制订改进计划。如果连续两年未能达到任何核心指标的90%，美国教育部可以扣留从国家行政部门（5%）和国家领导部门（10%）手中持有的全部或部分分配给州政府的拨款资金。《法案》还规定，如果执法机构执法人员未能达到调整后的绩效水平，将对其进行追责。

三　国际职业教育质量评价指标体系比较

从国际职业教育质量评价指标体系的构建来看，职业教育质量评价注重国家层面的教育的公共性、公益性、公平性特征，注重处境不利群体的发展。从指标构建的结构上来看，基本都采取"投入—过程—产出"的教育质量评估与保障框架。从指标内容上来看，整个指标体系都突出职业教育的参与程度、学生的发展程度、教育内容与行业的关联程度等，评估指标突出职业教育与行业、企业及劳动力市场联系密切的本质特征[②]，对职业教育过程、产出、成果的评估是最核

[①] 郗海霞、王世斌、董芳芳：《美国中等职业教育外部质量评价机制及启示——以亚利桑那州为例》，《比较教育研究》2013年第12期，第40—47页。
[②] 李玉静：《国际职业教育质量评估指标体系比较分析——以UNESCO、欧盟和澳大利亚为样本》，《职业教育研究》2012年第28期，第70—82页。

心的评估内容。另外,指标体系在注重区域或国家的整体之外,还兼顾地方或者学校的特色建立附加指标,职业教育质量评价体系具有灵活性、包容性和有效性。

表2-2　　　　　国际职业教育质量评价指标异同比较

层面	联合国教科文组织	德国	美国	澳大利亚
学校层面	1. 升级率 2. 复读率 3. 辍学率 4. 毕业考试成功率 5. 毕业率 6. 学生的年级保持率 7. 生均学习时间 8. 培训与就业领域一致性比例 9. 就业率	1. 社会效益 2. 优质人才资源状况 3. 学生满意度	1. 学校保有率或教育完成情况 2. 学生毕业率 3. 实习职位 4. 非传统学生参与情况 5. 非传统学生教育完成情况 6. 就业情况	1. 工作机会 2. 就业人数 3. 技术需求 4. 产出效率
课堂层面		1. 教学活动计划 2. 教学过程设计与实施:教学氛围营造,明确教师和学生在教学活动中的角色及任务,师生间积极互动,教学方法选择,教学内容实施 3. 教学活动的评价和反馈		

资料来源:郊海霞、王世斌、董芳芳《美国中等职业教育外部质量评价机制及启示——以亚利桑那州为例》,《比较教育研究》2013年第12期,第43页。

国际组织主要从国家层面对职业教育质量进行评价,在具体的学生发展层面,评价指标体系中较少涉及更详细的规定。在各国的职业教育质量评价指标体系中,不仅要针对各州层面的教育质量评价,还涉及学校层面的教育质量评价,对学生发展进一步的评估相对详细,各国的评价指标设定有所不同,如表2-3所示。总体来看,一些质量指标是相当普遍的,如成就、参与、进步、保留、成功和完成,育人质量是职业教育质量考察的核心指标，它关注学生个人的成长和发展，学生发展水平是职业教育质量指标选择的主要依据。同时，把职业教育作为一种就业和升学导向的教育，是各国及国际组织职业教育质量指标体系的共同特点①。在较高频率出现的指标表现上，有指向群体的整体化表征的发展指标，比如学生的保持率、毕业率、就业率等，有指向个体发展结果的评价指标，比如知识、能力、心理状态等，还有一些评价指标指向教育教学过程，各个国家采用了不同的质量指标来监测其职业教育系统中的质量。

表 2—3   学生发展层面的二级指标的比较

德国	美国	澳大利亚
1. 生源质量 2. 职业教育促进学生职业能力发展 3. 毕业生适应企业环境，独立完成工作任务 4. 拥有积极阳光的生活态度，有效解决生活难题 5. 可持续发展的职业能力和终身学习能力 6. 对企业文化的认同和归属感 7. 毕业后的职业生涯发展 8. 拥有完美的生活和较高的社会地位	1. 基本技能的进步 2. 高级学术技能的进步 3. 工作技能的获得或提高 4. 学生学业① （1）在阅读、语言艺术方面的学术成就 （2）在数学方面的学术成就 （3）技术方面的技术素养	1. 知识评价 2. 任务技能 3. 任务管理技能 4. 紧急情况处理能力 5. 角色适应能力 6. 态度评价

第二节　国际职业教育质量评价指标体系特征与经验借鉴

一　以人为本的评价观念

整体来讲，国际职业教育质量评价强调以人为本，突出职业特

---

① 李玉静：《国际职业教育质量评估与报告制度：经验与借鉴》，《职业技术教育》2013年第9期，第36—39页。

色，注重学生发展。第一，强调以人为本，注重公平性。在指标设计方面，注重弱势群体等处境不利群体的参与率、培训的适合程度等，保障处境不利群体享受各种公益援助，保障他们接受职业教育的权利和机会，促进教育公平的实现。第二，突出职业特色，注重实践性。关注职业教育内容与市场、行业的匹配度，保障课程设置与教学内容适应行业与市场需求。因此，注重考察学生的实践能力和学习成效，例如，澳大利亚强调学习者在经过培训后是否获得实际操作技能和有没有达到行业需求的具体标准是其重点关注内容；关注学生的就业能力及取向，毕业率、就业率、职业资格证书通过率、薪资、雇主满意度、职位分布等成为评价目标。第三，注重未来发展，强调学生发展的基本素质。职业教育评价突出职业与技能教育的同时，注重学生的基础知识和专业知识的教育。在进行教育质量评价时，学生的数学素养、阅读素养等有助于学生成长的学业基础素质也成为基本的评价内容。

二 合理的评价内容结构

首先，注重输入、过程和效果指标的全面性。在进行评价时，背景性、输入性内容也成为基本的评价指标，这是职业教育运行的基本条件与保障，尤其是，"教师专业化水平作为重要的输入质量指标，对教学质量和学生能力培养发挥着极其重要的作用"[1]；过程性评价指标的建立为实现职业教育与学生未来就业奠定了基础，比如德国要求设计符合实际职业情境的"教学情境"，并进行效果评价；澳大利亚对职业教育培训中课程模块的市场适应性设置实时评估等评价指标。结果性质量评价指标也是职业教育质量评价指标体系中的重要内容，如学生的职业发展能力、市场适应能力等。

其次，注重"通用"指标与"个性"指标的互补性。国际上所

---

[1] Sekretariat der Kultusministerkonferenz, "Handreichung für die Erarbeitung von Rahmen-leh-rplänen der Kultusministerkonferenz für den berufsbezogenenUnterricht in der Berufsschule und ihre Ab-stimmung mit Ausbildungsordnungen des Bundes für anerkannte Ausbildungsberufe", Bonn: ReferatBerufliche Bildung und Weiterbildung, 24 – 31, 2007.

设置的质量评价指标与标准较为灵活,有一般标准和具体国家或地区或专业的补充指标与标准,能够适时根据各国或各地区的实际情况进行有效调整,以确保评价的科学性及合理性。"通用"教育质量评价指标是教育质量的基本要求,它也是整个质量评价体系的核心部分。如欧盟设计了一套完整的质量指标体系,用于监测和评价成员国职业教育与培训的共同指标,同时也倡导各国根据实际情况进行指标的补充。澳大利亚、美国由联邦政府出台职业教育的质量标准和框架体系,以保证不同地区的职业教育质量标准的统一性,同时允许各州和各教育机构根据其实际情况确定相应的培训内容,这使得各州和各教育机构在办学过程中能较好地发挥其主动性和灵活性[1]。在美国,州层面的职业教育评价指标进行设计时,涵盖政策执行、院校的发展目标愿景、资源投入、招生与就业、教育成果、继续教育与培训、学术质量和项目实施质量等指标,还可以根据国家评价指标进行完善与补充,与国家层面相比,美国州层面的职业教育评价指标设计得更为全面和具体[2]。

三 操作性较强的指标设置

国际职业教育质量评价指标设置中比较突出的特征是评价指标非常明确,具有一定的可操作性。比如为帮助成员国改进职业教育质量,欧盟《参照框架》设计之初便考虑要具有较强的兼容性、开放性和可操作性。美国州层面的职业教育评价指标体系中设置了一级评价指标和二级评价指标,二级评价指标下注明了评价要点、参照标准等,细化了评价指标,强化了评价的可操作性。另外,在职业教育质量评价过程中,实行证据收集的过程追问与佐证制度,重视评价资料的质量控制。

从国际发展的总体趋势来看,职业教育质量评价既体现了政策的

---

[1] 匡瑛:《从国际比较的角度看职业教育外部质量保障制度与政策体系》,《职教通讯》2013年第19期,第29页。
[2] 郑立:《国际比较视野下职业教育质量保障体系的特点与启示》,《黑龙江高教研究》2018年第5期,第84页。

引领价值，又蕴含着教育质量的核心要求。在评价指标构建过程中，注重教育过程与结果的协同，同时关注相关利益主体需求。质量评价的重心逐步转向学生学习的实际成果，从办学条件的投入性评价向教育成效的产出性评价转换。

第三章　中等职业教育质量评价指标体系研究的理论框架

构建中等职业教育质量评价指标体系要从评价取向、评价对象、评价内容、评价方法等方面进行综合考量，这需要职业教育理论的支撑，也需要教育评价方法论的引领。职业教育理论中以实践与过程为导向的理论观点、现代教育评价理论所倡导的过程观和结果观、人力资源开发中基于岗位工作分析的个体素质理论、基于复杂系统的综合评价理论等，为中等职业教育质量评价指标体系的构建奠定了学理性基础和方法论基础。

第一节　中等职业教育质量评价指标体系构建的理论基础

一　基于行动导向的职业教育理论

职业教育是以市场需求为依据、以就业为导向的育人活动，职业行动能力的培养是职业教育的核心内容，基于行动导向的职业教育有利于职业行动能力的培养。行动导向的职业教育理论产生于20世纪七八十年代的德国职业教育界，是一种以人为本的职业教育教学的理论思潮，对世界职业教育发展产生了深远的影响。行动导向的职业教育理论认为，职业教育教学活动的设计是根据职业工作活动的特性、完成职业活动所需的行动、行动产生的基础和行动维持所需的环境条件进行的，是通过有目的系统化的学习活动促使学习者在实际或者模拟的专业环境下，学习、体验和完成职业活动的全过程，探索和解决职业活动中出现的问题，形成与职业活动相关的能力。

1. 基本理论观点

（1）学生是学习的中心

行动导向的职业教育理论将认知心理学理论和行动调节理论等结合，是一个完整的"行动—经验"学习理论，学习者通过具体的行动和情境，理解和内化职业知识，形成职业能力，达到学习目标。行动导向的职业教育强调"学生是学习过程的中心，教师是学习过程的组织者和协调者，学生通过工作实现学习，即在行动中学"[1]。在行动导向教学中，学习者处于学习的中心，学习过程具有自我决定的特征，教师的责任是发起学习行动；学习者的行动包括有组织的学习过程中的行动和与有组织学习过程无关的、在工作与日常生活中发生的行动；学习过程的目标包括认知、情感与心理的同时发展等[2]。行动导向职业教育理论强调学生是学习过程的主体，是主动学习活动的主体，行动导向的职业教育的关键是学习者的主动性和自我管理。教师组织学习者在实际或模拟的环境中参与、学习与评价职业活动，注重学生的积极参与，在积极互动过程中促进学生"行动"与成长。

（2）教育教学的核心是学习过程与行动过程的融合

德国不莱梅大学的职业教育科学家劳耐尔教授提出了生成性的教学过程和工作过程导向的"职业科学"理论，为行动导向的职业教育的产生奠定了理论基础。行动导向的职业教育立足于职业实践环境，以人的完整的行为结构为导向，强调学生的学习活动过程与行为过程的统一，其教育教学的核心是学习过程与行动过程的融合。学习者通过学习性工作任务，将学习过程和职业领域要求的"行动空间"结合起来，将知识获得、技能发展、能力形成过程融合在"角色"行动中。在此过程中，个体学生"为行动而学习"，通过努力完成学

---

[1] 傅伟、袁强、王庭俊：《高职教育行动导向课程体系的特征与要素分析》，《中国职业技术教育》2011年第11期，第58页。

[2] 赵志群、[德]海尔伯特·罗什：《职业教育行动导向的教学》，清华大学出版社2016年版，第10—11页。

习任务，将学习活动过程与行为过程统一起来，构建完成职业工作所需要的知识、能力与素质结构。

（3）教育的目标是职业行动能力的发展

行动导向的职业教育是通过任务引领实现教学与学习活动的教育目标，"教学目的是促进学习主体的职业行动能力的发展"①。职业能力更多的是一种具有某种行动倾向的能力，即职业行动能力。德国联邦职教所将职业行动能力定义为"个体在职业工作、社会和私人情境中科学地思维、对个人和社会负责任行事的热情和能力"；马格德堡大学巴德教授认为，职业行动能力是"人类在职业情境中从事熟练而职业化的、个体深思熟虑的以及承担社会责任的行动的本领和状态"②。可见，职业行动能力首先是立足于职业，表现出个体的思维特征、工作态度、行为习惯等，它是一种基于行动导向的综合职业素质结构。职业行动能力描绘了学习者的学习成果及其在职业和社会情境中能够负责行动的才能。职业行动能力的发展，不但可以帮助学习者做好职业的准备，同时也为个体发展和进入公共生活做好准备③。

行动导向的职业教育理论与实用主义教育哲学思潮有着千丝万缕的关联。实用主义教育哲学是一种基于经验成长的哲学思潮，认为"职业教育"过程就是它自己的目的，"职业是一个表示有连续性的具体名词。它既包括专业性的和事务性的职业，也包括任何一种艺术能力、特殊的科学能力以及有效的公民品质的发展""青年的职业预备就是使他们能继续不断地重新组织目的和方法""尽量直接利用现在的生活可以为将来的任务得到唯一的充分的准备。这个原理可以完

---

① 姜大源、吴全全：《当代德国职业教育主流教学思想研究：理论、实践与创新》，清华大学出版社2007年版，第54页。
② 陈鹏页：《德国职业教育学习领域课程的整合意蕴之透视》，《职教论坛》2016年第9期，第84页。
③ 赵志群、[德]海尔伯特·罗什页：《职业教育行动导向的教学》，清华大学出版社2017年版，第44页。

全有效地应用于教育的职业方面"①。教育的目标是促进受教育者成长，经验是教育内容的重要组成部分，生活经验是学生知识增长的主要土壤，"一切知识来自于经验""教育即生活，教育是传递经验的方式""为了实现教育的目的，不论对学习者个人来说，还是对社会来说，教育都必须以经验为基础——这些经验往往是一些个人的实际的生活经验"②"就是要使学校中的知识的获得与在共同生活的环境中所进行的种种活动或作业联系起来""作业是有目的的、继续不断的活动""通过作业进行的训练，是为职业进行的唯一适当的训练""通过作业进行的教育所结合进去的有利学习的因素比任何其他方法都要多"，行动导向的职业教育理论与实用主义教育哲学同样强调"从做中学"，学生通过与实际生活世界相接触，通过亲身经历的操作过程，使知识能付诸实用，发现解决问题的方法与途径，从而达到掌握知识和能力的目的，为他下一步的学习与发展奠定基础。"做"是一种经验的获得，教学过程应该就是"做"的过程，要教会学生从做中学，知与行密不可分，知识要在实践中去验证，学生的不断行动是其获取知识的重要方法，能力要在行动中逐渐培养。教师教学和学生学习过程中要存在"情境—问题—资料—方法—检验"等要素：学生经历一个真实的经验情境，从这个情境中产生真实的疑问激发思维后，学生通过观察、搜集材料，选择解决问题的方法，最终解决问题。

2. 对中等职业教育质量评价指标构建的指导意义

（1）中职生成长是中等职业教育质量评价的核心价值

行动导向的职业教育理论遵循了教育目的的"起点、过程、结果"的逻辑。中等职业教育的目的就是促进中职生的不断成长，在评价过程中不仅要考虑到中职生成长的结果，还要考虑到他们成长的过程，成长过程中的经验的累积，成长过程中的潜力挖掘。

---

① 杜威：《民主主义与教育》，王承绪译，人民教育出版社2001年版，第328、326、330、329、179、363页。

② 杜威：《我们怎样思维、经验与教育》，姜文闵译，人民教育出版社2005年版，第52—53页。

(2) 实践经验与能力是中等职业教育质量评价的重要维度

中等职业教育的培养目标是技术型、技能型人才,所学知识与技能和未来的职场工作活动关联性明显,行动导向的职业教育理论强调现实生活环境、强调学习的实践性,以正式的或模拟的工作任务为基点,利用实际经验与资源,通过完成工作任务获得知识技能,符合强调工作过程导向的职业教育的特征。而中等职业教育质量评价也应符合职业教育的理论与实践,注重评价内容的过程性和实践性,在评价工具的设计上符合职业教育的特性。

二 关注过程与结果的现代教育评价理论

美国著名教育评价专家古贝和林肯在《第四代评估》中提出的"第四代评价理论"倡导教育评价要以人为中心[①],教育评价理论发展阶段的价值取向概括为:"测量"时代是以测验为中心,教育本体为主;"描述"时代是以目标为中心,社会需要为主;"判断"时代是以决策为中心,社会效用为主;"建构"时代是以人为中心,人的需要为主。现代教育评价理论强调人的作用,关注人的本性,强调尊重个体的独特性和多样性,体现以学生为本的价值取向。20世纪60年代,布鲁姆(Bloom)的教学目标分类体系构建起以学生发展为目标的教育评价体系。2001年,Anderson在布鲁姆教学目标分类学基础上,强调反思性思维发展目标的作用,学业质量聚焦于学生通过学科学习所产生的行为变化,评估的中心转向教育资源的输出,即学生学习成果与学校的效能如何,教育评价的重点指向学生学习过程和学习成果。无论是基于目标的教育评价还是注重目标实现过程的"游离目标"的教育评价,其最终的目标都是力促教育评价更加合理,更注重学生发展和学习的结果,解决"评什么"和"如何评"的问题,强调"现实性"与"生活性",注重完成学习任务的质量。

---

① [美]埃贡·G. 古贝、[美]伊冯娜·S. 林肯:《第四代评估》,秦霖、蒋燕玲等译,中国人民大学出版社2008年版,第1—23页。

1. 基本理论观点

(1) 注重学生发展的过程性

20世纪60年代,美国医疗质量管理之父多纳贝蒂安(A. Donabedian)提出将医疗服务的质量分为结构质量(structure)、过程质量(process)和结果质量(outcome)三个维度,简称SPO质量评价模型[①]。该模型中三个维度是相互关联的,结构质量是产品或服务的基础,过程质量是将输入资源转化为输出结果的相互关联或相互作用的活动,结果质量是服务对象呈现的反应和结果,包括产出(output)、迁移与运用(transfer)、成果(outcome)和影响(impact)等。相对于教育评价活动而言,教育评价活动的目的是检查学生发展的教育成果的真实情况究竟如何,标准化考试是否能真正评价学校的教育成果和学生的发展情况,这一疑问一直困扰着教育评价界。针对"标准化考试"中的形式化和量化的反思,教育评价开始强调"现实性""生活性"等问题,注重学习情境与学习过程评价。1999年12月美国皮尤慈善信托基金会发起全国大学生学习投入性调查(The National Survey of Student Engagement,NSSE),调查对象为四年制的本科院校,每年实行一次,目的是提高学校对学生质量的重视,提升教学质量。NSSE 2000年首次投入使用便取得了极大的成效。NSSE注重学生发展的过程性指标的获取,关注在校大学生学习的动态过程:他们的学习投入、学习行为以及为"学"而产生的师生互动、生生互动,评价指标关注学生能力和各方面的成长的指标体系[②]。

1989年,美国评价培训学会(Assessment Training Institute,ATI)的专家Wiggins提出"真实性(authentic)评价"这一概念。即"所谓真实性评价,就是成年人试图把工作中、社会生活以及个人生活中的真实状况刻画出来"。随后,美国教育评价专家Jon Mueler等对真实性评价的理念、评价要素、评价技术、评价程序等进行了研究

[①] Donabedian, "Evaluating the Quality of Medical Care", *Milbank Quarterly*, 83 (4): 691 – 729, 1966.

[②] 高文武:《美国NSSE全国大学生学习投入性调查的概述及对我国本科教学评估的启示》,《科学教育》2012年第2期,第1页。

和实验,并在不同学科中运用。真实性评价在进行任务设计时注重任务的明确性和标准的细化,注重学习的情境化设计,突出学生在评价中的主体地位。评价过程兼顾学生的差异,注重评价学习任务的完成质量及在任务完成过程中表现的行为和能力,关注学生"做"的效果,关注学生能够做什么而不是知道什么。真实性评价最根本的特征是强调实践情境性,将教育实践、课堂情境与教育评价活动有机结合,学生在学习过程中面对的是真实性任务,教师通过观察、诊断、效果评价,然后有针对性地进行指导。由此,真实性评价将学生、教师、课程、学习、教学、评价等活动融为一体,为学生知识的掌握、技能的发展提供直接的证明资料,同时也对学生学习与改进提供了及时有效的反馈与指导。综上所述,可以从以下方面理解真实性评价。

评价理念。真实性评价的理念是立足于学生的发展。学生之间存在一定的差异,不同的学生原有的学习基础、学习风格、学习态度、学习方法都有所不同,在学习过程中存在不同的学习问题,原有评价无法兼顾学生的差异。真实性评价是根据学生的实际学习情况进行评价,有利于照顾到学生的差异性。评价不仅仅是给学生一个分数,而是进行鼓励和改进,给不同学生发展的机会,挖掘学生的发展潜力。

评价依据。真实性评价是对学生在知识和能力发展、交流合作、批判性思维等多种复杂能力的评价,是以学习或生活中真实的任务为依托,学生在真实世界中完成一个任务,或者学生通过模拟真实世界来完成一个有意义的任务,然后评价学生在任务完成的过程中运用所学的知识和技能的能力,以及新知识的掌握程度和新技能的发展水平。

评价过程。真实性评价中教师和学生皆为评价主体,教师评价立足于学生的学习和进步而非学生犯了多少错误。教师在明晰学生的知识结构和能力基础的情况下,通过观察分析学生在完成任务的过程中的具体表现,结合任务的评价标准对学生提供反馈和指导,学生在接受任务时也知晓评价标准,在完成任务的过程中也进行反思和自我评价。

真实性评价采用在具体任务情境中直接考量的方式进行评价，将教学、学习、评价结合在一起，使学生在理解的过程中应用所学的知识，在应用的过程中发展技能，在评价的过程中使学生有目的、有意识地建构知识和发展能力，同时也激发了学生的学习动机和兴趣。真实性评价是对传统评价的一个创新，为课堂评价提供新的评价视角，也使教学与评价的结合更加紧密。

（2）强调可观察的学习成果

彼格斯与科利斯在《学习质量评价SOLO分类理论：可观察的学习成果结构》中基于学习质量分类方法，提出可观察的学习成果基础上的学习质量评价理论。可观察的学习成果评价理论认为，学习结果的数量和质量主要由两方面的因素决定：一方面是学习过程中的教学程序；另一方面是学生自身的特点，即学习结果受到已有知识结构、学习投入、学习策略的影响。因此，对学生学习质量评价注重经历了教与学的过程后学生可观察的学习成果。彼格斯将学习质量评价和分析称为"SOLO分类理论"，即学生可观察的学习成果结构（Structure of the Observed Learning Outcome，SOLO）的分析和评价。该理论从学习行为的变化结果、学生在学科学习中所表现的可观察的学习结果来考察和评估学生的学业质量，是由"学习者行为"评价转变为"学习行为结果"评价，评价目标注重的是教育目标对学生学习能力的要求。SOLO分类评价将学生行为结果分为四个维度——能力、思维操作、一致性与闭合、应答结构，将学习行为结果分为五个水平——前结构反应、单一结构反应、多元结构反应、关联结构反应、扩展抽象结构反应，评价过程中注重学习结果在结构上的复杂程度以及对学习质量的影响。该理论提出的评价方法是以测验的方式考查学生解决问题时表现出的认知发展水平，不局限于考查学生掌握知识的数量和类型，而是重视评价学生学习效果的质量。也有不同学者对学习成果评价提出了不同看法，有学者从评价层面以及学生培养目的出发，认为学习成果评估是一个过程，目的是评估学生的学习、成绩、成就，学习成果评估关注学生及其在课程、专业、学校层面的知识、技能、态度的获得情况①；有学者从办学绩效的角度加以阐释，认为学习成果评价是为了评判办学绩效，系统地收集学生获得特定水平知识、技能的总体程度的有关证据的过程②。总之，基于学习成果的评价已成为教育质量评价的重要方式。

(3) 关注学生发展的"增值"

增值评价理论是基于学生发展增长效率的评价方式，将学生入学时的初始学业水平纳入教育质量评价，通过比较学生入学初与后来学业成绩的增进情况，考虑学生原有的发展基础水平和现有的发展现状水平，通过输入与输出之间的差值考量进步的幅度，从而评价学校的教育质量。许多发达国家和地区将"增值"的概念和理论应用于教育领域，认为"增值"就是计算学校对学生"进步"的贡献是多少。OECD认为，除了参考学生社会经济地位、家庭背景和原有的学习基础外，应该在智力、社会交往和情感发展等方面促进学生进步。利用增值评价进行教育质量评估需要参考学生的认知能力与非认知能力等方面的进步幅度。

增值评价是一种发展性、形成性评价，注重教育过程中的改善情况，而不仅仅是最终教育成果，目的是评价学生经过一段时间的学校教育取得的相对进步情况。增值评价方法由于考虑了学生的学业基础，使对不同生源的学校或班级进行相对公平的评价成为可能③。增值评价理论的价值基础是学校和教师应该向学生提供学业进步的机会，能帮助学生获得学业进步的教师是称职的教师，能让学生获得学习进步的教学是有效的教学④，能让学生获得发展的学校是高效能的学校，这样的学校对学生学习结果产生了"增值"作用。增值评价采用相对比较的方法，根据学生入学前后的对比中产生变化的差值来

---

① Kuh, G. D., Ewell, P. T., "The State of Learning Outcomes Assessment in the United States", *Higher Education Management & Policy*, 22 (1): 1-20, 2010.

② Kramer, G. L., Swing, R. L., *Higher Education Assessments: Leadership Matters*, Rowman & Littlefield Publisher: 6-8, 2010.

③ 王斌华：《教师评价：增值评价法》，《教育理论与实践》2005年第12期，第20页。

④ 涂艳国主编：《教育评价》，高等教育出版社2006年版，第48—66页。

建立考察指标，进步幅度是对学生学业成就教育的"净"影响评价①。关于学校效能的研究中也采用增值评价的方法，即基于学生的增值幅度建立学校效能评价的综合指标，对学校进行评估②③④⑤。对于条件相同的学校，在控制生源条件的情况下，测量学校工作所产生的"净"影响⑥。从时间序列上来看，可以测量学生连续年度的学业成绩，计算学生成绩的增量，以此评价学校效能。从横向上对比来看，增值评价可以考虑学校之间的差异，不同学校可以在同一框架下比较学校效能的高低。

2. 对中等职业教育质量评价指标构建的指导意义

中等职业教育质量评价指标的构建，首先要确立质量评价的价值取向，促进中职学生发展，从"物化"倾向过渡到"人化"是质量评价的价值取向。这也与教育评价发展的趋势相一致。从现代教育评价理论的发展可以发现，教育评价的核心要素是学生发展，学生发展成为教育质量评价的核心符合中等职业教育的发展要求与趋势。中等职业学校是为学生提供学习的场所，资源的投入与教学硬件的建设是教育质量的重要保障，学生的发展变化才是教育质量的主要表征和指标。中等职业教育质量评价理应评价教育系统产出了什么，而不仅仅是投入了什么。中等职业教育系统的产出就是人才培养的结果，即学生发展，具体来讲，就是中职生在进入中等职业学校以后知识、技能、态度、情感、价值观等方面的表现或者增量。因此，中等职业教

---

① 边玉芳、王烨晖：《增值评价：学校办学质量评估的一种有效途径》，《教育学报》2013年第9期，第43—48页。

② Scheerens, J., Glas, C., Thomas, S., *Educational Evaluation, Assessment and Monitoring: A Systemic Approach*, Swets: Zeitlinger Publishers; 304, 2003.

③ 边玉芳、林志红：《增值评价：一种绿色升学率理念下的学校评价模式》，《北京师范大学学报》（社会科学版）2007年第6期，第11—18页。

④ 李金波、胡世军：《基于高考的学校增值评价研究》，《考试研究》2012年第1期，第54—60页。

⑤ 武庆鸿：《学校效能评价：内容、方法与意义》，《教育文汇》2014年第3期，第15—16页。

⑥ 马晓强、彭文蓉、萨丽·托马斯：《学校效能的增值评价——对河北保定市普通高中学校的实证研究》，《教育研究》2006年第1期，第77—84页。

育质量评价指标体系构建的基本维度包含学生的发展过程与发展结果：中职生作为教育活动的载体，他们的成长经历就是教育"过程增量"的变化及表现状态，中职教育质量评价立足于学生的"学"，强调分析学习证据的"过程"，将评价活动与学习过程相融合，把学习成果评价作为提高学业绩效和改进教育质量的工具，注重学生发展的动态性、过程与结果的综合性评价，将学生原有的学业成就、家庭背景等多种因素进行综合考虑，关注学习结果的同时，也关注学习过程中学业成绩、情感态度、行为方式的变化，注重学生发展的动态性和发展性。

三 基于工作分析的个体素质结构理论

中等职业教育质量评价指标体系的构建，不但要关注教育质量的一般性特征，还要关注职业教育的本质特征，才能设计出适合职业教育发展的质量评价指标体系。职业教育面向劳动力市场，具有就业导向性，具有面向工作岗位需求和工作任务设计的教育特征，教育的职业性、规范性、应用性、实践性、综合性是职业教育的基本特征。中职生是一种重要的人力资源，凝结着企业所看重的员工个体素质，无论是直接走向就业市场还是进入高校继续深造，中职生的个体素质都反映了人力资源开发的质量，以及职业教育质量。由于学生发展的结果影响未来市场人力资源的素质结构，因此，中等职业教育质量评价的逻辑起点是学生发展，评价应以人力资源部门需求的素质结构为切入点和着力点，科学地选择评价内容和评价手段。根据职业教育的特征，在进行中等职业教育质量评价指标的内容选择与设计时，要参考人力资源开发中关于员工的个体素质和岗位工作分析要求的相关理论，以保证指标体系与职业教育本质特征的切合。

1. 基本理论模型

（1）冰山模型

人力资源开发关注对员工个体素质的评价，关注个体的能力水平和实际岗位、岗位要求和期望之间的关系。现代员工素质评价在20

世纪 80 年代得到较为广泛的发展，其中个体素质评价理论成为重要的人力资源测评理论与方法。个体素质测评是指采用一套标准化的客观程序，根据预先确定的标准，准确衡量应聘者的具体工作知识、技能、能力和态度，以此来确定特定人员的工作适宜性。美国著名心理学家麦克利兰于 1973 年提出著名的素质冰山模型，该模型是将个体素质体系划分为两个层次：表面的"冰山以上部分"和深藏的"冰山以下部分"。其中，"冰山以上部分"是指基本知识和基本技能的外显性特质；"冰山以下部分"是指社会角色、自我形象和动机等内隐性特质。L. M. Spencer 和 P. S. M. Spencer[1] 从胜任力的角度进一步解释素质冰山模型，该模型从核心构成要素出发，揭示了内驱力、个性品质、态度、价值观等内隐性特质的构成特征，也清楚地阐释知识、技能、行为的外显性特质的表现特征，形象地展现了不同要素的存在特征，成为个体素质理论中基本形态的素质模型，如图 3-1 所示。

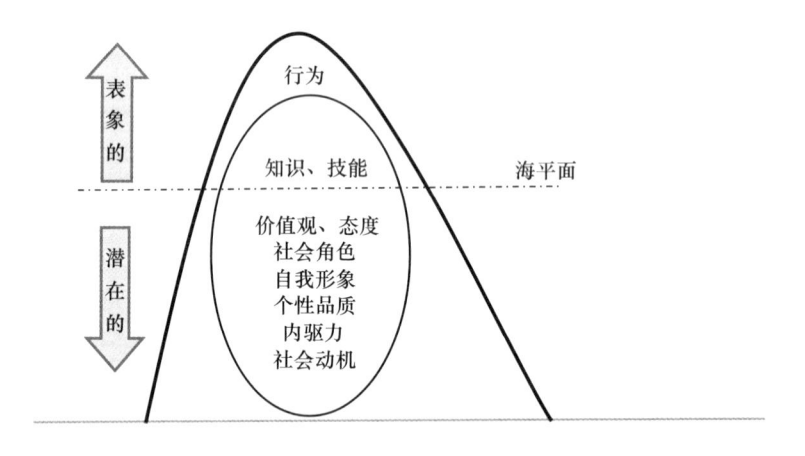

图 3-1 个体素质结构的冰山模型

---

[1] Lyle M. Spencer, Signe M. Spencer, *Competence at Work: Model for Superior Performance*, New York: John Wiley & Sons, Inc: 9-12, 1993.

(2) KSAOs 模型与 KSAIBs 模型

1997 年，美国 Mirabile 在冰山模型的基础上提出了 KSAOs 模型①，KSAOs 模型是基于个体的知识、技能、能力和个性的素质模型，主要用于描述高绩效员工的各项个性特征，其中，K 代表知识 (knowledge)、S 代表技能 (skill)、A 代表能力 (ability)、O 代表其他性格特征 (other characteristics)。①知识：指对信息，尤其是客观的、程序性的事物本质的理解，这种理解有助于成功地完成工作任务。②技能：在完成一项具体任务时，表现出的个体的熟练性和资格的级别。③能力：表示在开始完成一项任务时体现的持久的工作能力。④其他性格特点：包括个性、兴趣和态度等。2005 年，中国学者谢晋宇提出 KSAIBs 的人力资源开发个体素质评价模型②，K 表示知识 (knowledge)，S 表示技能 (skills)，A 表示能力 (abilities)，I 为中介变量 (intervening variables)，包括个人品质、职业动机、职业价值观、求职主动性和积极性、自尊、自信等，B 表示行为 (behavior)，指在学习和技能操作过程中的具体行为表现，s 表示其他关联因素及未尽事宜。在企业人力资源开发中，KSAIBs 得到了广泛的应用，通过对员工基本素质的干预与培养，最终提高员工的工作绩效，实现企业目标。

个体素质评价结构理论描绘了企业人力资源的基本要求和结构，通过模型鉴别优秀员工与一般员工的动机、特质、技能、能力、岗位特征等，包括有效完成特定工作所需要的知识、技能和性格特点的独特结合以及取得优秀绩效所需的关键行为。从各个评价模型中可以看出，个体素质评价结构理论注重个体的基础知识要素，强调非认知发展要素，关注能力发展要素，突出综合素质。

2. 对中等职业教育质量评价指标构建的指导意义

职业的发展与人的发展密切相关，"一种职业，只不过是人生活

---

① Mirabile, Richard J., "Everything You Wanted to Know about Competency Modeling", Training and Development, 51 (8): 73–77, 1997.
② 谢晋宇：《人力资源开发概论》，清华大学出版社 2005 年版，第 32—36 页。

所遵循的方向，使这些活动因其结果而让个人感到有意义，同时也使他的朋友感到活动有好处"[①]。个体素质结构理论有利于结合企业和社会需求，凸显中等职业教育质量的职业性特征。个体素质结构理论认为，工作任务的完成需要员工具有特定工作所需要的知识和技能，基础知识、专业知识、专业技能、职业能力的发展是中职生基本认知能力发展评价的主要内容。态度、价值观、内驱力和社会动机等非认知发展所表现的特质，在素质结构中起重要的调节作用，影响着人力资源的素质结构的完善，也影响着人和物在生产中的工作效率及效应的发挥。学生非认知能力发展评价也应成为中等职业教育质量评价关注的主要内容。因此，在进行质量评价指标内容选择时，要注重学生认知能力与非认知能力的发展情况。

四 基于复杂系统的综合评价理论

1. 基本理论模型

"系统"为部分组成的整体。"一般系统论"创始人 Ludwig Von BeRtalanffy 在 1947 年发表的《一般系统论》中指出："系统是相互联系相互作用的诸元素的综合体"，这一综合体包含诸多因素，各因素之间相互联系，系统的内外部要素与环境既有相对的稳定性，也处在动态的变化之中，并与其所在环境进行能量和信息交换，是一个有机整体。系统论以系统的整体结构为研究对象，从系统的结构特征、要素之间的关联性、结构功用、发展规律、动态趋势等方面，以适应世界复杂性的一种思维方式考察整体系统，从而达到最优化的管理目标。

复杂系统的综合评价是采用整合的思想，通过要素之间的关联程度构建一定的数学模型，将各层面的指标整合到一个系统之中，并根据一定的方法赋予指标相应的权重，然后进行评价和决策的过程。根据系统的特征和评价原则，选择相应的理论和技术生成评价指标，指标值生成的数理方法相对较多。但是不管采用什么系统评价方法，就

---

① 杜威：《民主主义与教育》，王承绪译，人民教育出版社 2011 年版，第 325 页。

系统的评价理论与技术而言，具有其共同的性质和特点，归纳这些性质和特点，可以分为：（1）普遍性。我们面对的事物错综复杂，经常采用综合评价思想和方法来评价事物，这是经常遇到的问题，也是评价领域一个非常重要的问题。在教育、经济、社会、生活各个方面，人们总是有意或无意地使用系统思想进行评价，只是评价问题的复杂程度略有不同而已。（2）系统评价过程方案的多样性。这就要求从多个方案中选择最优方案，即需要对各种方案进行分析、排序，然后选择最佳方案。（3）时效性。系统评价的时效性主要体现在指标选择的实效性和指标重要程度的时效性两个层面。在系统的评价过程中，指标的选择与当时的社会情境、事件表现、评价目的等有重要的关联，是确定指标和指标的权重优势评价过程的重要步骤和依据，影响着评价的最终结论。随着时间的变化，各种情境和要求会逐渐发生改变，相应地，指标选择和指标值也会发展相应的改变。（4）实用性。评价内容是否全面，评价指标是否具有可操作性，二者之间是否统一，这些是评价系统的实用性所面临的问题。这就要求在进行综合评价时，考虑问题尽可能全面细致，丰富评价过程中的信息量。但是信息量的增加相应也增加了分析计算难度，评价成本也将会大幅度地增加，需要更多的人力、物力和财力，所以无限制地增加系统评价过程中的信息是不可取的。因此，评价系统必须满足全面、客观、真实的条件，同时，选取评价工具时尽可能地简化，使评价工作具有可操作性。（5）反馈性。评价的最终目标是对事物进行尽可能接近真实的判断，判断结果一方面要反馈给被评价者，使其能够进一步改进；另一方面要反馈给决策者，决策者或者决策部门根据反馈的信息对所面临的问题进行正确决断，提升决策能力，完善决策方案。因此，反馈的特性要求评价提供真实正确的信息。（6）复杂性。复杂系统的特点是各要素之间关系复杂，评价指标种类繁多，进行指标的重要性判断和指标值的计算方法较多，这些要素都使评价具有复杂性。

综合评价理论提出，基于系统的复杂性特征，随着人们认识与理解事物的深入，评价标准更加复杂，运用的方法更加多样化，围绕评价的目的与流程、评价指标体系的构建、评价指标权重与价值的确定、数据的来源与处理、评价信息的集成和评价结果的运用等维度，目前已经形成了一些相对比较成熟的理论与方法体系[1]，在社会学领域、经济学领域、教育学领域和管理领域中都有大量的实践和应用。有研究者认为，综合评价就是根据复杂系统对象在总体上的相似性和差异性所进行的各种分类或排序过程[2]；有研究者认为综合评价指对以多属性体系结构描述的对象系统作出的全局性的和整体性的评价，对评价对象的全体，根据所给的条件，采用一定的方法赋予每个评价对象一个评价值，再据此择优或排序[3]。还有研究者认为复杂系统综合评价的实质，就是如何合理地把多层次多维复杂系统评价指标转换成单层次一维系统评价指标的过程，该过程需要充分挖掘反映评价对象的主要特征信息和反映评价主体的价值判断信息，需要定性分析和定量计算综合集成的可操作的合适综合评价方法[4]。总体来讲，综合评价是通过搜集全面的信息，对系统中当前的状态进行分析评价或对系统未来的发展趋势进行预测估计，并构建相应的运行方案和策略的过程，综合评价方法是复杂系统认识论的基本方法，采用还原论的方法考察系统内部之间的关系。

综合评价的理论框架和评价方法一般均包括对象系统分类排序这一评价总目标，因此要合理确定评价对象集生成函数、评价指标集生成函数、评价指标测度函数、定性指标定量化函数、指标一致无量纲化函数（单指标评价函数）、指标权重函数和综合评价指标函数7个显式或隐式函数，将它们组成复杂系统综合评价的理论框架，具体步

---

[1] 彭张林、张强、杨善林：《综合评价理论与方法研究综述》，《中国管理科学》2015年第11期，第245页。

[2] 金菊良、魏一鸣、周玉良：《复杂系统综合评价的理论框架及其在水安全评价中的应用》，《农业系统科学与综合研究》2008年第4期，第392页。

[3] 王宗军：《综合评价的方法问题及其研究趋势》，《管理科学学报》1998年第1期，第73—79页。

[4] Gaugler, R., Brown, I., David, S., et al., "Automated Technology for in Vivo Mass Production of Entomopathogenic Nematodes", *Biological Control*, (24): 2061, 2002.

骤如下。①②

第一步，确定评价对象集生成函数。根据复杂系统的评价总目标，按照一定方法确定评价对象集。

第二步，确定评价指标集生成函数。采用目标树法把系统评价目标按总目标、准则层、指标层逐步展开为各级子目标，得到具有递阶层次结构的评价指标体系，各级子目标统称为评价指标。

第三步，确定评价指标测度函数。用这些指标来测度各评价对象，形成评价指标样本集。采用观测值、实验值或估计均值、标准差、相关系数等统计方法以及指标变量的概率分布确定该指标的测度。

第四步，确定定性指标定量化函数。定性指标定量化的一般思路是首先明确定义各个评价指标，再根据指标定义和实际评价情况给指标赋值，通过专家评分法、层次分析法等变换形式，转化为定量指标。

第五步，确定指标一致无量纲化函数。在实际情况下，各指标的量纲可能不同，因此需要进行一致无量纲化处理。

第六步，确定指标权重函数各评价指标值。指标权重反映了指标属性之间重要程度的差异性，可采用客观赋权法、主观赋权法、主客观组合赋权法和变权重法等。

第七步，确定综合评价指标函数。综合各单项指标评价值及其权重可得各评价对象的评价结果，常用方法有加法加权综合方法、乘法加权综合方法等。

复杂系统综合评价的理论框架的统一形式、理论框架中的联系与作用如图3-2所示。

---

① 金菊良、魏一鸣、周玉良：《复杂系统综合评价的理论框架及其在水安全评价中的应用》，《农业系统科学与综合研究》2008年第11期，第391页。
② 郭亚军：《综合评价理论与方法》，科学出版社2002年版，第28—78页。

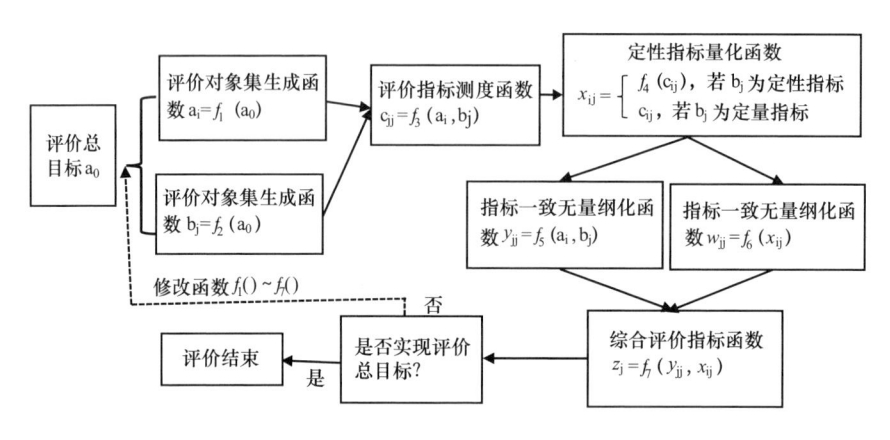

图 3-2 复杂系统综合评价理论模型

综合评价技术主要分为定性评价方法和定量评价方法。定性评价方法是根据观察等手段搜集信息，然后通过一定的逻辑分析与思辨，对评价对象进行事实判断和价值判断，评价者的主观经验、知识水准、经验偏好会影响评价结果的精确性和客观性。定量评价方法是评价者利用一定的测量工具对评价对象的特征进行测量，获得数量化资料，在此基础上对评价对象进行综合性分析。在进行系统评价时，由于信息本身样态、类型具有多样性，既有结构化、定量化的信息，也有非结构化、非定量化的信息，具有一定的非确定性因素，在处理这些信息时就采用了模糊数学方法等灰色关联分析和主成分分析、因子分析法、聚类分析法等统计方法。

教育系统具有复杂性，更具有情境性。在进行教育评价时，要充分考虑教育的复杂性和情境性特征。评价目标、评价内容、评价标准等都受教育系统复杂性的影响，要使评价指标体系具备可操作性、政策相关性、指标高度综合性及数值定量性，实现评价标准层次化、体系化、可操作化，综合评价分析提供了理论基础和方法路径。运用综合评价方法可建立分层分类的评价标准，既符合教育系统的复杂性，也考虑了教育综合评价结构的多维性，可以提高教育质量评价标准的科学性和指标体系的系统性。

第三章 中等职业教育质量评价指标体系研究的理论框架

2. 综合评价理论对中等职业教育质量指标体系构建的指导意义

（1）中等职业教育系统具有复杂性特征

中等职业教育和高等职业教育的区别不仅仅在于培养目标的层阶上有所差异，更大的区别在于，中等职业教育的对象大多是未成年的学生，他们还处于身心发展发育的重要阶段，中等职业教育既要不断满足中职生身心成长的需要，也要满足他们未来职业技能和职业发展的需要。就教育阶段而言，中等职业教育是高中阶段教育，学生最后获得的学历是高中学历；就教育类型来看，中等职业教育属于职业教育。因此，中等职业教育从教育特征、教育目标设置、课程设置、质量评价指标设置等方面都表现出复杂性特征。中等职业教育直接面对劳动力市场，社会服务功能显著，人才培养目标、人才培养方式、专业设置、课程设置、师资培养、评价标准等方面的"就业导向"特征明显。中等职业教育属于高中阶段教育，本身也带有基础性特征，为学生未来的职业发展奠定基础，要求在保障学生技术技能培养质量的基础上，加强文化基础教育，实现就业有能力、升学有基础的教育目标。中等职业教育的复杂系统性特征主要表现为以下方面。

①中等职业教育系统的复杂多样性。中等职业教育实践活动由教育管理系统、教育教学系统、专业实训系统、教育评价系统等一系列子系统构成的复合系统，各个子系统形成了相对稳定的中等职业教育整体，在中等职业系统内部，教育教学系统、专业实训系统、教育管理系统、教育评价系统等相互作用，学生与教师、教师与管理人员、学生与管理人员、学生与学生等内部各主体之间以及各主体与环境之间的相互作用、相互适应，使中等职业教育系统内部形成不同的层次和结构，以及层次和结构之间构成复杂关系，呈现出不同层次和结构的特征。比如，中等职业教育办学模式、投资主体的多样性等特征日益彰显，公办中等职业教育和民办中等职业教育共存发展，国家、社会、集体、个人共同构成投资主体。又如办学层次结构上形成了以示范校、重点校、一般性学校的层级结构特征，教学模式上形成了校企合作、工学结合的结构特征，表现出顶岗实习模式、"工学交替"模式、项目驱动模式等多样化教学模式，以及投资主体的多元化、教学

主体的多元化等。

②中等职业教育系统运行的适应性。中等职业教育系统的内在是一个复杂的"有机体",其培养目标是培养社会需要的技术技能型人才。随着社会政治、经济、技术等环境的变化,行业、企业的要求也在发生变化,对中等职业教育目标与要求也在随之发生变化。在这种交互的变化中,中职教育要不断地对自身结构和教育教学等做出调整,以更好地适应环境的变化,同时教师的教学模式、学生的学习方式、课程内容的调整等都具有自适应性。

③中等职业教育系统的非线性。中等职业教育的形态多样,每一类中等职业教育又有自身的特征,这些因素之间不是简单叠加,而是交互作用而形成多样的形态。在各种形态内部,都有教育者与受教育者、服务者与被服务者、管理者与被管理者、评价者与被评价者等的相互关系,这些相互关系又受到环境、知识载体、政策载体的相互影响,构成了复杂的双向甚至多向的非线性交互关系。

(2) 质量评价指标体系要适应中职教育系统的复杂性

中等职业教育质量评价指标系统能够表征教育质量的可靠资料和有效数据(包括定性数据和定量数据),对中等职业教育的达成度和预期结果进行鉴别和比较,质量评价指标体系与教育目标的多维性、教育因素的多样性和教育对象的发展性密不可分,是一个复杂的过程,主要表现为以下方面。

①评价活动的多样性。中等职业教育质量评价涉及各个层面的因素,如评价的主体、对象、方法、标准、内容等,评价主体之间的利益诉求、评价方法的适用性、评价标准的构成等都具有不同的层次,也构成了不同的评价内容,形成了评价的层次性。

②评价对象的动态性。中等职业教育质量评价涉及教学与管理的过程,由于教学过程的动态性,它存在各种各样的形态,受到很多因素的影响,同时,教育过程具有一定的情境性和动态性,这就使评价对象带有一定的不确定性。再者,教育质量评价的主要对象是学生,学生的发展问题是一个动态性问题,随着学生的成长和发展,学生的能力、素质等也在发生变化,不可能固化在某一层面。学生发展的动

态性和潜在性决定了教育评价对象的不确定性。

③评价过程中各要素间的相互制约性。教育评价过程中的关系是具有多重性的。评价主体之间对指标和流程的认同、评价主体和评价对象之间的信息沟通、评价主体与评价客体对评价指标的理解程度、评价工具与评价指标的关联程度、评价过程与评价目的的吻合程度等，诸多要素间相互影响、相互制约的关系及对这些关系处理的合理性都会影响评价结果。比如，政府、教师、学生、企业等依据自身利益对中等职业教育质量提出各自的诉求，这就要求在制定教育评价标准时要考虑各方利益，以及评价过程中各要素之间的相互制约与影响。

④评价过程中各要素之间的非线性。教育过程具有情境性与不可还原性，与教育结果并非一一对应，这种过程和结果的非线性联系决定了教育评价的复杂性。中等职业教育质量评价过程中，会受指标不宜量化、质量的效应值的权重与贡献之间的关系、政策干预、社会反馈等因素的影响，导致教育评价活动的非线性。

中等职业教育质量评价是一项复杂的、动态的系统工作，不能采用单一形式进行评价，必须考虑其复杂性特征，而综合评价理论与方法有利于描述和解决中等职业教育质量评价问题，有利于把握中等职业教育质量评价结构上的多维性。

第二节　中等职业教育质量评价指标体系构建的基本框架

中等职业教育是基于工作过程的实践性教学活动，学生是教育教学的中心，中职教育质量评价指标体系构建首先要明确以学生为中心的质量评价目的，分析指标体系构建的维度与内容，遵循构建的基本准则，形成符合评价目标的指标体系。

一　中等职业教育质量评价指标体系构建的逻辑理路

1. 教育质量是利益相关者的价值判断

教育质量本身就是一种价值表达，教育质量价值表达的根源在于利益需求，从根本上来讲，"利益"不外乎是指"一个主体对一个客体的享有"，或者是"主体及客体间的关系"①。利益与价值关系密切，利益实际上是主体对客体的期望或客体的某种被主体肯定的积极价值，表达的是对具体存在者及其诉求的满足程度的质量评价。因此，在讨论中等职业教育质量时，需要解决以下问题：应当从谁的立场上讨论教育质量？从哪方面来进行质量分析？如何表达价值诉求？这需要从众多的利益相关者中找出期望教育质量的权威利益相关者，清楚他们对教育质量的需求是什么、需要怎样的价值表达。从教育质量评价的角度来看，应针对哪些教育质量相关者去寻找教育质量的证据？如何去寻找这些证据？就其逻辑起点而言，就是要厘清教育质量的主体根源在哪里。

教育质量主体具有多元化的特征。显然，不同的利益主体对于同一客体的利益诉求是不一致的。从某种意义上来看，由于个人、社会对教育的诉求不同，关注焦点或侧重点迥异，职业教育多维质量观的产生逻辑来自不同的需求主体，从不同的层面揭示出人们对质量的认识，各有其合理性。但总体来讲，各主体的质量需求构成了职业教育质量的综合体。美国质量管理专家朱兰博士提出，新产品质量定义应为从客户角度出发的"适应性"，所以就职业教育而言，人才培养的适应性就是指职业教育质量适应经济社会发展的重要指标，也是评价职业教育人才培养并引导职业教育改革发展的主要内容。"职业教育产品和服务要满足的客体要求包含三方面，即学校自身发展要求、学生个体发展要求和国家社会发展的要求，也称作职业教育的'内适性'、'个适性'和'外适性'。"② 在教育实践中，政策制定者和理论研究者将职业教育质量综合归纳为"内适性教育质量、外适性教育质量和个适性教育质量"三种教育质量观。教育质量适应性分为"内适应"与"外适应"。内适性教育质量是指要满足教育的内在需要，"是指一种用教育系统内部制定的质量标准评价时的质量判断"，

---

① 转引自刘丹《公共利益的法律解读与界定》，《行政法学研究》2005年第2期，第3页。
② 武婧：《职业教育质量内涵、属性及评价原则》，《职教通讯》2016年第22期，第6页。

第三章　中等职业教育质量评价指标体系研究的理论框架

"主要体现为一种学习和一个阶段的学习为以后阶段的学习、为另一种知识的学习准备的充分程度"。外适性教育质量是"学校培养的人才为社会、经济、文化的发展所作准备的充分程度"①，满足社会（国家）需要的程度，主张重实效、重眼前利益和适应社会的"外适性质量"。从总体来看，内适性教育质量的提升影响个适性教育质量，而个适性教育质量影响人才培养质量的供给，也最终影响外适性教育质量需求的满足，除了满足学生获得求职所需的知识技能以及身心需要外，培养的学生切合国家、社会或用人单位的需要，这也是衡量职业教育质量的重要尺度。三者共同构成教育质量的多维循环模型。

2. 学生是教育质量的重要利益相关者

质量评价是利益相关者的价值表达，利益相关者理论可以有效说明基于利益主体需求的中等职业教育质量的重要利益主体。利益相关者理论是西方经济学家在20世纪60年代研究公司治理时提出的一种理论主张，所谓利益相关者，是指"那些能够影响组织目标实现，或者被组织目标实现的过程所影响的任何个人或群体"②。根据美国学者米切尔等于1997年提出的米切尔评分法，利益相关者具有三个属性：合法性、权力性以及紧迫性。合法性即某一群体从法律和道义上的权利，如该群体是否有权分配组织资源。权力性则指某一群体拥有的影响组织决策的权力，如该群体能否凭借政策、地位或权威来影响组织发展。紧迫性是指某一群体的要求能否立即引起组织管理层的关注，如该群体反映的意见能否迅速得到组织反馈。根据利益相关者的三类属性，米切尔又把组织的利益相关者分为核心利益相关者、重要利益相关者和次要利益相关者。核心利益相关者与组织关系最为紧密，多数关乎组织核心发展，包含全部三种属性，对组织影响是最重要的，具有很高的确定性；重要利益相关者与组织关系比较紧密，与组织发展具有一定的联系和交叉，包含三种属性中的任意两种，对组

---

① 戚业国、陈玉琨：《论教育质量观与素质教育》，《中国教育学刊》1997年第3期，第26页。

② Freeman, E., *Strategic Management: A Stakeholder Approach*, Pitman Press, Boston: 46, 1984.

织的影响比较重要；次要利益相关者与组织关系不太紧密，一般处于组织的外部，只拥有三种属性中的一种，具有一定的潜在性[①]。中国学者胡赤弟运用米切尔提出的分析框架将利益相关者的界定与分类结合起来，依据利益相关者所得分值将利益相关者分为三种类型：确定型利益相关者，同时拥有合法性、权力性和紧迫性；预期型利益相关者，具备三种属性中任意两种，同时拥有合法性和权力性；潜在型利益相关者，只具备三种属性中的其中一种。如图3-3所示。

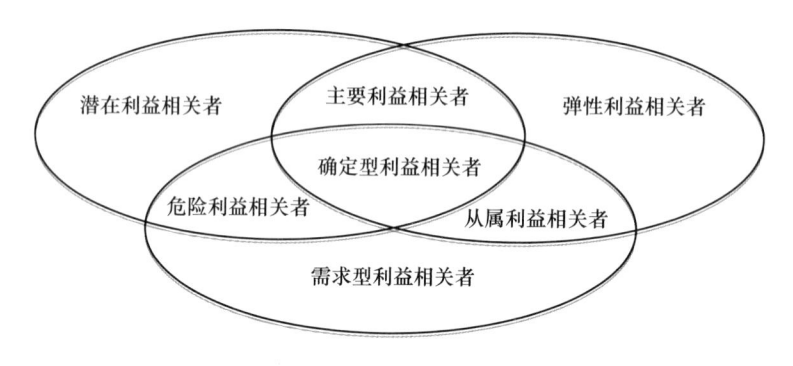

图3-3 利益相关者模型

1998年克拉克（Clarke）与克莱格（Clegg）在其著作《范式转换：21世纪管理知识转型》中最早将利益相关者理论与质量管理活动结合在一起，随后，该理论在质量管理活动中得到进一步深入。在质量管理的语境中，利益相关者是指对教育质量提供以及产出标准有特别兴趣的群体，包括政府、雇主、学生、学术与行政人员、机构管理者、未来的学生及其父母、纳税人等，教育质量利益相关者参与教育的提供并从中受益。通过利益相关者分析和理解教育质量，该视角生动地突出了质量背后生动的"主体形象"，通过各利益主体表达自身的利益诉求，触及重要的质量利益相关者的价值观念和诉求，形成合适的教育质量的价值表达。本研究采取5个等级制标示法判断教育

---

① 李桂荣、尤莉：《县域义务教育均衡发展指标的优先性鉴别——基于对不同类型利益相关者的调查》，《教育发展研究》2015年第18期，第21页。

质量与主要利益相关者之间的关系，咨询 10 名职教专家的意见显示，各利益相关者在不同的质量诉求类型上，在"紧迫性—权力性—合法性"各维度上的紧密程度是有所不同的，如表 3-1 所示。

表 3-1　　　　　　中等职业教育质量利益相关者分类

质量类型	利益相关者	紧迫性	权力性	合法性
内适性质量	学生	5	5	5
	教师	4	4	5
	学校管理者	3	4	5
	政府	3	3	4
	社会企事业单位	2	2	2
	社区、第三方评价机构	1	0	0
外适性质量	学生	2	2	2
	教师	4	3	3
	学校管理者	3	3	3
	政府	4	4	4
	社会企事业单位	5	5	5
	社区、第三方评价机构	1	0	0
个适性质量	学生	5	5	5
	教师	5	4	4
	学校管理者	4	4	4
	政府	3	3	4
	社会企事业单位	4	2	0
	社区、第三方评价机构	1	0	0

教育质量与利益主体的相关程度的大小，可以借用费孝通先生提出的社会结构分析方法"差序格局"进行表述，这一分析方法旨在描述亲疏远近的人际格局，认为人际格局如同水面上泛开的涟晕，由中心向外一圈一圈延伸开，按照与中心距离的远近来划分亲疏关系。中等职业教育质量主体间的"差序格局"表现的主要利益相关者及其关系如图 3-4 所示。

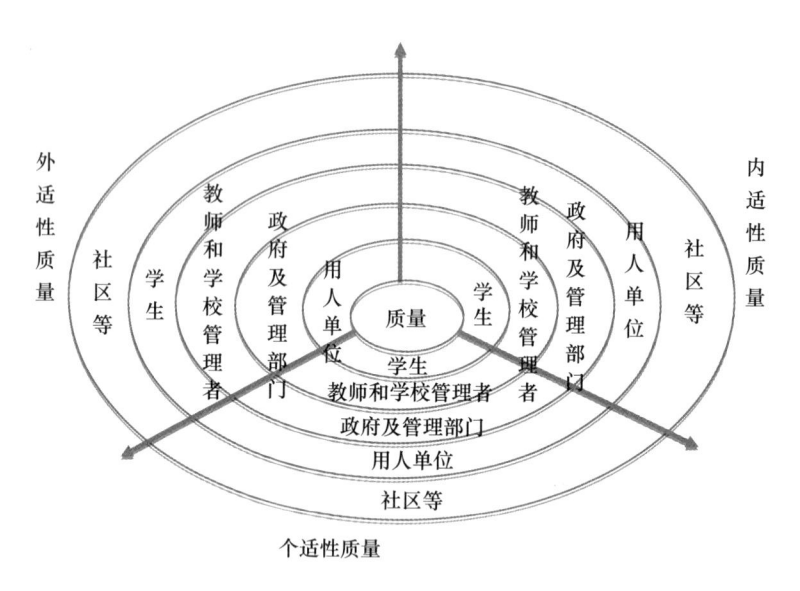

图3-4 中等职业教育质量利益相关者"差序格局"

中等职业学校的利益相关者十分广泛,如政府、管理机构、学校管理人员、教师、学生、家庭、社区、社会公众、企业都是中等职业教育的利益相关者。从与中等职业教育的关系上看,这些利益相关者可以划分为内部利益相关者和外部利益相关者两个层次。(1)内部利益相关者。中职学校的内部利益相关者主要包括学校领导、管理者、学生、教师等利益相关者。学校领导和相关管理人员是中职学校的关键利益相关者,其办学理念直接影响学校的发展;学生是中职学校最为重要的直接利益相关者,也是最核心的利益相关者,他们的数量和质量直接关系着学校的发展;教师是学校教学活动的执行者和质量提升者,其个人素养和教学能力在很大程度上决定着教育质量的提高。(2)外部利益相关者。中职学校的外部利益相关者主要包括政府及其管理部门、企业事业单位、社区等利益相关者。中职学校的生存和发展离不开政府的支持,政府既是中职学校发展的投资者、发展的受益者,同时又是中等职业教育的监管者。政府是中等职业教育质量保障的重要利益相关者。企业事业单位属于社会公众,是用人单位,它们希望中等职业教育能培养各类人才,满足其用人需求,社区也会受到中职学校的影响，这些外部利益群体，属于潜在的、不可忽视的利益相关者。总之，中等职业教育质量的利益相关者构成了一个疏密有度的质量相关的利益群体，如图3-5所示，可以看出学生是中等职业教育质量非常重要的利益相关者，是核心利益相关者。

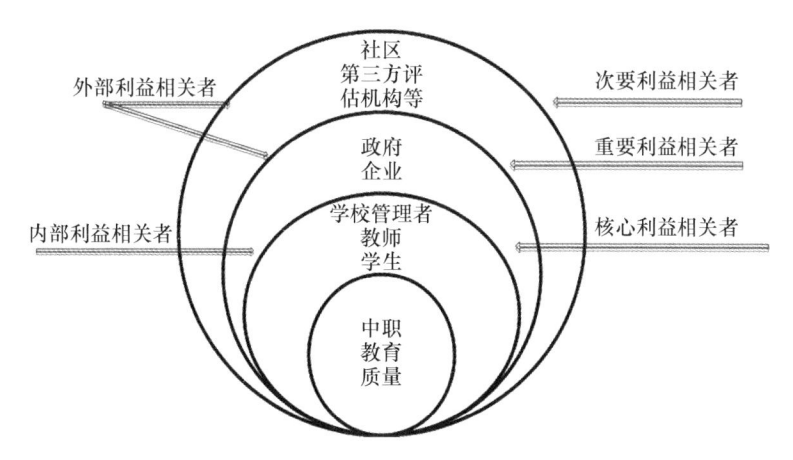

图3-5 中等职业教育质量利益相关者构成

3. 学生发展是中等职业教育质量评价的核心

通过对教育质量不同维度和利益相关者之间关系的分析，我们可以发现，学生是中等职业教育质量的最重要、最核心的利益相关者。对学生来讲，中等职业教育究竟意味着什么？要深刻理解这一问题，需要从教育的本质这一逻辑起点上，结合中等职业教育的特征进行分析。《教育大辞典》中关于教育本质的解释是："教育是培养人的活动，教育作为人类的特有活动，其最本质的特点是对人的培养，通过培养人来为社会服务。"人的培养成为教育的本质特点，在这里，人作为一种抽象的存在贯穿于教育的始终，而作为具体的实践中的个体而言，个体发展成为教育的核心属性，"个体性"发展是教育的基本目标，正如马克斯·舍勒认为的："教育首先是一种个体性的特殊形式、成形和节奏。"[①] 这种特殊形式关涉人的塑造和成形，通过教育

---

① 刘小枫选编：《舍勒选集》，上海三联书店1999年版，第1384页。

给予的内容具有质的规定性,即希望把人塑造成什么样的人。"作为'个体'的人的解放、发展和完善是教育活动的根本出发点;使个体社会化是教育活动的核心和基本要求,目标是在个性得到充分发展的基础上使作为'个体'的人实现社会化,成为社会所要求的尽可能完善的人。"[①] 教育通过个体传递社会生产和生活经验,使人类社会得以延续和发展。在教育质量评价的场域中,学生作为教育质量的最重要的利益相关者,他们的成长和发展是教育质量的应有之义,也是教育质量的根本写照。关注学生发展的教育质量评价已成为国际教育质量评价的主流,因此,中等职业教育质量评价指标体系的构建始终离不开学生发展这一核心目标。在进行教育质量评价时,要关注他们的期望是什么?他们的需求是什么?他们关注的核心利益是什么?抑或是从自身利益出发,他们将会给自己画一幅什么样的美好的"画像"?他们如何通过自身的画像评价他们的学校?作为学生个体而言,由于个人的成长背景、社会需求、家庭期望、兴趣爱好等不同,他们的利益诉求可能有所不同,因此,对这些问题的回应,可能会五花八门,形态多样,但是,这并不影响教育质量的本质性特征和教育质量评价指标体系的核心内容,我们可以通过生动丰富的教育图景表现透视教育质量的内生性的"一般"特征。

二 中等职业教育质量评价指标体系构建的维度构想

中等职业教育质量受多方面因素的影响,诸如职业教育办学主体的合作性、专业课程设置的多元参与性、培养过程中的产业对接性、双师型教师的高质量性等,这些因素影响中等职业教育的质量,但并非影响教育质量本身,而是影响教育质量提升和发展的条件。在中等职业教育中,学生是最重要的利益相关者,学生发展是教育质量的核心。中等职业教育质量评价体系的设计体现的是以"学生"为本的评价设计理念,应围绕学生发展的情况进行评价,以学生发展为评价

---

① 刘智运、胡德海:《对教育本质的再认识》,《北京大学教育评论》2004年第4期,第104页。

起点，不仅关注学生的发展结果，而且重视学生的发展过程。因此，本研究在进行中等职业教育质量评价指标体系构架时，指标体系关注的基本领域是学生的学习过程和学习结果，从学生的发展过程与发展结果两个维度进行质量评价。

1. 学生发展过程

学生发展不仅要关注学业成就，还要关注促成这一成就的经历[①]，同等地重视"为了学习的评价"和"作为学习的评价"，即学生学习的过程[②]。学生发展过程指教育教学过程与学习状况，主要表现为学生的就读经验，是中等职业教育质量的动态性的具体表现。中等职业教育的特色是以过程为导向、以实践为基础，学生在实践情境中应用专业知识，在工作环境中有效交流与合作，形成专业技能，在各种实践项目与情境间建立专业知识、技能与能力的关联性，在学习过程中逐渐培养中职生的职业能力，因此，进行教育质量评价需要关注学生学习的就读经验过程。

中职生学习行为主要表现在课程学习、课堂讨论、作业完成、学习或项目实践、师生交往、同学交往、校园活动、公益活动等过程中。如课程学习行为可以从学生的角度了解教师的教学行为、教师与学生的相处方式等；作业的完成情况可以了解学生学习的质量效果，以及学生对学习的投入情况。这些就读经验可以衡量中职生成长的结果，还可以反映其成长的过程，包括经验累积、潜力挖掘等。质量评价指标内容必须要考虑对学生成长与发展过程的学习状况进行评价，通过对学生个体层面的评价保障教育教学质量。

2. 学生发展结果

学生发展结果表征的是中职生在就读期间的收获与增进，是教育教学投入和学生学习投入效益最重要的产出表现形式，反映了中职生利用中职教育资源、参与教育活动、投入课程学习行为与自身成长之

---

① 程星、周川：《院校研究与美国高等教育管理》，湖南人民出版社2003年版，第101页。
② 周靖毅：《指向学习的学生评价体系：加拿大安大略省的经验和启示》，《外国中小学教育》2018年第3期，第34页。

间的关系，是衡量中等职业教育产出的重要内容。中等职业教育质量评价体系构架要积极探索更切合职业教育特点、能准确反映职业教育质量成效的学生发展结果评价指标，在考察教育教学诸要素的同时需要强化对学生发展成果质量的检验，唯有聚焦学生发展结果职业教育质量评价，才能更准确地反映中职教育的产出情况。构建学生发展结果评价维度是为了明确中职生在校学习期间的产出，即他们在中职学校究竟学到了什么，哪些知识已经掌握，哪些能力得到了发展，达到了什么程度。

学生发展结果评价包括学生个体的学习成果评价与学生群体表现评价，"学习成果（learning outcome）是学生完成学业后所具备的理论知识与实践能力，是学校教育活动成效的集中体现，它与教学过程、教职工素质以及社会经济环境等密切相关"[①]，是"学生通过学习所形成的完整能力体系，它包括知识、技能、专业行为以及适应市场需求的应变力等"[②]。从学生个体层面来看，学习成果实质上包含认知能力的发展与非认知能力的发展，反映的是知识、技能、态度、能力、素养等的总和。其中认知能力主要指显性的知识和技能，非认知能力广泛地包括隐性的个性特质如动机、态度、价值观、意志力、沟通能力、社会交往能力等，组织协调、道德素质、职业期望、职业信心、职业选择都属于非认知发展的主要内容。从学生群体层面来看，可以从专业、年级、班级的发展状况进行辍学率、就业率、就业质量的整体性评价，明确集体性质量特征。

三　中等职业教育质量评价指标体系构建的分析路径

依据层次分析法，邀请专家对中职学生发展指标之间的重要性进行评价。咨询时，要求专家对指标的重要程度在同一层次内进行两两

---

① 王永林：《欧盟职业教育学习成果质量评估的 EXPERO 模型探析》，《外国教育研究》2018 年第 5 期，第 96 页。

② Luca Cian, Sara Cerva, "A Model to Evaluate the Learning Outcome and to Achieve a Certification of the Competences in the Vocational Training", http：//www.expero2.eu/materials%20cian/EXP%20ingl.pdf.

比较，然后采用加权层次计算方法，对中职学生发展评价指标及各指标间的内在关系和重要性进行比较，获得各个层级指标的比重，计算中职学生发展评价各项指标的权重，然后进行归一化处理，得到各个评价指标对评价目标的重要性的排序权重。

1. 运用层次分析法（AHP）确定指标权重

层次分析法（Analytic Hierarchy Process，AHP）是美国匹茨堡大学运筹学家教授萨蒂（T. L. Saaty）于 20 世纪 70 年代初应用于网络系统理论和多目标综合评价的方法。该方法将定量分析与定性分析结合起来，决策者根据经验判断准则层各因素对上层目标的相对重要程度。首先，将总目标分解为多个子目标或准则；其次，再将子目标进一步分解为多个指标或准则，形成若干个层面；最后，通过定性指标模糊量化方法计算出层次单排序（权数）和总排序，作为目标（多指标）、多方案优化决策的系统方法。该方法主要分为七个步骤①，如图 3-6 所示。

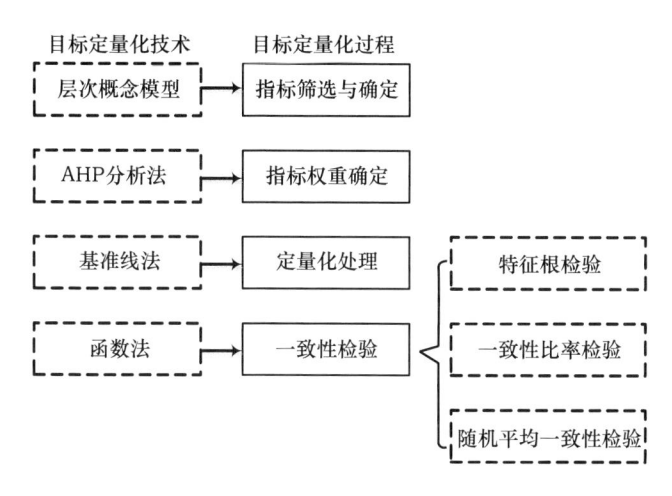

图 3-6 目标定量化技术路线

---

① 许树柏：《实用决策方法——层次分析法原理》，天津大学出版社 1988 年版，第 6—13 页。

①明确目标。某一问题的权重的确定基于其目标的选择，因此，首先要明确目标的核心、层次、范围、要素及标准。②建立层次结构模型。将目标的影响要素进行归类和分组，按照对目标的影响程度划分层次，分别为最高层、中间层和最底层，其中最高层为任务的目标。③规划判断矩阵。依据判断矩阵来判别不同层次各个要素之间的相对重要性以及交互关系。④单层排序。根据判断矩阵的数值，计算出本层次对于上一层要素的相对重要性排序。⑤层次总排序。根据第四步得出的结果，依次从上到下计算每个层次的各个要素对于总目标的相对重要程度。⑥指标赋值和标准化处理。根据第五步的相对重要程度和 AHP 得分结果，按照权重比例对要素进行赋值，使其具有相同层面的可比较性。⑦一致性检验。进行单层一致性检验和层次总排序一致性检验，利用误差范围确定模型的可用性。

层次分析法（AHP）根据决策目标及考虑因素之间的关系建立层次结构模型，层次结构模型分为最高层、中间层和最底层，最高层是总目标层，中间层包括准则层和指标层等，最底层是方案层，表示选用的措施、政策、方案等。各层次各因素之间的权重的确定主要采用 Saaty 等提出的"一致矩阵法"构造判断（成对比较）矩阵，主要采用两两相互比较的相对尺度法判断本层次所有因素对上层目标（或因素的）相对重要性。为提高判断与比较的准确度，一般认为每层成对比较的因素不宜超过 9 个。表 3-2 是判断矩阵的元素 a_{ij} 用 Saaty 的 1—9 标度方法给出的。

表 3-2　　　　　　　　判断矩阵元素 a_{ij} 的标度方法

标度	判断标准
1	表示两个因素相比，具有同样重要性
3	表示两个因素相比，一个因素比另一个因素稍微重要
5	表示两个因素相比，一个因素比另一个因素明显重要
7	表示两个因素相比，一个因素比另一个因素强烈重要

第三章 中等职业教育质量评价指标体系研究的理论框架

续表

标度	判断标准
9	表示两个因素相比，一个因素比另一个因素极端重要
2、4、6、8	上述两相邻判断的中值
倒数	因素 i 与 j 比较的判断 a_{ij}，则因素 j 与 i 比较的判断 $a_{ji}=1/a_{ij}$

在对要素进行重要性排序后，确定其权重比例并对要素进行标准化处理。标准化处理指的是针对不同要素计算得出具有基准的数值比例，使要素之间具有可比性，从而可以按照权重进行赋值。标准化处理的常用方法为基线标准法，是为相对值赋值的一种手段，可以将不同要素在同一个基点的雷达图上表示出来。基线标准法根据之前监测的经验数据与总目标的数据设定每个要素的基线标准值，利用基线标准的百分比乘以"1/实测数值"，赋予要素与权重进行乘法计算的相对数值。基线标准法主要应用于中等职业教育质量评价的要素实际数值与设定目标的对比，通过这种手段可以验证既定目标实现的程度，也可应用于对同一类要素在相似的区域内完成程度的比较，能够清晰地对要素完成度进行评价，并在赋值之后为下一步技术工作做好数据保障。分析计算得出各要素的权重及数值之后，可进行 AHP 的一致性检验，确保结果的准确性后方可应用于实践。

2. 运用模糊综合评价法进行指标体系的验证

运用模糊综合评价法（Fuzzy Comprehensive Evaluation，FCE）进行实践验证，检验指标体系的有效性和鉴别度。

①由于评价指标具有多样性和专业性，中职学生发展评价应尽量由具有专业背景的评价者完成，具体可包括主管中等职业教育教学的校长、专业组长、专业教师等。根据中职学生发展评价指标体系进行资料收集和测量，形成被评价样本学校的整体报告数据。将层次模型的评价指标作为评价指标，运用可行性工具进行调查或测量，形成模糊综合评价指标，邀请评价专家根据样本学校的评价材料报告，对各校的指标表现进行逐一评价，并填写 FCE 问卷。

②收集 FCE 问卷,根据专家数据及 AHP 获得的各个评价指标排序权重(作为 FCE 的权向量),计算得到各被测学校的综合评价结果,检验评价体系的有效性。模糊综合评价法是一种根据模糊数学隶属度理论把定性评价转化为定量评价的方法,适合各种非确定性问题的解决。一些相对模糊的、难以量化的问题,运用模糊综合评价法可以较好地得到解决。

模糊综合评判的基本步骤如下①。

第一步:建立评价集。评价集是影响评判对象的各种元素所组成的一个普通集合,通常用 U 表示,即 U = $\{u_1, u_2, \cdots, u_m\}$,各元素 u_i($i = 1, 2, 3, \cdots, n$)代表各影响因素。在这些因素中,有些因素可以是模糊的,也可以是非模糊的。第二步:确定评语集。评语集是评判者对于评判对象可能做出的各种行为的评价结果,例如评语集 = $\{$很好,较好,一般,较差,很差$\}$。第三步:建立权重集。各个评价因素的重要程度是不一样的。为了反映各个因素的重要程度,对各个因素 u_i 应赋予一定的权重 a_i($i = 1, 2, \cdots, m$)。各评价因素权重组成的模糊集合 A 称为因素权重集。第四步:单一因素模糊评判。单独对一个因素进行评判,以确定被评对象对评语集的隶属度。第五步:模糊综合评判。设评语集 V 上的等级模糊子集,对每一因素单独做出判断。

四 中等职业教育质量评价指标体系构建的理论模型

中等职业教育质量发展的核心利益相关者是学生,学生是中等职业教育质量发展的核心,学生发展是教育质量评价的价值取向。中等职业教育质量评价的目的是提高学生的发展水平,评价所依据的信息资料由中职学生表现和承载的教育特征构成,因此,学生发展也是中等职业教育质量评价指标体系的核心内容。以学生发展为核心的中职教育质量评价指标体系,表征了教育质量评价的核心思想和功能定

---

① 杜栋、庞庆华、吴炎:《现代综合评价方法与案例精选》,清华大学出版社 2015 年版,第 37—65 页。

第三章 中等职业教育质量评价指标体系研究的理论框架

位，通过评价学生课内课外的学习经验过程，学生的认知能力与非认知能力的发展结果，以及学生群体的表现水平，引领中等职业教育高质量地、快速地发展，实现人力资源高质量供给的培养目标。

基于此，研究提出中等职业教育质量评价指标体系构建理论模型，如图3-7所示。该模型以现代职业教育评价的制度背景为基础，借鉴国际经验，以职业教育理论、现代教育评价理论、个体素质结构理论等相关理论为理论基础，运用层次分析和模糊综合评价方法，构建以学生发展为核心的包括发展过程和发展结果的中等职业教育指标评价体系，构建过程遵循政策性与科学性、现实性与前瞻性、周延性与指向性、可测性与可比性的基本准则，有效保障评价指标体系的科学性。该指标体系的评价目标是促进学生发展，提升中职教育质量。

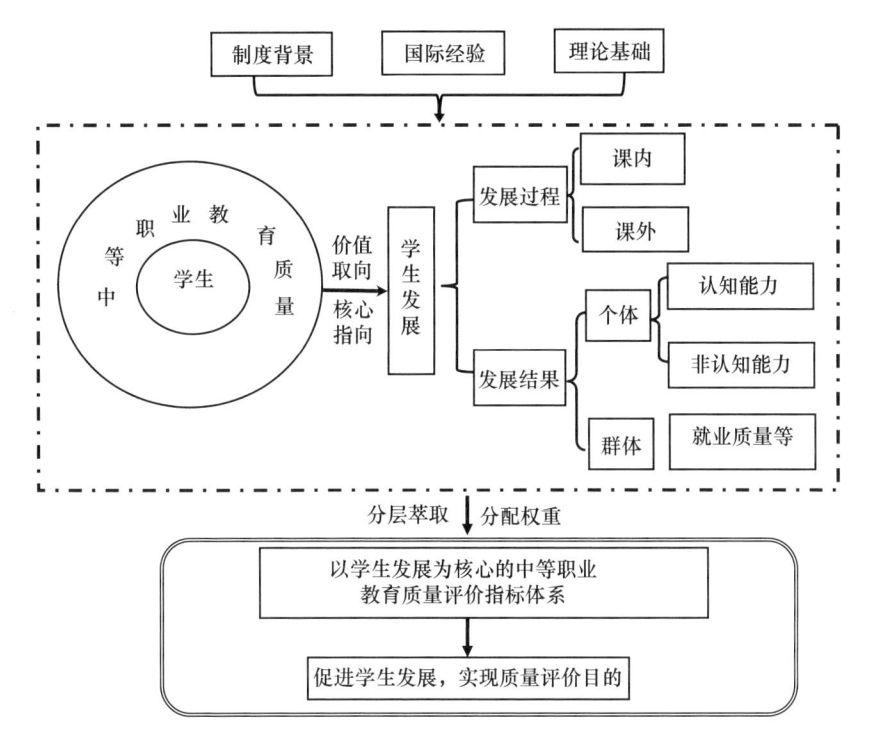

图3-7 中等职业教育质量评价指标体系构建理论模型

第四章 中等职业教育质量评价指标体系的分层构建

本章根据中等职业教育质量评价构建的理论模型，构建以学生发展为核心的中等职业教育质量评价指标体系，基本流程和步骤如下。

1. 主要通过文献分析、经验借鉴、访谈调查、专家咨询、问卷调查等方法，构建以学生发展为核心的中等职业教育质量评价指标体系框架，然后通过德尔菲法（Delphi）进行专家咨询，形成完整的评价指标体系。

2. 运用层次分析法（AHP），邀请专家对指标重要性进行两两比较，综合计算出每个指标在评价体系中的权重，形成最终的中等职业教育质量评价指标体系。

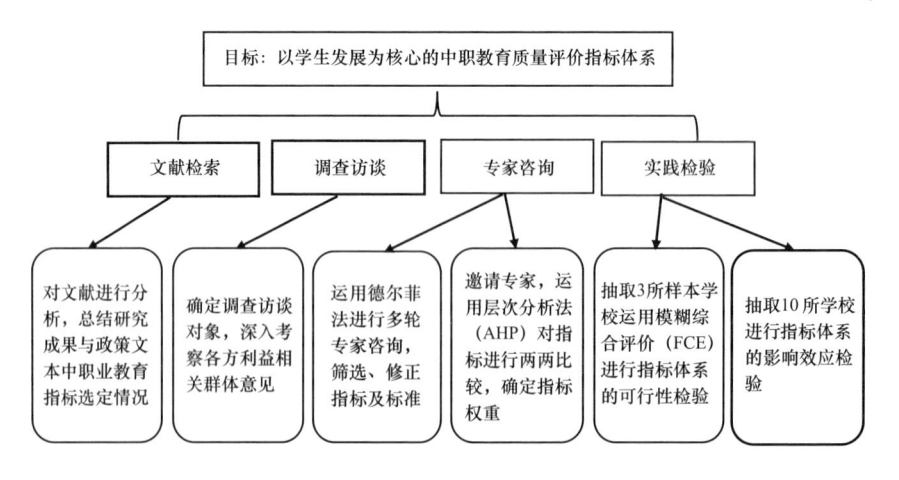

图4-1 中等职业教育质量评价指标体系构建的基本流程

3. 选择中职样本学校，依据该质量评价指标体系进行质量评价，检验评价指标的可行性、指标体系的可鉴别性，以及以评价促发展的影响效应。

指标构建过程主要运用的工具有：使用 Nvivo11.0 软件进行文献资料、访谈资料的整理与分析，采用 Yaahp11.0 软件实现层次分析和模糊综合评价检验，采用 Stata13.0 和 Spss20.0 进行相关数据的处理。

第一节　中等职业教育质量评价指标的初步筛选

评价指标是实现目标的具体化、行为化、可操作化的实践规定和标准。评价指标和支撑材料的选定直接影响评价结果。根据教育过程中指标的内涵和表现形式不同，可以把指标划分为投入性指标、过程性指标、产出性指标。投入性指标是教育教学活动的物质基础，指在办学过程中投入的条件性指标，通过一定的物力、财力、人力的投入保障教育教学过程的正常运行。学者王嵘认为教育资源是可能的教育条件，是"具有教育意义或能够保证教育实践进行的各种条件，它包括人、财、物等因素，以及保证这些因素发挥作用的政策、制度、环境（物质环境、人文环境）等条件"[①]。投入性指标是教育资源配置的标志，是教育质量生成的成本，其结构是多层次、多方位的。收集和分析投入性资源有利于了解质量成本的现实状况，优化资源配置。过程性指标是指考察教师和学生在教育教学活动的行为与表现的指标内容。产出性指标是指教育质量的产出表现形式。

评价目标表现的是评价的目的、意向、预期结果，是评价体系中最基本的要素，也是最主要的要素。面对同一个评价对象，如果评价目的不同，评价目标也可能有所不同，具体的评价内容和评价方法也

[①] 王嵘：《贫困地区教育资源的开发利用》，《教育研究》2001年第9期，第39—44页。

会发生变化。Philp认为,"教育质量目标是基础,如果事先没有界定教育质量目标来讨论教育质量是不可能的"[1],教育质量评价目标是对教育质量的具体反映,是教育质量评价的基础。在对教育质量进行评价时,要根据一定的教育质量目标建立教育质量评价指标,形成教育质量评价指标体系,通过评价指标体系进行质量评价,判断教育实践的目标达成度。评价主体根据教育质量评价指标体系对评价客体(中职学校)进行数据资料收集与分析,形成评价结果,然后将评价结果反馈给评价客体(中职学校)。在实际操作过程中,评价主体和评价客体根据评价目标进行质量评价,主要的操作工具是教育质量评价指标体系,依据指标体系进行资料的收集、汇总与分析,做出教育质量水平高低的判断。

本研究的教育质量评价目标是通过对学生发展的评价,评估中职学校的教育质量与发展水平。初步筛选的评价指标主要参考国际职业教育质量评价的高频评价指标(第二章中已有详细论述)、中国中等职业教育教学标准中的基本要求,以及调查访谈利益相关者获得的关于职业教育质量的认识与要求。

一 中职学校专业教学标准中的评价指标

1. 中职学校专业教学标准与框架

专业教学标准是教材编写、教学、评价的重要依据,是国家对学生在某方面或某领域的基本素质要求,教材、教学和评价都服务于学生基本素质的培养。专业标准即专业质量标准[2],职业教育专业教学标准是中国对职业教育专业教学进行管理的一套纲领性、指导性文件,是对职业教育专业教学系统内一系列活动的状态、过程或结果进行的规范和指导,包括专业设置、培养目标、课程开发及方法、培养

---

[1] Philp, H., "The Evaluation of Quality in Education", in C. E. Beeby Qualitative Aspects of Education, Paris: International Institute for Educational Planning, UNESCO: 280-291, 1969.

[2] 束建华:《关于制定职业教育专业标准的政策建议》,《职教论坛》2005年第3期,第6—9页。

第四章 中等职业教育质量评价指标体系的分层构建

计划、教学大纲、教学管理文件等[1]，具体规定了专业培养目标、职业领域人才培养规格、职业能力要求、课程结构、专业教学内容、技能考核项目与要求、教学安排和教学条件等[2]。专业教学标准中规定学生的基本素质是中等职业教育专业教学的灵魂，也是教育质量评价的核心内容。2014年，教育部办公厅公布首批《中等职业学校专业教学标准（试行）》，是规范中等职业学校教育教学行为、开展专业教学的基本文件，是评价教育教学质量的主要标尺。

中等职业学校专业类别具有多样性和复杂性，因此修订与完善专业教学标准是一个渐进而长期的过程。2012年6月，教育部启动中等职业学校专业教学标准的制定工作，标示着中国各类专业教学质量标准的研究制定工作已正式启动[3]。《教育部办公厅关于制订中等职业学校专业教学标准的意见》（教职成厅〔2012〕5号）和教育部印发的《中等职业学校专业教学标准（试行）》（教职成厅函〔2014〕11号）出台了部分专业的教学标准，首批涉及14个专业类的95个专业。《中等职业学校专业教学标准（试行）》（以下简称《专业教学标准》）如何体现中等职业人才素质？对学生发展提出了哪些要求？下面将对招生较多的20个专业的现行教学标准进行深入分析，旨在提取现行中等职业学校教学标准中所涉及的各项学生发展指标及其指标的分布与结构，同时根据这些指标在教学标准中提及的频率和分布特点，考察现行专业教学标准和学生发展之间的关系，以期为构建以学生发展为核心的中等职业教育质量评价指标体系提供参照和基本依据。

2. 基于专业教学标准的质量评价指标的筛选

中等职业学校专业教学标准是采用自上而下的形式制定的，国务院、教育部、人力资源与社会保障部设计了编写标准与框架，在此基

---

[1] 杨延：《国家专业教学标准：工学结合深层次改革的关键》，《职业技术教育》2007年第10期，第5—7页。
[2] 周茂东等：《高职电子商务专业教学标准构建研究》，华中师范大学出版社2013年版，第97页。
[3] 周茂东等：《高职电子商务专业教学标准构建研究》，华中师范大学出版社2013年版，第96页。

础上，各专业根据实际情况进行本专业标准的设计。《中等职业学校专业教学标准编写框架》（2012）详述了专业教学标准。其中，关于学生发展的标准即"人才规格，本专业毕业生应具有以下职业素养（职业道德和产业文化素养）、专业知识和技能""着力培养学生的职业道德、职业技能和就业创业能力"。总体要求是"培养与我国社会主义现代化建设要求相适应，德、智、体、美全面发展，具有综合职业能力，在生产、服务一线工作的高素质劳动者和技能型人才。他们应当热爱社会主义祖国，能够将实现自身价值与服务祖国人民结合起来；具有基本的科学文化素养、继续学习的能力和创新精神；具有良好的职业道德，掌握必要的文化基础知识、专业知识和比较熟练的职业技能，具有较强的就业能力和一定的创业能力；具有健康的身体和心理；具有基本的欣赏美和创造美的能力"[①]。然后采用自下而上的形式归纳各专业教学标准中关于学生发展的规定。由于各专业在制定专业标准时对学生发展情况进行了细化，为进一步明晰指标和防止遗漏，对各专业教学标准进行了分析和总结，不仅仅局限于《编写框架》中的学生发展指标。此处采用内容分析法对有关学生发展的表述内容进行编码，如果同一表述中包含两个及以上指标，则分别进行编码。分析发现，专业教学标准采用自上而下的形式进行编写，基本框架是职业素养、专业知识与技能、专业（技能）方向的基本能力等，职业素养方面包含了更多的有关非认知因素的教育指标，比如职业道德、行业规则、人际交往能力、团队协作意识和能力、信息安全与能力、信息技术能力、学习能力等，专业技能方面则与所学专业特色直接关联。

二 调查访谈获取的中职教育质量评价指标

教育质量指标的筛选与利益相关者的需求存在一定关系，不同利益相关者对于同一类评价对象有不同的利益诉求。由于不同利益相关

---

① 教育部：《中等职业学校专业教学标准编写框架》，http://www.moe.edu.cn/srcsite/A07/moe_ 953/201212/t20121217_ 146273.html。

者对中等职业教育发展质量的认知和需求、主动关心程度及发展指标的感知程度各不相同,因此,要充分考虑不同利益相关者的认知水平、需求和期望。在指标初选阶段,为获得更为可靠、真实的信息,访谈对象的选择遵循以下原则:由于质量评价比较专业,涉及学生的全面发展问题和素质评价,访谈对象不仅需要实践经验,也需要全面的理论知识,所以首先确定访谈对象是职业教育研究专家、中等职业教育政府部门督导人员、中职学校校长及管理人员、中职学校教师、中职生、家长、企业管理者等。随后,根据米切尔评分法的利益相关者分类方法,同时考虑专业性和认知水平问题,将对象分为三类人群:以校长、教师、学校管理人员、学生为代表的核心利益相关者;以企业管理人员、学生家长、政府管理者、专家学者为重要利益相关者;社区等为次要利益相关者。采用6:3:1的比例抽取并进行开放式访谈,倾听各类人群对中等职业教育质量的认识,获取教育质量评价的初级指标。

1. 访谈设计

(1) 访谈对象的选择

访谈群体涉及利益相关群体,主要包括中等职业学校教师、校长及管理人员、学生、职业教育研究知名专家、职业教育行政管理者、企业管理人员及雇主、家长等。群体的界定如表4-1所示。

表4-1　　　中等职业教育质量评价研究访谈人员情况

领域类型	群体类别	访谈对象
中职系统	教师	职业学校专业课、基础课教师
	学校管理人员	中职校长、就业负责人、教务、学生工作负责人
	学生	中职在校生和毕业生
研究机构	职业教育领域专家	有影响的职业教育研究专家
企业	企业等用人单位管理者	人力资源部主管、车间负责人
行政管理机构	职业教育负责人	处(科)室职员
家长	学生家长	学生父母或监护人

(2) 访谈实施流程

主要采用焦点小组访谈和个别访谈的形式，按照统一的规范和流程进行资料收集。每一场（次）访谈中，征询受访者同意后均对访谈内容进行现场录音和现场记录，并将录音结果进行转录和校对，整理受访者的文本意见。为了使受访者充分理解本研究的目的和访谈的主要内容，访谈开始之前，向受访者介绍研究的内容和目的、焦点问题，使受访者能够深入地思考。

访谈的主要问题是：①中等职业教育质量评价要立足于学生，从学生成长和学习成果的角度进行评价，应该从哪些方面进行中职教育质量评价？②我们所培养的中职生应该具有什么样的素质？③描绘一下理想的中职生的画像？④一个优秀的中职生究竟应该有什么样的表现？对一个中职学校质量的评价主要从哪些方面进行？访谈中要根据实际情况进行追问。

2. 访谈结果

对访谈结果进行文本分析和原始编码，分不同层面对访谈结果进行汇总整理，企业单位对中职生的基本要求是要具有基本的职业精神、一定职业忠诚度的职业态度、主动学习的能力等，遵纪守法、敬业尽职、吃苦耐劳等隐性职业能力和素质成为企业青睐的员工素养指标。如表4-2所示。

表4-2　　　　　　　　访谈和开放问卷结果原始数据

调查对象	层面	收集数据归类
学生	学校层面	就业好、工资高、就业对口、获奖、学校学习氛围、教师水平高、同学关系、教师对学生关系
	课堂层面	学习方式、教学内容、实践课程、解决问题、玩游戏、旷课、睡觉
	学生层面	学习成绩好、升学、有效学习方法、专业知识、专业操作能力、遵守纪律、会办事、会交往、能胜任工作、能搞小发明

续表

调查对象	层面	收集数据归类
教师	学校层面	毕业情况、就业情况、专业对口情况、学生能到技能岗位情况
	课堂层面	理解教授内容、会操作、遵守纪律、积极回答问题、及时完成作业
	学生层面	学会做人、能对口升学、能到高职院校、学习成绩、良好习惯、专业技能、实践能力、社会交往、法治观念、身体素质、学习观念、学习能力、创新能力
企业管理人员	学校层面	管理规范、要求严格
	课堂层面	上课积极、实践操作
	学生层面	身体素质、专业知识、操作能力、学习能力、道德素质、职业道德、职业能力、职业素养、遵纪守法、爱岗敬业、吃苦耐劳、交往能力、创新能力
家长	学校层面	管理严格、就业好、工资高
	课堂层面	认真上课、学会知识
	学生层面	学习成绩、能升学、学习技术、遵守学校纪律、学习习惯、生活习惯、生活能力、遵守纪律、遵守法律、认真完成作业
行政管理者	学校层面	毕业率、就业率、专业对口
	课堂层面	教学计划、教学内容、旷课率、迟到率
	学生层面	学习成绩、技能成绩、关键能力、创新能力

三 中职教育质量评价指标体系的初步构建

根据国际职业教育质量评价指标构成、国家教育政策与教学标准的培养目标指标构成及调查访谈结果，对中等职业教育质量评价指标进行综合设计。首先，职业教育质量评价指标分为两个层面：一个层面是个体层面，从学生发展的经验过程和发展结果进行评价，包括学习行为、日常习惯、知识发展、技能发展、心理发展、职业素养等方面的内容；另一个层面是群体层面，从职校毕业生满足企业要求的程度、就业率、就业质量、辍学率等方面进行评价。其次，参考国际经验和相关理论，在进行指标设计时，从学习经验过程和学生发展结果两个领域进行评价。在学生发展结果方面，质量评价指标体系构建主要依据学生个体和群体的教育产出。最后，能力指标是评价学校办学绩效、课程设计及学生学习成效的依据。在学生个体发展的指标设计中，将学生发展目标进行分解，从学生的认知与非认知等层面进行指标设计，将其转化为学生在各学习领域的能力指标。

依据上述步骤设计以学生发展为核心的中等职业教育质量评价指标体系，并制定专家咨询表格（初稿），如表4-3所示。

表4-3　　中等职业教育质量评价指标体系（初稿）

评价层面	一级评价指标	二级评价指标	三级评价指标
学生层面	学习经验过程	师生交往	A1 课外交往 A2 课内交往
		同学交往	A3 课内交往 A4 课外交往
		课程学习	A5 上课情况 A6 作业情况 A7 出勤情况
		活动参与	A8 专业竞赛活动 A9 课外活动
		行为习惯	A10 学习习惯 A11 生活习惯
	个体发展表现	通识知识	B1 语文知识与素养 B2 数学知识与素养 B3 英语知识与素养 B4 信息技术知识与素养 B5 科学知识与素养
		专业知识	B6 核心专业课成绩
		专业技能	B7 专业课技能成绩 B8 专业实践成绩
		心理素质	B9 学习毅力 B10 自信心
		道德品质	B11 道德品质 B12 法制观念 B13 纪律观念

续表

评价层面	一级评价指标	二级评价指标	三级评价指标
学生层面	个体发展表现	职业能力	B14 职业道德 B15 职业认同 B16 职业承诺 B17 表达交流能力 B18 合作能力 B19 创造力
学校层面	群体发展表现	保有情况	C1 辍学率
		证书情况	C2 获奖率 C3 毕业率 C4 职业资格证获得率
		就业情况	C5 就业率 C6 对口就业率 C7 毕业生薪酬 C8 毕业生发展前景 C9 升学情况

第二节 中等职业教育质量评价指标的分层萃取

一 评价指标萃取方法与过程

1. 评价指标萃取流程

指标萃取过程主要采用德尔菲法（Delphi Method），亦称之为"专家咨询法"，该方法起源于20世纪60年代美国兰德公司研究员赫尔默和达尔奇设计的群体意见咨询方法，主要通过面对面或者书面问卷形式咨询多位专家的意见，然后根据专家的意见进行群体决策，经过多轮专家咨询，得到较为可靠的指标体系。德尔菲法依据各领域专家的理论和实践检验，可信度较高，适用于各种具体指标的逐步确定。目前，很多领域在预测和决策中借鉴该方法进行意见咨询，德尔菲法的主要信度来自专家的个人经验和相关专业领域的参与度，通过对初步拟定的指标或因素进行多轮咨询，决定指标或因素的取舍，其本质是一种经验归纳方法，具有一定的主观性。为保障专家的代表性与权威性，需要在运用德尔菲法时对实施过程和专家质量进行控制。德尔菲法的实施步骤：首先，要明确咨询的目的，咨询问题围绕目的和任务进行设计，形成专家问卷；其次，选择咨询专家，向专家发出邀请并告知咨询或研究目的，调动专家参与的积极性；最后，取得专家同意后，再向专家发送第一轮调查问卷，回收后进行统计分析。根据第一轮咨询结果修改咨询问卷，再将第一次咨询结果和调查表反馈给专家，开始第二轮咨询活动，一般通过二至三轮咨询活动可得出较为一致的意见。

本研究运用德尔菲法对中等职业教育质量评价指标进行专家意见咨询，研究设计拟有二至三轮专家咨询，具体步骤如下。

（1）设计专家意见咨询表。根据中等职业教育的培养目标、相关理论、文献资料与访谈结果，构建评价指标体系的基本框架，并界定具体指标的基本内涵，形成专家咨询调查问卷，详见附录2"中职教育质量评价体系专家咨询问卷（第一轮）"，内容如下。

首先，向专家说明本研究的目的、施测方式、填答说明等。

其次，详细介绍初步框架的构建过程和内涵、理论基础、层级框架等，使专家对研究课题及其目的充分理解。

最后，在问卷的主体部分，分别列出评价维度、二三级指标，请专家对指标进行评价，做出鉴别与判断，提出修改意见，选项包括"适合、修改后适合、不适合"，以及"是否有增加、删除或修改的必要"。指标相对重要性采用三个等级进行评分，依据重要程度将"非常重要""重要""不太重要"，分别赋值1分、3分、5分，便于专家进行判断。问卷设计为开放式，专家可对指标进行修改和补充，并阐明理由。

在筛选问卷中，要求专家对指标的判断主要遵循以下基本原则：①要与"以学生发展为本"的评价目标与关注点密切相关；②对于国家层面的评价和分析有一定的参考意义；③能与日常教育教学测评保持一定的连贯性；④数据资料的获取具有技术上的适当性和可行性。

（2）进行首轮咨询。在初步拟定指标体系的基础上，采用小型会议、现场访问或电话沟通等形式与专家进行交流，以便专家明确研究目标和指标内涵，获取尽可能准确的意见；然后对专家意见进行统计和总结，形成专家意见汇总表，包括对二级指标和三级指标取舍、补充内容、各选项的人数比例、各指标选项平均数参考值等；将多数专家要求增加或删除的指标进行修改、归类合并，形成第二轮专家咨询调查问卷。

（3）再次咨询。第二轮专家咨询主要采用函询形式，将修订后的专家意见咨询问卷和首轮专家意见汇总表递交给专家，以便专家参考反馈信息；专家参考首轮咨询意见结果进行第二轮问卷填答；统计第二轮专家意见咨询问卷结果，然后再次咨询。

2. 咨询专家的选取

（1）选择专家依据

德尔菲咨询法是一种主观评价方法，专家质量影响指标体系构建的质量，因此，专家的选取一般不采取随机抽样，而用非概率"主观抽样"的方法。专家应有一定的代表性、权威性，通过控制专家的条件和要素保障专家评价的代表性和权威性。专家对评价对象的熟悉程度是评价指标质量的主要影响因素，关系到专家咨询结果的质量和可信度。

专家选择的要求：①专家要有职业教育或管理经验；②专家对中等职业教育质量具有专业性的思考，对指标熟悉程度高；③专家在职业教育方面有研究建树或有实践经验。具体选择方法是根据在职业教育领域的实践经验，公开发表的学术论文、著作进行专家筛选，征得专家同意后确定专家团队。

专家人数的多少，可根据研究项目的大小和涉及面的宽窄而定，一般在8—20人为宜[1]。也有研究者认为，实施德尔菲法向所有专家提出要咨询预测的问题时，专家人数一般不少于30人，问卷的返回率应不低于60%，以保证调查的权威性和广泛性。专家人数根据研究项目的规模而定，人数太少，专家的代表性难以保障，人数太多，组织相对比较困难，数据处理复杂。根据有关文献报道，专家人数一般不宜

---

[1] 徐国祥主编：《统计预测和决策》，上海财经大学出版社2005年版，第11页。

超过50人①。综合考虑之后，拟定邀请专家人数不超过50人。

（2）选择专家结果

分别在高校、科研机构、政府管理部门、中职学校、企业五个相关领域选取职业教育专家，聘请的基本条件是：具有相关的理论知识和实践经验，在中等职业教育质量和学生发展评价领域有相关研究工作。然后征求专家意见，了解专家符合填答问卷的程度，是否愿意填写咨询问卷，是否能保证在规定时间内参加本研究的二至三轮咨询。最后确定咨询专家名单。参与咨询的专家基本情况如表4-4所示。

表4-4　　　　　　　　咨询专家基本情况

	属性	人数	比例（%）	备注
行业领域	中职学校	20	44.44	管理者、教师
	行政管理部门	10	22.22	职业教育主管
	高校/科研机构	10	22.22	职业教育研究专家
	企业	5	11.11	人力资源主管、雇主
职称职务	高级职称	40	88.89	
	中级职称	5	11.11	
文化程度	本科及以下	20	44.44	
	研究生及以上	25	55.56	
工作年限	5年以下	10	22.22	
	6—15年	15	33.33	
	15年以上	20	44.44	
总计		45		

专家的积极性系数。专家的积极性系数即专家咨询表的回收率（回收率＝参与的专家数/全部专家数），表征专家对研究的热衷程度。本次调研采用专家数据库的形式，在预选的专家中进行沟通交流，告知研究所要求的程序和次数后，经专家同意，将其确定为咨询

---

① 方积乾：《医学统计学与电脑实验》（第2版），上海科学技术出版社2001年版，第449—457页。

专家，共进行两轮德尔菲咨询，第一轮发出咨询表50份，回收45份，回收率90%；第二轮发出45份，回收45份，回收率为100%，说明所选专家热衷本研究，具有较高的参与积极性。

专家对咨询内容的熟悉程度。专家对咨询内容的熟悉程度可用Cb表示，分为非常熟悉、熟悉、一般、不太熟悉、不熟悉五个等级（如表4-5所示）。

表4-5　　　　　　　专家对咨询内容熟悉程度系数

熟悉程度	量化值
非常熟悉	1
熟悉	0.8
一般	0.6
不太熟悉	0.4
不熟悉	0.2

专家意见的判断系数。专家意见的权威系数由两个因素决定，一个是专家对方案作出判断的依据；另一个是专家对问题的熟悉程度，二者综合表征专家的权威程度。专家的权威程度以自我评价为主，专家对咨询内容的判断依据用Ca表示，表征判断影响程度系数，一般是根据"实践经验""理论分析""对国内外同行的了解"及"直觉"等作为判断依据[1]，判断依据影响程度如表4-6所示。

表4-6　　　　　　　　专家判断依据

判断依据	量化值
实践经验	0.4
理论分析	0.4
对国内外同行的了解	0.1
直觉	0.1

---

[1] 王春枝、斯琴：《德尔菲法中的数据统计处理方法及其应用研究》，《内蒙古财经学院学报》（综合版）2011年第4期，第95页。

专家意见的权威系数。Cr 表示专家权威程度系数，其为判断系数和熟悉程度系数的算术平均值，即 $Cr = (Ca + Cb)/2$，以此规则，分别计算 45 位专家权威程度系数值，计算结果统计如表 4-7 所示。

表 4-7　　　　　　　　　专家权威程度系数

权威系数	人数（人）
0.00	0
0.70	2
0.80	24
0.90	19
权威系数 > 0.70	45
权威系数平均数（$\bar{X}$）	0.89
权威系数标准差（S）	0.06

按照关于评价专家权威性评价技术的一般理论，权威系数如果达到 0.70，则可以认为该专家对此次评价内容和问题的权威性程度较高，其评价结果可以相信。现在计算出 45 位专家的平均权威程度系数 $Cr > 0.70$，而且，经过统计，权威系数标准差 S = 0.06，可见每位专家的权威程度系数相对于平均值的离散程度较小，说明专家咨询结果的可信程度较高。

二　第一轮专家咨询分析

1. 专家意见

在进行首轮专家咨询时，为了更清晰地了解问题，主要采用面对面咨询或电话沟通。由专家对各要素在总评价目标中的维度分类与重要性程度作出客观评价，并提供开放性选项，允许他们补充自认为很有必要但遗漏的指标，自主表达观点，提出修改意见。首轮专家咨询结果表明，初步拟定的指标体系和相关内容需要进行调整，结合实际情况，专家提出以下意见。

（1）基于目前中国中职生源的特殊性和中等职业教育的特征，以学生发展为核心评价中等职业教育质量体系，学生的发展结果是不可缺少的重要指标，对于学生的成长过程而言，也不可忽视，是一个非常重要的评价指标。甚至有专家认为，目前中等职业教育质量某种程度上表现为中职生在校期间的发展过程，因此，从学生成长的经验过程和学生发展的结果表现上评价中等职业教育质量，有利于把握学生发展的全面情况。

（2）指标设计问题。评价指标设计太细不利于评价实践中的具体操作。专家提出的理由是：①过分繁杂的指标体系虽然在学理上有其周延性，但是在实践评价与操作中实用性并不高；②中等职业学校的专业设置庞杂，对于每一个专业来讲，对学生发展的具体要求不同，所以具体到学科、能力等方面的要求也有所不同，因此在对评价指标的赋权上也应有所不同。比如，数学作为通识课程，在不同的专业中要求是不同的，在计算机类专业中数学课程是通识课程，同时也是专业基础课程，而在艺术类专业中数学课程的教授难度却降低，要求也相对较低。

首轮专家咨询发现，评价指标体系若包含教育质量的相关属性比较多，相对比较庞杂，所构建的指标体系实施起来也就比较困难。因此，综合考虑专家建议和中等职业教育的特点，在进行指标萃取时，将三级评价指标转换为备选观测点，这样有利于根据不同的专业特点选择观测点或者观测内容。也就是说，专家建议，指标构建要注重实用性，根据专业不同选定不同的测试内容，不一定要体系庞大、面面俱到。

（3）专家提出的修改意见如下。①在"学习经验与过程层面"指标的逻辑性不强，概念重复，有待进一步修改完善。②在"个体发展结果表现"层面，关于"职业能力"这一维度的指标，专家提出了较多的意见和建议，就概念的内涵和逻辑性来讲，存在一定的分歧。大部分专家认为，职业能力包含了职业道德、职业认同、职业承诺、表达交流能力、合作能力、创造力等，具有一定的不完善性。在观测点方面，由于中职生还处于学生阶段，并没有真正进入职场，因此，对于学生而言职业道德和职业承诺仅仅停留在感性层面，而且指标体系中已经设置了品行类型测试指标，再测试职业道德，就出现了概念重合的现象。对此，专家提出相应的修改意见，建议合并或者删除。对于中职生而言，专业认同、职业能力、职业素养都是不可缺少的基本素质，因此在后续指标调整中，建议增加专业认同、职业能力和职业素养测试，并对相关概念进行明确的界定。③在"学校整体发展评价"方面，就指标的去留问题，呈现两类意见。

（4）建议删除的指标。专家建议删除就业率、毕业生发展前景两个指标，因为在当前用工荒的社会背景下，中职生若想就业，基本都能够找到工作，就业率形同虚设；建议删除毕业生发展前景指标，主要原因是该指标虽然比较重要，但是测量比较困难。

（5）具有较强争论性的指标。在专业对口率和升学率这两个选项上，专家持有不同的意见。关于"专业对口率"的争议，有专家认为专业对口率对于质量评价来讲确实是一个衡量指标，但是这一指标追踪比较难，而且整体来看，大部分中职生就业方向是工厂里流水线工人，在中职生这个群体中专业对口率较低，或者无法进行较精确的界定，故建议删除；但是也有专家认为，专业对口是学生专业发展的表现，也是中等职业教育质量的一个重要指标，学生的一次性就业具有一定的可追溯性。关于"升学率"的争议，有专家认为如果将升学率纳入质量评价指标中，中职学校可能会盲目地追求升学率，盲目侧重应试教育，忽视学生技能发展，这对于技工学校而言也有失公平，有违职业教育的"就业导向"的特征。也有专家认为，有一大部分学生和家长具有很强的升学愿望，在国家倡导职业教育人才培养立交桥建设的背景下，升学是中职生的一个重要选择，也是中等职业教育质量的基本表现。综合以上建议，本研究调整指标表述，从就业质量上考量中等职业教育质量，就业对口率、毕业生薪酬、升学情况作为就业质量的观测点进行考察。

2. 调整结果

本研究从学生发展过程和发展结果两个层面出发，逐层分解出以学生发展为核心的学校教育质量评价指标，在兼顾评价指标全面性的基础上，为确保评价指标体系具有可操作性，根据评价对象及评价目标的本质特征，筛选出表征中等职业教育质量的关键属性，筛选出核心要素作为评价指标，并将表征这些要素的测评内容作为观测点。

评价指标体系的初步方案是：从学生发展过程和学生发展结果两个层面进行评价，并对指标体系的结构与表述逻辑进行完善，详细分析指标与教育目标的适切性。对指标的表述逻辑进行调整，删除一些不太重要和难以获得的指标，并对指标的层级结构进行调整，评价指标体系调整为"评价层面—评价维度—评价指标—评价指标观测点"这一结构，将三级指标变更为观测点，增加评价资料的可选择性（如表4-8所示）。

表4-8 中等职业教育质量评价指标体系（第一次调整结果）

评价层面	评价维度	评价指标	评价指标观测点
发展过程	学习经验过程	课程学习	A1 上课情况 A2 作业情况
		活动参与	A3 各类竞赛活动 A4 日常课外活动
		行为习惯	A5 学习习惯 A6 生活习惯
		出勤情况	A7 出勤考核
		师生交往	A8 课内交往情况 A9 课外交往情况
		同学交往	A10 课外交往情况 A11 课内交往情况
发展结果	个体发展结果表现	通识知识	B1 语文知识与素养 B2 数学知识与素养 B3 英语知识与素养 B4 信息技术知识与素养 B5 科学知识与素养
		专业知识	B6 核心专业课成绩

续表

评价层面	评价维度	评价指标	评价指标观测点
发展结果	个体发展结果表现	专业技能	B7 专业课技能成绩 B8 专业实践成绩
		心理素质	B9 学习毅力 B10 自信心
		道德品质	B11 道德观念与行为
		专业认同	B12 专业认同
		职业能力	B13 职业毅力 B14 职业承诺 B15 表达交流能力 B16 合作能力
	群体发展结果表现	职业素养	B17 敬业精神 B18 集体观念 B19 法制观念 B20 纪律观念
		保有情况	C1 辍学率
		获奖情况	C2 获奖情况
		双证率	C3 毕业情况 C4 职业资格证情况
		就业质量	C5 对口就业率 C6 毕业生薪酬

三 第二轮专家咨询分析

1. 专家意见

根据第一轮专家咨询的结果，对初步设计的中等职业教育质量评价指标体系进行了调整和完善，重新整理《中职教育质量评价指标体系专家咨询表（二）》（参见附录3），与首轮问卷填答汇总表一起重新发给各位专家，由专家完成第二轮咨询问卷调查表，对质量评价指标体系进行筛选、修正，评价仍由45位专家完成，回收率100%，有效率100%，如表4-9所示。

表 4-9　中等职业教育质量评价指标体系（第二次专家咨询）

评价层面	评价维度	评价指标	该指标的重要性		
发展过程	学习经验过程	课程学习	□A. 非常重要	□B. 重要	□C. 不太重要
		活动参与	□A. 非常重要	□B. 重要	□C. 不太重要
		行为习惯	□A. 非常重要	□B. 重要	□C. 不太重要
		出勤情况	□A. 非常重要	□B. 重要	□C. 不太重要
		师生交往	□A. 非常重要	□B. 重要	□C. 不太重要
		同学交往	□A. 非常重要	□B. 重要	□C. 不太重要
发展结果	个体发展结果表现	通识知识	□A. 非常重要	□B. 重要	□C. 不太重要
		专业知识	□A. 非常重要	□B. 重要	□C. 不太重要
		专业技能	□A. 非常重要	□B. 重要	□C. 不太重要
		心理素质	□A. 非常重要	□B. 重要	□C. 不太重要
		道德品质	□A. 非常重要	□B. 重要	□C. 不太重要
		专业认同	□A. 非常重要	□B. 重要	□C. 不太重要
		职业能力	□A. 非常重要	□B. 重要	□C. 不太重要
		职业素养	□A. 非常重要	□B. 重要	□C. 不太重要
	群体发展结果表现	保有情况	□A. 非常重要	□B. 重要	□C. 不太重要
		获奖情况	□A. 非常重要	□B. 重要	□C. 不太重要
		双证率	□A. 非常重要	□B. 重要	□C. 不太重要
		就业质量	□A. 非常重要	□B. 重要	□C. 不太重要

（1）质量评价维度的构建

在第二轮专家咨询中，首先在质量评价层面和维度进行进一步的论证、修改和确认，从而确定以学生发展为核心构建中等职业教育质量评价的基本维度。过程评价层面由"学习经验过程"指标构成，再将结果评价层面分"个体发展结果表现"和"群体发展结果表现"两个维度进行评价，其中，个体发展结果表现主要从学生本身发展情况进行考察，群体发展结果表现主要从学校整体层面或专业整体层面进行考察。第二轮咨询结果如表 4-10 所示。

表4-10　　中等职业教育质量评价指标体系评价维度咨询结果（第二轮）

评价维度	非常重要 频次	非常重要 百分比（%）	重要 频次	重要 百分比（%）	不太重要 频次	不太重要 百分比（%）
个体发展结果	30	67	15	33	0	0
群体发展结果	18	40	27	60	0	0

专家对教育质量评价维度划分的意见比较一致，没有专家选择"不太重要"，也没有提出修改意见，表明专家们基本认同从这些维度筛选教育质量评价指标。两轮专家咨询意见趋于一致。本研究确定从学生发展过程和发展结果两个层面进行中等职业教育质量评价，其中发展过程主要考察学生的学习经验这一维度，发展结果分为"个体发展结果表现"和"群体发展结果表现"两个维度。

（2）质量评价指标的构建

根据首轮咨询结果，将调整后的中等职业教育质量评价指标发放给专家，征询修正意见。统计结果显示，第二次拟定的中等职业教育质量评价的指标获得了专家的一致认可。

表4-11　中等职业教育质量评价指标体系咨询结果（第二轮）

评价维度	评价指标	非常重要 频次	非常重要 百分比（%）	重要 频次	重要 百分比（%）	不太重要 频次	不太重要 百分比（%）
学习经验与过程	课程学习	45	100.00	0	0	0	0
	活动参与	30	66.67	15	33.33	0	0
	行为习惯	40	88.89	5	11.11	0	0
	出勤情况	25	55.56	18	40.00	2	4.44
	师生交往	23	51.11	20	44.44	2	4.44
	同学交往	20	45.45	22	50.00	2	4.45

续表

评价维度	评价指标	非常重要 频次	非常重要 百分比（%）	重要 频次	重要 百分比（%）	不太重要 频次	不太重要 百分比（%）
个体发展结果表现	通识知识	31	68.89	14	31.11	0	0
	专业知识	45	100.00	0	0	0	0
	专业技能	45	100.00	0	0	0	0
	心理素质	26	57.78	19	42.22	0	0
	道德品质	39	86.67	6	13.33	0	0
	专业认同	20	44.44	25	55.56	0	0
	职业能力	38	84.44	7	15.56	0	0
	职业素养	35	77.78	10	22.22	0	0
群体发展结果表现	保有情况	30	66.67	15	33.33	0	0
	获奖情况	34	75.56	11	24.44	0	0
	双证率	20	44.44	20	44.44	5	11.11
	就业质量	19	42.22	26	57.78	0	0

备注："同学交往"这一指标，在专家评价过程中，其中一位专家没有进行填写，属于缺失值。

从第二轮专家咨询意见统计表中可以看出，45位专家对中等职业教育质量评价指标的观点趋于一致，各指标选择"重要"以上选项的几乎达到100%，极少专家选择"不太重要"选项，对各指标的调整和修改意见也基本趋于一致。

2. 调整结果

根据专家意见，建构以学生发展为核心的"中等职业教育质量评价指标体系框架"，如图4-2所示。

各级指标分层级结构及相互关系的设置。本指标体系的评价逻辑起点是"学生发展"，以学生发展为核心进行考核与评价。评价指标体系从两个层面三个维度出发进行评价框架设计，评价遵从简单、可行、操作性强的原则，因此，在评价指标的设计上遵循核心指标原则，在评价信息资料的获取上，以观测点为依据进行资料收集，观测点具有一定的可选择性。整个指标体系包含学生经验性指标和结果性指标两大类。经验性指标即过程性指标，指学生学习投入指标，是学

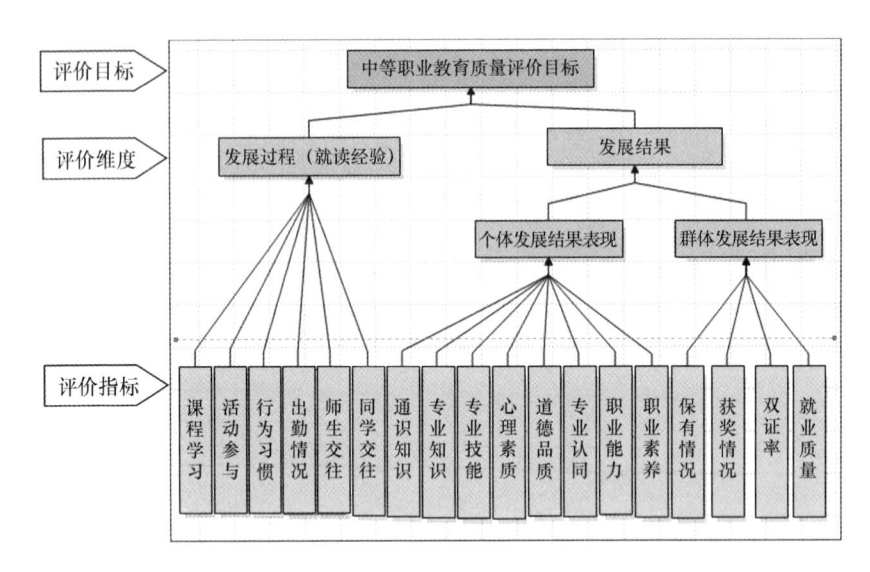

图 4-2 中等职业教育质量评价指标体系框架

生发展结果的质量高低的前提条件,也是教育质量高低表现的另一向度;学生发展结果性指标反映学生的学业发展、心理发展、能力发展等方面的水平,从学业成绩、专业技能、心理素质、道德水平、职业能力及职业素养等方面进行考核,同时也从专业或学校的角度,采用学生发展群体性结果的评价指标整体考核教育质量。各指标的评价资料运用观测点的形式进行表征,如表 4-12 所示。

表 4-12　以学生发展为核心的中职教育质量评价指标的观测点

评价指标	评价指标观点	获取方法
课程学习	A1 上课情况 A2 作业情况	观察、访谈、测量
活动参与	A3 各类竞赛活动 A4 日常课外活动	调查、测量
行为习惯	A5 学习习惯 A6 生活习惯	测量、调查
出勤情况	A7 出勤考核	日常考核

第四章　中等职业教育质量评价指标体系的分层构建

续表

评价指标	评价指标观测点	获取方法
师生交往	A8 课内交往情况 A9 课外交往情况	观察、测量、访谈
同学交往	A10 课外交往情况 A11 课内交往情况	观察、测量、访谈
通识知识	B1 语文知识与素养 B2 数学知识与素养 B3 英语知识与素养 B4 信息技术知识与素养 B5 科学知识与素养	测量
专业知识	B6 核心专业课成绩	测量
专业技能	B7 专业课技能成绩 B8 专业实践成绩	测量
心理素质	B9 学习毅力 B10 自信心	测量
道德品质	B11 道德观念与行为	调查、测量
专业认同	B12 专业认同	测量
职业能力	B13 职业毅力 B14 职业承诺 B15 表达交流能力 B16 合作能力	测量
职业素养	B17 敬业精神 B18 集体观念 B19 法制观念 B20 纪律观念	测量
保有情况	C1 辍学率	调查表
获奖情况	C2 获奖情况	调查表
双证率	C3 毕业情况 C4 职业资格证情况	调查表
就业质量	C5 对口就业率 C6 毕业生薪酬 C7 学生在工作岗位的发展前景 C8 学生对就业岗位的满意度	调查表、访谈

第三节 中等职业教育指标及其标准的边界厘定

一 评价维度的内涵厘定

以学生发展为核心的中等职业教育质量评价的指标体系包含三个评价维度：学习经验与过程、学生个体发展结果表现、学生群体发展结果表现。这些维度及其内涵，在调查和访谈中向专家进行过多轮的咨询和论证。

1. 学习经验与过程。该指标指中职生在校期间的学习经历和行为表现，包括教师教学过程的表现水平和学生就读过程的表现水平。学生就读过程是指学生在就读期间参与的课内、课外活动的经历，主要了解中职生在学习期间的课程学习情况、课外活动情况、与老师和同学的人际交往情况、个人的行为习惯等。该指标属于过程性评价指标，主要考察学生的努力程度，通过学生的自我汇报或者评价人观察而得到。

2. 个体发展结果表现。该指标是指中职生发展和成长的结果，主要了解中职生的进步与发展情况，属于结果性评价指标。学生个体的学习成果考察学生知识、能力、心理、品德等方面的表现，包括认知发展水平和非认知发展水平两个方面，认知发展主要表现为知识和能力的发展情况，非认知发展主要表现为心理和道德水平等方面的发展情况。

3. 群体发展结果表现。该指标从学校或专业层面考察学生的整体表现情况，以学校或专业为统计单位的学生群体表现状况，如辍学、获奖、就业对口率等。由于中职学校专业划分比较细、专业设置比较多，多样化特征突出，故在评价过程中，参照高等教育质量评价的经验，采用以专业为主的教育质量评价形式，分门别类进行评价。

二 评价指标的内涵及其操作性定义

以学生为核心构建的中等职业教育质量评价指标体系包含过程性指标和发展结果性指标两大领域，发展结果领域包含个体发展结果和群体发展结果，共计18个指标，其中"发展过程与经验"维度包含

6个指标,"个体发展结果表现"维度包含8个指标,"群体发展结果表现"维度包含4个指标。

1. 课程学习：指学生在课程学习过程中的具体表现。

2. 活动参与：指学生参与学校或教育部门组织的竞赛、文娱活动或社团活动。

3. 行为习惯：指学生在校期间的日常生活行为表现。

4. 出勤情况：即指出勤率，指班级上课人数占班级人数的比例。

5. 师生关系：指教师与学生之间在教育过程中的交往情况和相互关系，包括课内关系与课外关系。

6. 同学关系：指学生与学生之间在学习过程中的交往情况和相互关系，包括课内关系与课外关系。

7. 通识知识：指有利于学生发展和未来职业发展的普通文化知识掌握情况，主要表现为公共基础课程的学习情况。

8. 专业知识：指学生对所学专业的课程内容的掌握情况。

9. 专业技能：是指通过职业实践或练习而形成的完成专业任务的操作能力以及思维能力。

10. 心理素质：是性格品质与心理能力的综合体现，是个体心理潜能、特点、品质与行为的综合。

11. 道德品质：指个体依据一定的社会道德规范要求，表现出的比较稳定的符合道德规范的行为特性。

12. 专业认同：指个体对于所学专业和未来所从事职业的肯定性评价。

13. 职业能力：指个体在特定的职业活动或情境任务中形成的完成一定职业任务的能力。

14. 职业素养：指个体在社会活动中需要遵守的行为规范及表现的行为特征。

15. 保有率：指学年末学生在校就读的人数与学年初学生总人数的比值，相对于辍学率而言，保有率＝1－辍学率，是主要考察防止学生流失情况的指标。

16. 获奖情况：指专业获奖人数与获奖数量占专业人数的比例。

17. 双证率：指毕业生在毕业离校前获得毕业证和职业资格证的比例。

18. 就业质量：指中职毕业生毕业后从事工作与所学专业的对口情况、薪酬情况、发展空间等。专业对口率是就业质量的一个延伸，是指中职毕业生毕业后从事工作与所学专业对口的人数与总人数的比率，体现学生在工作岗位的发展前景与对就业岗位的满意度。

确定了质量评价体系后，对指标的重要性进行赋权，随后进行指标权重赋值、评价工具设置等工作。

三 标准设定：指标评价的参照问题

根据以学生为核心的中等职业教育质量评价指标体系的评价维度和具体指标的内容，初步设定衡量标准，将二级评价指标逐级分解，确定二级指标的标度用"优秀、良好、中等、合格、较差、很差"六个等级加百分制分数阈限来划分程度，制定中等职业教育质量评价表格。将上述评价指标内容、权重系数、标度等级（数量阈限）等编制成表格形式，其中专门设置一栏填写评价结果，评价者可以填写得分或者等级。

将拟定的《中职教育质量评价标准体系表》（包含《中职学生发展经验过程评价标准表》《中职学生个体发展结果评价标准表》《中职学生群体发展结果评价标准表》）分别发放给本研究聘请的45位职业学校教师、企业用人单位代表、职教专家，进行专家咨询；收集专家咨询意见，根据专家意见修改、完善评价表的内容，确定"中等职业教育质量评价标准体系"。

1. 学生发展过程评价指标标准界定

表 4-13　　　　中职学生发展经验过程评价标准

评价维度	评价指标	评价标准参照（指标观测点）	优秀	良好	中等	合格	较差	很差
学习经验与过程	课程学习	1. 是否理解教学目标 2. 是否理解教学内容 3. 上课是否认真听讲 4. 是否主动完成学习内容 5. 是否能完成作业						

续表

评价维度	评价指标	评价标准参照（指标观测点）	优秀	良好	中等	合格	较差	很差
学习经验与过程	活动参与	1. 是否参加专业竞赛 2. 是否参加非专业竞赛 3. 是否参加实践活动 4. 是否参加班集体活动						
	行为习惯	1. 是否有良好的作息习惯 2. 是否有良好的卫生习惯 3. 是否沉溺于网络游戏 4. 是否吸烟喝酒 5. 是否抄作业 6. 是否打架						
	出勤情况	1. 是否迟到 2. 是否早退 3. 是否无故缺课						
	师生交往	1. 是否与教师主动交流 2. 是否参与教师组织的活动						
	同学交往	1. 是否与同学正常交往 2. 是否与同学互相帮助						

2. 学生个体发展评价指标标准界定

表 4-14　　　　中职学生个体发展结果评价标准

评价维度	评价指标	评价标准参照（指标观测点）	优秀	良好	中等	合格	较差	很差
个体发展结果表现	通识知识	1. 语文知识与素养 2. 数学知识与素养 3. 英语知识与素养 4. 信息技术知识与素养 5. 科学知识与素养						
	专业知识	专业课程的掌握程度，根据专业的课程安排具体进行考察						
	专业技能	是否具有实践操作能力，根据不同专业的要求具体进行考察						

续表

评价维度	评价指标	评价标准参照（指标观测点）	优秀	良好	中等	合格	较差	很差
个体发展结果表现	心理素质	1. 是否充满自信 2. 是否具有抗挫能力 3. 是否具有坚韧毅力 4. 是否善于交流与沟通						
	道德品质	1. 是否具有正确的政治观念 2. 是否具有集体观念 3. 是否具有公共道德观念 4. 是否愿意助人为乐 5. 是否遵守学校与班级纪律						
	专业认同	1. 是否喜欢所学专业 2. 是否愿意从事专业工作						
	职业能力	1. 是否能理解所接受的工作任务 2. 是否能完成所接受工作任务的设计 3. 是否能与客户进行沟通 4. 是否对完成的工作有所创新						
	职业素养	1. 工作是否尽忠职守 2. 是否具有爱岗敬业的品质，热爱本职岗位，工作积极主动有热情 3. 是否具有恪守职责的品质，从不偷懒、玩忽职守 4. 是否具有诚实守信的职场表现						

3. 学生群体发展评价指标标准界定

表 4-15　　中职学生群体发展结果评价标准

评价维度	评价指标	评价标准参照（指标观测点）	优秀	良好	中等	合格	较差	很差
学习经验与过程	保有情况	1. 一年级保有率（1-辍学率） 2. 二年级保有率（1-辍学率）						

续表

评价维度	评价指标	评价标准参照（指标观测点）	优秀	良好	中等	合格	较差	很差
学习经验与过程	获奖情况	1. 市级奖励情况 2. 省级奖励情况 3. 国家级奖励情况						
	双证率	获得专业证书情况						
	就业质量	1. 就业岗位的对口情况 2. 就业的酬薪情况 3. 工作岗位的发展前景 4. 对就业岗位的满意度						

第四节 中等职业教育质量评价指标体系的权重分配

权重强调的是因素或指标的相对重要程度或贡献度。权重系数的大小与目标的重要程度有关。由于学科类型以及年龄阶段差异，每个指标项的重要程度是有可能不同的，所以各指标项的权重系数必须根据实际情况作出合理的规定。因此，要从若干评价指标中区分它们的重要性，需要对评价指标体系进行赋权，通过权重系数确定各指标表现的教育质量的重要性。

一 权重分配过程

依据所建构的中等职业教育质量评价标准体系，通过系统收集、整理和分析资料，对中职校教育质量进行综合评定，得出量化评定分值后，对评价对象教育质量作出综合性的价值判断。

1. 形成指标权重调查问卷

本研究采用层次分析法（AHP）对指标进行权重分析。由于运用AHP法进行指标权重的计算主要采用的运算法是判断矩阵，运算烦琐，工作量较大，为了提高工作效率，笔者选用了山西元决策软件科技有限公司出品的Yaahp层次分析法软件（版本为Yaahp11.0）进行统计数据处理。Yaahp11.0设计较为先进，它既可以对指标权重进行分析，也可以采用模糊评定方法对实验数据进行计算和分析。

运用Yaahp11.0进行评价指标权重系数的计算分析时，要求构建指标体系的层次结构模型。层次结构模型最上层为决策目标，即中等职业教育质量评价目标。中间层为准则层，包括发展过程和发展结果，其中在发展结果部分又构建了第二准则层：个体发展结果表现、群体发展结果表现。最下层为方案层：（1）课程学习；（2）活动参与；（3）行为习惯；（4）出勤情况；（5）师生交往；（6）同学交往；（7）通识知识；（8）专业知识；（9）专业技能；（10）心理素质；（11）道德品质；（12）专业认同；（13）职业能力；（14）职业素养；（15）保有情况；（16）获奖情况；（17）双证率；（18）就业质量。然后，将以上各层指标要素之间的关系用相连的直线关联后，形成"中等职业教育质量评价指标体系权重的层次分析结构模型"，该结构模型如图4-3所示。

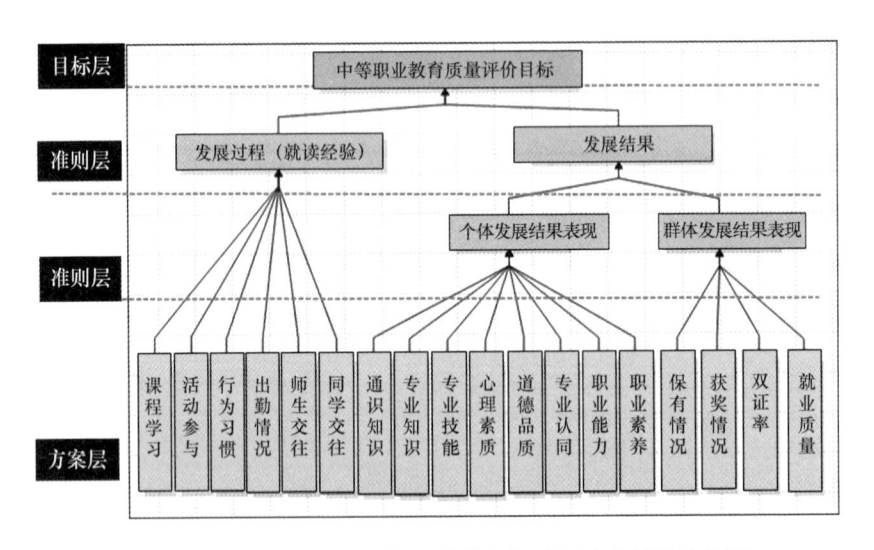

图4-3 中等职业教育质量评价指标权重层次分析结构模型

利用Yaahp11.0软件问卷生成《中职教育质量评价指标体系专家咨询问卷（指标权重）》，并经过整理形成正式的《中职教育质量评

第四章 中等职业教育质量评价指标体系的分层构建

价指标体系专家咨询问卷（指标权重）》（参见附录4）。该问卷的判断标度类型为1—9，采用统计指标进行两两比较。主要采用纸质问卷的发放形式，少部分专家采用电子问卷的发放形式。

2. 专家问卷的检查与调整

评价指标体系权重调查主要针对上述的45位专家，由于两两比较和判断的过程比较烦琐，有必要进行详细的问卷说明甚至回访，因此采用记名形式进行填答。发放问卷45份，回收问卷42份，回收率93%。对回收后的问卷进行整理并逐一输入《以学生发展为核心的中职教育质量评价指标体系专家咨询问卷（指标权重）》Excel格式的文件，然后导入Yaahp11.0软件进行处理。首先进行专家内部一致性分析，若发现专家问卷的部分指标判断的一致性偏差较大，则回访该专家，对指标进行重新比较和判读，然后重新进行调整，若调整后仍达不到专家内部一致性的标准，则放弃该专家问卷。结果发现，有10位专家问卷经过回访后仍然达不到专家内部一致性的基本标准，则去除这10份问卷。为提高专家判断的准确性和代表性，又邀请10位职业教育领域的专家和实践者，详细讲解指标体系形成过程的前期工作和结果，使专家深入理解该指标体系的测评目的，然后请这批专家完成《中职教育质量评价指标体系专家咨询问卷（指标权重）》问卷，获得有效问卷8份，最终获得专家咨询有效问卷共计40份。

层层排序中要对判断矩阵进行一致性检验。一般情况下，并不要求判断矩阵严格满足这一性质，在特殊情况下，判断矩阵可以具有传递性和一致性。但从人类认识规律看，一个正确的判断矩阵的重要性排序是有一定逻辑规律的，例如若A比B重要，B又比C重要，则从逻辑上讲，A应该比C明显重要，若两两比较时出现A没有比C重要的结果，则该判断矩阵违反了一致性准则，在逻辑上是不合理的。因此，在实践中要求判断矩阵满足大体上的一致性，需对矩阵进行一致性检验。只有通过检验，才能说明判断矩阵在逻辑上是合理的，才能继续对结果进行分析。

运用Yaahp11.0软件进行层次分析，判断矩阵的一致性时，依据对专家提供的问卷数据，分别比较准则层对目标层的权重与准则层对方案层的权重是否一致,通过计算权向量、最大特征值 λ_k 和一致性指标 CI_K,计算出 Cr。当 Cr<0.1 时,认为判断矩阵的一致性是可以接受的;Cr>0.1 时,认为判断矩阵不符合一致性要求,需要对该判断矩阵进行重新修正。因此,视 Cr 是否小于 0.1 来判断是否能通过一致性检验,从而判断对该专家的咨询结果是否可保留。在运用 Yaahp11.0 软件时可以直接使用软件中的一致性检验功能菜单进行检验,并进行自动的一致性调整,若调整后仍达不到要求,则根据问题回访专家后,再重新输入数据进行检验,若再次调整仍达不到基本要求,则放弃该专家问卷。经检验,40 位专家的问卷判断矩阵的一致性检验符合分析要求,下面仅展示其中一位专家问卷的相关信息,由于人数较多,其他专家问卷不再一一展示。

表4-16　　　　　专家ID 1:中职教育质量评价总目标

中职教育质量	发展过程	发展结果	Wi
发展过程	1	1	0.5
发展结果	1	1	0.5

注:一致性比例为 0.0000,相对于"以学生发展为核心的中职教育质量"的权重为 1.0000,λmax 为 2.0000。

表4-17　　　　　专家ID 1:发展过程(就读经验)

发展过程	课程学习	活动参与	行为习惯	师生交往	同学交往	出勤情况	Wi
课程学习	1	2	1	7	5	1	0.246
活动参与	0.5	1	0.17	5	1	1	0.1037
行为习惯	1	6	1	5	5	5	0.39
师生交往	0.14	0.2	0.2	1	0.2	0.2	0.0323
同学交往	0.2	1	0.2	5	1	0.33	0.0794
出勤情况	1	1	0.2	5	3	1	0.1487

注:一致性比例为 0.0896,相对于"以学生发展为核心的中职教育质量"的权重为 0.7500,λmax 为 6.5646。

第四章 中等职业教育质量评价指标体系的分层构建

表 4-18　　　　　　　　专家 ID 1：发展结果

发展结果	个体发展表现	群体发展表现	Wi
个体发展表现	1	2	0.6667
群体发展表现	0.5	1	0.3333

注：一致性比例为 0.0000，相对于"以学生发展为核心的中职教育质量"的权重为 0.50，λmax 为 2.0000。

表 4-19　　　　　　　　专家 ID 1：个体发展结果表现

结果表现	通识知识	专业知识	专业技能	心理素质	道德品质	专业认同	职业能力	职业素养	Wi
通识知识	1	0.33	0.33	1	0.33	3	0.2	0.14	0.0525
专业知识	3	1	1	7	1	3	1	1	0.1769
专业技能	3	1	1	1	1	3	1	1	0.132
心理素质	1	0.14	1	1	0.14	3	1	0.33	0.0672
道德品质	3	1	1	7	1	3	3	3	0.2414
专业认同	0.33	0.33	0.33	0.33	0.33	1	0.33	0.33	0.0401
职业能力	5	1	1	1	0.33	3	1	0.33	0.1126
职业素养	7	1	1	3	0.33	3	3	1	0.1774

注：一致性比例为 0.0993，相对于"以学生发展为核心的中职教育质量"的权重为 0.3333，λmax 为 8.9806。

表 4-20　　　　　　　　专家 ID 1：群体发展结果表现

结果表现	保有情况	获奖情况	双证率	就业质量	Wi
保有情况	1	1	0.42	0.30	0.1338
获奖情况	1	1	2.34	0.38	0.2235
双证率	2.37	0.43	1	0.37	0.1789
就业质量	3.36	2.61	2.69	1	0.4638

注：一致性比例为 0.0998，相对于"以学生发展为核心的中职教育质量"的权重为 0.1667，λmax 为 4.2667。

二 权重分配结果

运用 Yaahp11.0 软件实现层次分析法对最终权重系数的计算：将方案层对准则层的权重及准则层对目标层的权重进行综合，最终确定方案层对目标层的权重，主要采用群决策方法进行权重体系的计算，专家数据集结方法是各专家排序向量加权算术平均数，专家的权重采用"相同权重"进行计算，没有设定权威专家。中等职业教育质量评价指标群决策权重计算具体结果数据如图 4-4 所示。

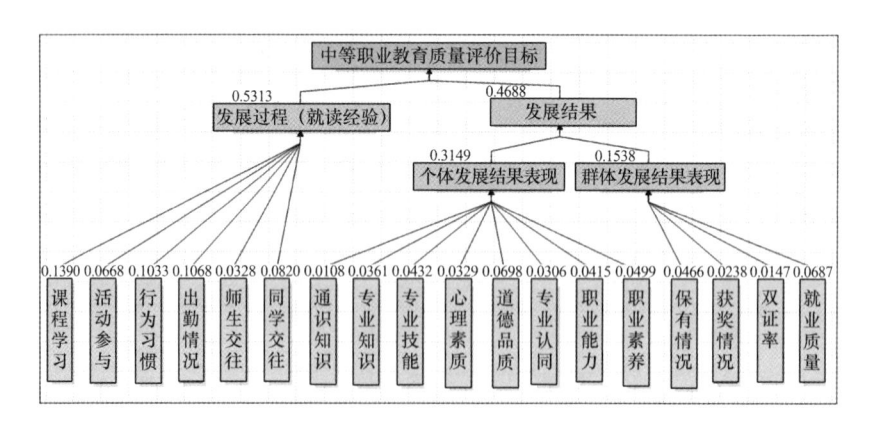

图 4-4 中等职业教育质量评价指标体系权重分配

对专家权重的排序结果进行整理，形成中等职业教育质量评价指标权重系数表，如表 4-21 所示。

表 4-21　　中等职业教育质量评价指标要素的权重分配结果

评价维度	评价指标	权重
学习经验与过程 （0.53）	课程学习	0.1390
	活动参与	0.0668
	行为习惯	0.1033
	出勤情况	0.1068

续表

评价维度	评价指标	权重
学习经验与过程 （0.53）	师生交往	0.0328
	同学交往	0.0820
个体发展结果表现 （0.32）	通识知识	0.0108
	专业知识	0.0361
	专业技能	0.0432
	职业能力	0.0415
	职业素养	0.0499
	心理素质	0.0329
	道德品质	0.0698
	专业认同	0.0306
群体发展结果表现 （0.15）	保有情况	0.0466
	获奖情况	0.0238
	双证率	0.0147
	就业质量	0.0687

第五节 中等职业教育质量评价指标体系的整体概貌

一 以学生发展为核心

中等职业教育质量评价指标体系的构建以学生发展为核心，关照学生发展的专业性与职业性，关注中职教育的基础性、专业性和职业性特征。一是关照中等职业教育对象的年龄特征。中等职业教育是一个"职业人"的教育，但是中等职业教育主要对象是义务教育完成后接受职业教育的学生，学生大多为未成年人，中等职业教育具有基础性特征，学生的个人发展和成长的基本要求如何在评价指标中体现出来，是中等职业教育质量评价需要考虑的问题；二是回归中等职业教育的本质特征。中等职业教育的主要导向是就业，专业性和职业性是中等职业教育的本质特征。中等职业教育质量评价要关注企业人才需求，企业究竟需要什么样的人才，专业岗位的要求是什么，岗位竞争优势是什么，这些都带有强烈的专业性和职业性特征，引导中职学校教育回归职业教育的本质。

二 兼顾学生发展过程与结果

从中等职业教育质量评价指标体系的结构上来看，以学生发展为核心的中等职业教育质量评价指标体系应以学生发展过程和发展结果为主要的评价领域，二者的重要地位不可忽视。中职学生发展过程评价指标包括课程学习经验、教师教学过程的师生互动、学生就读过程的学生互动、日常生活中的行为习惯，这些指标涉及课内外的活动经历，是学生成长不可缺失的内容，也是教学与管理质量的具体体现。中职学生发展结果表现评价指标包括学生个体成长与发展结果，也包括学生群体性发展结果。从中职学生的认知与非认知发展水平进行评价，涉及学生基础学业成就、专业学业成就、心理发展状况、道德水平状况、职业技能与素养等方面的内容，并且从学校或专业层面考察学生的整体表现情况，如辍学、获奖、就业质量等。兼顾学生发展过程与发展结果的中等职业教育质量评价指标体系有利于更全面地了解学生发展的整体概貌，也有利于指导中职学校在日常教学管理中关注学生成长，促进教育质量的快速提升。

为了使该质量评价指标体系具有直观性，更易理解，对各指标权重进行归一化处理后，再次咨询部分专家意见，对质量指标评价体系进行指导和微调，将整体权重界定为100，重新整理每个维度和评价指标的权重标示值，形成该质量评价指标体系的整体概貌，如表4-22所示。

表4-22　　　　中等职业教育质量评价指标体系

评价维度	评价指标	权重（分数）	评价标准参照（指标观测点）	获取方法	评价等级					
					优秀	良好	中等	合格	较差	很差
学习经验与过程（53）	课程学习	14	1. 是否理解教学目标 2. 是否理解教学内容 3. 上课是否认真听讲 4. 是否主动完成学习内容 5. 是否能完成作业	观察测量访谈						

第四章 中等职业教育质量评价指标体系的分层构建

续表

评价维度	评价指标	权重（分数）	评价标准参照（指标观测点）	获取方法	评价等级 优秀	良好	中等	合格	较差	很差
学习经验与过程（53）	活动参与	7	1. 是否参加专业竞赛 2. 是否参加非专业竞赛 3. 是否参加实践活动 4. 是否参加班集体活动	调查测量						
	行为习惯	10	1. 是否有良好的作息习惯 2. 是否有良好的卫生习惯 3. 是否沉溺于网络游戏 4. 是否吸烟喝酒 5. 是否抄作业 6. 是否打架	调查测量						
	出勤情况	11	1. 是否迟到 2. 是否早退 3. 是否无故缺课	日常考核						
	师生交往	3	1. 是否与教师主动交流 2. 是否参与教师组织的活动	观察测量访谈						
	同学交往	8	1. 是否与同学正常交往 2. 是否与同学互相帮助	观察测量访谈						
个体发展结果表现（32）	通识知识	1	1. 语文知识与素养 2. 数学知识与素养 3. 英语知识与素养 4. 信息技术知识与素养 5. 科学知识与素养	考评测量						
	专业知识	4	专业课程的掌握程度，根据专业的课程安排具体进行考察	考评测量						
	专业技能	5	是否具有实践操作能力，根据不同专业的要求具体进行考察	考评测量						

续表

评价维度	评价指标	权重（分数）	评价标准参照（指标观测点）	获取方法	评价等级 优秀	良好	中等	合格	较差	很差
个体发展结果表现（32）	职业能力	4	1. 是否能理解所接受的工作任务 2. 是否能完成所接受工作任务的设计 3. 是否能与客户进行沟通 4. 是否对完成的工作有所创新	考评测量						
	职业素养	5	1. 工作是否尽忠职守 2. 是否具有爱岗敬业的品质，热爱本职岗位，工作积极主动有热情 3. 是否具有恪守职责的品质，从不偷懒、玩忽职守 4. 是否具有诚实守信的职场表现	考评测量						
	心理素质	3	1. 是否充满自信 2. 是否具有抗挫能力 3. 是否具有坚韧毅力 4. 是否善于交流与沟通	测量						
	道德品质	7	1. 是否具有正确的政治观念 2. 是否具有集体观念 3. 是否具有公共道德观念 4. 是否愿意助人为乐 5. 是否遵守学校班级纪律	调查测量						
	专业认同	3	1. 是否喜欢所学专业 2. 是否愿意从事专业工作	测量						
群体发展表现（15）	保有情况	5	1. 一年级辍学率（保有率 = 1－辍学率） 2. 二年级辍学率（保有率 = 1－辍学率）	调查						
	获奖情况	2	1. 市级奖励情况 2. 省级奖励情况 3. 国家级奖励情况	调查						

续表

评价维度	评价指标	权重（分数）	评价标准参照（指标观测点）	获取方法	评价等级					
					优秀	良好	中等	合格	较差	很差
群体发展表现（15）	双证率	1	获得专业证书情况	调查						
	就业质量	7	1. 就业岗位的对口情况 2. 就业的酬薪情况 3. 工作岗位的发展前景 4. 对就业岗位的满意度	调查访谈						

三 过程质量与结果质量并重

以学生发展为核心的中等职业教育质量评价指标体系包括学习类指标与品行类指标、认知类指标与非认知类指标、个体发展指标与群体发展指标，这些内容构成了整个评价指标体系的概貌。

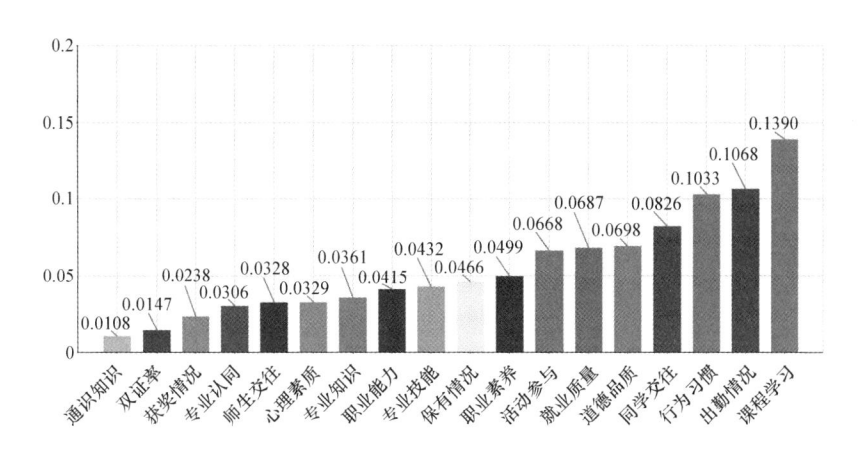

图4-5 中等职业教育质量评价指标要素对决策目标的排序权重

1. 关于"德"与"智"的考评。指向品行纪律类型的德育指标有行为习惯、出勤情况、道德品质，权重之和为28；指向课业学习类型的智育指标有课程学习、通识知识、专业知识、专业技能、职业能力、职业素养，权重之和为33。

2. 关于学生个体认知发展与非认知发展的考评。指向个体认知发展的评价指标有通识知识、专业知识、专业技能、职业能力、职业素养，权重之和为19；指向个体非认知发展的评价指标有心理素质、道德品质、专业认同，权重之和为13。其中，专业技能、职业能力、职业素养、道德品质成为学生个体发展质量评价的核心指标。

3. 体现职业教育特色的考评。这类指标有专业知识、专业技能、职业能力、职业素养、双证率、就业质量，权重之和为29，就业质量评定成为中职教育质量评价指标体系的主要组成部分，且成为核心指标。

评价指标构成表现出以下特征：

（1）表征学生发展的经验过程指标，如课程学习状态、日常出勤情况、学生之间的交往情况，在评价指标的重要性排序上占据首要地位。

（2）通过整个评价指标体系的重要性排序可以发现，学生专业发展质量在中等职业教育质量评价中受到重视。

（3）学生就业质量受到重视。就学生群体发展结果来看，相对于双证率、获奖情况、保有率 = 1 − 辍学率而言，就业质量是非常重要的评价指标。

从学生发展过程和发展结果的权重分配来看，过程质量与结果质量并重，过程质量占有的比重稍大，揭示了中职教育学生发展过程对中职生成长的重要意义，以及重视学生发展过程对中职学校教育质量提高的解释性作用。

第五章 中等职业教育质量评价指标体系的实证检验

第一节 中等职业教育质量评价指标体系的可行性检验

一 检验目的与检验设计

本阶段的检验目的是对以学生发展为核心的中等职业教育质量评价指标体系进行实践验证，检验教育质量评价指标的可行性。第一，关注资料收集过程中存在的问题和解决途径；第二，该指标体系是否具有中职教育质量的可鉴别性。通过实践检验，完善质量评价指标体系，更好地引领中等职业教育的良性发展。实践检验主要从指标收集的可获得性、指标体系的鉴别性进行，检验过程中依据评价理念与评价目标，对评价主体、方法、途径、程序作全面设计与安排。

1. 坚持以学生为中心的质量评价理念

中等职业教育质量评价总目标是促进学生发展，坚持以学生为中心的发展性评价理念，突出学生发展过程与发展结果的评价。为实现质量发展的总目标，需要将总目标进行分解，使其具体化。由于专业存在差异，具体的培养目标也有所不同，因此要首先分析评价对象的专业特点，充分考虑评价面临的具体环境因素，然后确定具体评价方案，以此为原则设计评价实践方案。

2. 评价方案体现职业特色和个性化特征

中等职业教育质量评价注重教育的"职业性"特色，在测评工具的设计上强调实践性与应用性，同时关注学校或专业的个性化特征，根据评价专业特点有针对性地制订评价方案。中职学校专业类型颇多，专业设置繁杂多样，即使是同一类专业，不同学校的专业特色也各不相同，如信息类专业具体专业设置详细分化的现象特别突出。因此，观测点和测量工具的选择需要根据专业特色进行个性化设计。这是中等职业教育特殊性，也是教育质量评价方案与普通教育评价方案的根本区别。

3. 充分沟通与协商的评价过程

确定评价主体（此处采用广义范畴，包括一切参与评价者）实际上是解决评价者和参评者的地位问题。教育质量评价一般是自上而下的"行政性"评价或"行政性"主导评价，是一种单向度的评价模式，评价对象总是处于被动评价地位。本次实践检验是由评价第三方机构、行政管理部门、社会企业用人单位、学校教师和学生多方参与完成，采用的是政府委托第三方进行的混合评价模式，这种评价模式一方面消解了政府既当运动员又当裁判员的角色压力；另一方面得益于政府的委托授权，第三方评价机构能够顺利地进入学校和课堂，收集真实的数据资料，从而保证评价结果的科学性。在此评价过程中，特别强调的是评价对象也是评价主体，深刻理解以学生发展为核心的质量评价的意义，认同质量评价的价值取向，主动积极参与评价实施流程，并充分发表其见解，一方面对可以对评价指标体系和方案进行修改与完善；另一方面，通过主动参与质量评价活动，达到转变教育理念、发现存在的问题、促进学校不断整改与进步的目的。

4. 科学选择评价的方法与步骤

评价方法主要是解决如何评价的问题，包括资料收集的方法和资料处理的方法。从资料收集的角度来看，资料有定性资料和定量资料，注重资料收集可能性，具体做法是结合现存的数据资料收集信息，比如学校已有的学习成绩资料、管理资料等，同时结合具体的评价指标，采用问卷法、测量法、访谈法、观察法、调查表法等收集资料，具体实施过程主要采用定性和定量相结合的资料处理方法。

评价实施步骤：首先，取得参与学校的支持。就本次评价的重要目的和意义、评价的价值目标、评价的指标体系、评价结果的应用等与参与学校进行沟通和交流，使学校明确中等职业教育质量评价的整体流程。其次，组建教育质量评价的专家团队和确定实施单位。在指标检验实践中邀请富有经验的中等职业教育专家对各校的数据资料进行分析评定，采用政府委托第三方评价机构共同参与的混合评价模式，即政府搭台提供行政支持，第三方评价组织具体负责实施评价活动。这种混合评价模式由于有政府力量的参与，能够调动参评学校的积极性，有利于第三方评价组织进入学校收集资料，同时，评价过程政府组织未直接参与其中，有效保证了评价结果的客观性、中立性。最后，评价过程中的阶段性评价结果反馈。评价组织及时将评价结果反馈给学校，充分发挥评价的诊断性、过程性、发展性功能，促进中职学校的改进与发展。

二　检验样本与检验方法

1. 样本选择

中等职业教育规模庞大，教育形式与类型呈现多样化，有普通中等专业学校、技工学校、职业中学教育及各种短期职业培训、成人中等职业教育等。中等职业教育不仅包括各种专业、各类教育机构，同时每所中职学校都设有不同的专业。2010 年，教育部修订《中等职业学校专业目录》进行规范后，专业设置仍包含 19 个专业类别，321 个专业，920 个专业（技能）方向，专业体系庞杂，内容覆盖面广，呈现出多样性的特点。中等职业教育的大规模质量评价非常困难，很难设计出一个既包含所有内容，体现专业特长和个体优势，又适合所有中职生的测试。因此，选择哪些专业作为研究对象成为必须关注的一个重要问题。

（1）样本专业选择

纵观毕业生规模、招生规模、在校生规模，信息技术类和加工制造类专业中职生人数众多，约占中等职业教育规模的 40%。如表 5 - 1 和表 5 - 2 所示，2012 年信息技术类和加工制造类专业在校生占中职在校生总数的 38%，其中，信息技术类专业招生数量位居首位。因此，本研究选取历年来招生规模最大的计算机专业作为样本专业，具有一定代表性。

表 5-1　　2012 年中等职业学校学生分科类情况（总计）

项目	毕业生数	招生人数	在校生数
总数	5543840	5970785	16898820
信息技术类	1161673	1048447	2977614
加工制造类	964112	896233	2658500
财经商贸类	606019	650497	1841117
农林牧渔类	579046	719852	2188579
医药卫生类	534092	513420	1539531
交通运输类	317352	428488	1083744
教育类	307139	507755	1319091
文化艺术类	247666	276898	794437
旅游服务类	235796	270848	729556
土木水利类	162198	225438	611926
轻纺食品类	77067	69093	187715
其他	76070	67055	179585
公共管理与服务类	75172	70814	19690
石油化工类	45499	41640	119058
资源环境类	39019	48297	108265
体育与健身类	36496	52033	128165
能源与新能源类	30990	26902	80738
司法服务类	27393	25448	70268
休闲保健类	21041	31627	84024

表 5-2　　2012 年普通中专学生分科类情况

专业类别	毕业生数	招生人数	在校生数
总数	716307	1058110	2542747
信息技术类	165237	223030	550039
加工制造类	95782	147499	360889

续表

专业类别	毕业生数	招生人数	在校生数
财经商贸类	82633	113791	279870
交通运输类	35992	67808	151243
医药卫生类	24896	17720	49963
教育类	23914	43993	111331
旅游服务类	20300	40820	91577
文化艺术类	18336	37388	89620
农林牧渔类	18168	26143	631777
土木水利类	14351	26056	58195
轻纺食品类	10607	17634	36062
其他	8551	12620	23201
资源环境类	6628	9085	17577
司法服务类	4476	5102	12361
能源与新能源类	3125	2899	4742
石油化工类	2306	2957	6134
休闲保健类	1881	2878	8321
公共管理与服务类	1492	23370	56737
体育与健身类	681	2025	3108

资料来源：谢焕忠主编《中国教育统计年鉴（2012）》，人民教育出版社2013年版，第88—89页。

(2) 样本学校选择

河南省是职业教育大省和国家级职业教育改革试验区，2013年河南省共有中等职业学校899所，中职学校在校生约147万人，占全国中职学校在校生的7.7%。因此，以河南省为研究样本，有助于将以学生发展为核心的中等职业教育质量评价推向更多的学校。本研究随机抽取3所学校作为评价指标体系验证的试点学校，运用该指标体系对样本学校进行质量评价。为规避法律风险和保护中职学校权益，对3所学校实行匿名代码形式，分别为A校、B校、C校，其中A校和B校为中等职业学校，C校为技师学院。表5-3和表5-4分别显示了三所学校的师资状况和教学设备状况。

表5-3　　　　　　　　　　试点学校师资状况

类别	A校	B校	C校
教师总数	90	63	169
学历为本科及以上教师人数	90	63	153
学历为大专教师人数	0	0	16
双师型教师人数	30	32	148
专业课教师人数	40	49	143

表5-4　　　　　　　　　　试点学校教学设备状况

类别	A校	B校	C校
教学设备总价值（万元）	300	220	285.89
自主研制设备总价值（万元）	0	0	45
企业捐赠设备总价值（万元）	0	0	70.36
社会捐赠设备总价值（万元）	0	87	0
教学用计算机台数（台）	480	360	860
自有实训基地面积（平方米）	1000	580	9490

2. 检验方法

主要采用模糊综合评价法，构建模糊综合评价模型，如图5-1所示。根据调查结果进行汇总，形成教育质量评价数据库，撰写3所学校的调查事实报告，将收集的翔实资料和其他支撑材料提供给专家，由专家根据评价指标体系和评价标准进行评定，通过专家评判获得每个学校每类指标的等级。

第五章 中等职业教育质量评价指标体系的实证检验

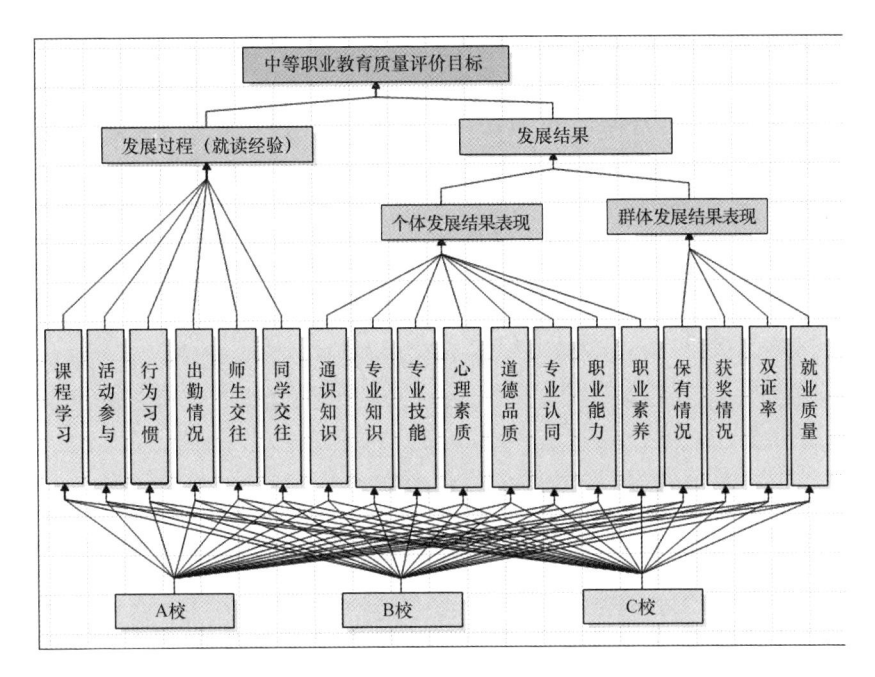

图5-1 A校、B校、C校以学生为核心的教育质量评价比较模型

（1）选择专家

采取回避本校的原则，邀请职教领域的专家进行各项指标的评价。共邀请6位职教专家对3所学校的教育质量进行评价。将包括抽测学生的各分项指标的原始评价数据提供给专家，使专家全面了解受测学生的实际状况及各指标分项具体得分情况，以便准确判断。在专家掌握评价目的和评价指标系统与标准的基础上，主要采用单独评判的形式进行评价。

（2）专家信度

根据专家对各个指标的判断结果，计算专家评判结果的相关系数，判断专家在进行评判时对标准掌握的程度，确保专家评判的一致性，如表5-5所示，6位专家在依据指标体系进行评判时，具有较高的一致性，评判结果具有可靠性。

表 5-5　　　　　　　　专家评价结果一致性系数

评价指标	专家评价一致性系数	评价指标	专家评价一致性系数
课程学习	0.860**	心理素质	0.933**
活动参与	0.922**	道德品质	0.789**
行为习惯	0.756**	专业认同	0.926**
出勤情况	0.901**	职业能力	0.901**
师生交往	0.930**	职业素养	0.922**
同学交往	0.889**	保有情况	0.916**
通识知识	0.926**	获奖情况	0.925**
专业知识	0.900**	双证率	0.954**
专业技能	0.856**	就业质量	0.866**

注：**表示 P<0.01，相关极显著。

三　检验工具与数据收集

进行中等职业教育质量评价时，评价材料的收集非常重要，同时也非常烦琐。主要通过两个途径收集数据资料。

①政府和学校现有数据材料。教育主管部门每年都要进行统一的学业测试、技能测试、教学诊断等，并形成了一定的数据库，评价指标中涉及的一些数据可以从行政部门的数据库中获取，作为该评价数据的支撑材料；另外一些数据资料则可以通过学校自评汇报获取。

②通过研究者设计的测试工具获得数据资料。结合汇总其他途径获得的数据资料，形成教育质量评价的数据支撑材料。例如，评价中的学科知识成绩主要采用考试形式，分别设置了一、二年级的测试卷进行测试。其中，通识知识水平考核以数学成绩为主，专业知识成绩考核以计算机成绩为主，然后对样本学生进行数学测试和专业测试。专业技能水平测试主要采用河南省教育厅组织的全省技能测试成绩，此测量数据从学生教务管理系统直接获得。同时，对参考学生的技能发展自陈量表进行评价，并通过学生自我技能发展汇报的形式和具体作品或项目的形式进行考核。在调查中，中职生对上一阶段数学能力的进步程度和专业技能的进步程度进行自我评价和汇报，是对学业能力发展测试的进一步补充和完善。辍学率主要由跟踪数据获得，出勤

第五章 中等职业教育质量评价指标体系的实证检验

率由班级考核和随机抽查形式获得,获奖率由学校报送数据获得,就业率由学校汇报获得,对口就业率对已毕业两年之内的学生进行随机抽样,然后进行追踪调查,获得对口就业率的估计数据。师生交往、同学交往、课程学习、活动参与、行为习惯、心理素质、道德品质、职业认同、职业理想、职业素养的信息,一方面通过学生调查问卷、实践项目测试获得;另一方面根据日常教学观察收集获得。

该研究中的自编测量问卷都采用了预处理方法进行质量控制,确保测量问卷的信度和效度。具体来说,第一步,进行项目分析,主要采用经典测量理论(CTT)分析方法;第二步,分析问卷信度;第三步,采用探索性因子分析,进行效度分析。学科与专业测试试卷由任课教师组成专家命题小组,然后进行试测,主要采用现代测量理论(IRT)分析方法分析试卷的难度、信度等。

1. 学生就读过程的检验工具

中职生学习经验的测试参考了国外和国内的大学生就读与课程学习经验的问卷。大学生就读与课程学习经验问卷经过了实践检验,比较成熟,研究中的中职生就读经验问卷借鉴了高等教育质量评价中的大学生就读经验研究、大学生课程学习经验研究量表、社区学院学生参与度调查的相关经验。具体参考的是经由清华大学修订的大学生就读经验问卷(Chinese College Student Experiece Questionnaire,CCSEQ)、中国大学生课程学习经验问卷(Chinese Course Experiece Questionnaire,CCEQ)、美国社区学院学生参与调查问卷(Community College Survey of Student Engagement,CCSSE)。随后根据中等职业教育的特征和中职生的实际学习经历和状况,对其中的维度和项目进行选择性删除,邀请学生、教师、专家和学校的管理者参与重新修订问卷,对具体问题进行了调整和完善,重新构建了问卷的基本维度,包括课程学习、活动参与、师生互动、学生互动、学习增值等。

修订后的中等职业学生就读经验测量问卷共分为三部分。第一部分为学生背景信息,包括性别、专业、年级、是否准备升学、获奖情况等。第二部分为中职生的学习活动和生活经历,包括课程学习经历、活动参与情况、与教师相处的经验、与同学相处的经验等层面的内容。问题的选项采用李克特五点等级的形式："1（从不）、2（偶尔）、3（一般）、4（经常）、5（总是）"，主要考察中职生对学校生活的参与程度。第三部分为学生发展的自我评价，测量中职生进入中职学校后的成长与表现，并设置部分题目考察学生每周在学习、课后作业和其他与学习有关的活动上花费的时间。

各分量表采用经典测量理论的项目分析方法，采用独立样本 T 检验，对高分组和低分组的测量问卷的每一个题项都进行差异性分析，求出每个题项的临界比率值——CR，T 值达到显著则表示该题项具有一定的鉴别度，能够鉴别不同被试的反应程度，T 检验结果不显著，说明该题项的鉴别度较差，则删除该题项。在 95% 的置信度条件下，进行项目的删减，形成测量问卷，然后进行信度和效度分析。效度分析主要是分析结构效度，经过项目分析后对保留下来的题项进一步进行探索性因子分析，分析方法主要采用主成分分析法。因子旋转方法采用的是方差最大正交旋转法，探索各分量表的构成因子和量表的解释能力。项目分析结果如表 5-6 所示。

表 5-6　　　　学生就读经验测评问卷的项目分析

分量表	题项	决断值	备注	题项	决断值	备注
课程学习	A1	13.888***		C1	16.437***	
	A2	12.451***		C2	13.122***	
	A3	13.655***		C3	15.147***	
	A4	1.552	删除	C4	17.904***	
	A5	7.838***		C5	15.554***	
	A6	14.025***		C6	18.048***	
	A7	15.786***		C7	18.528***	
	A8	5.010***		C8	14.174***	
	A9	5.883***		C9	17.353***	
	A10	2.875***	探索性分析时删除	C10	19.186***	
	A11	3.957***	探索性分析时删除	C11	15.671***	

师生互动

续表

分量表	题项	决断值	备注	题项	决断值	备注
课程学习	A12	1.603	删除	D1	13.153***	
	A13	1.181	删除	D2	15.326***	
活动参与	B1	14.079***		D3	11.435***	
	B2	13.733***		D4	19.960***	
	B3	10.097***		D5	19.299***	
	B4	13.016***		D6	16.593***	
	B5	15.965***		D7	17.163***	
	B6	19.499***		D8	18.073***	
	B7	17.201***		D9	21.955***	
	B8	18.309***				
	B9	14.950***				

注：***表示 P<0.001，差异极其显著。

（1）课程学习

在对课程学习测量量表进行项目分析时，发现有3个项目的CR值表现不显著，因此，删除这3个项目，对剩余10个项目再做一次项目分析，这10个题项都表现显著，表示题项具有较好的鉴别度。进行项目内部一致性分析，计算出克隆巴哈系数内部一致性系数，系数值为0.673，具有一定的可行度。然后进行探索性因子分析，分析显示，KMO 与 Bartlett 检验中，KMO 值为0.742，Bartlett 球形检验中，卡方值=929.287（P=0.000），df=45，表现极其显著，第一次因素提取了3个特征根大于1的因子，这3个因子的累积解释变异量为57.734%。由于其中一个因子只包含了2个题项，题项太少，因此删除这2个题项后，再进行第二次因子分析，经过调整后的8个题项的 KMO 值为0.793，Bartlett 球形检验中，卡方 = 708.069（P = 0.000），df=28，达到了非常显著的水平，适合进行因子分析。如表5-7所示。第二次探索性因子分析萃取2个特征根大于1的因子，这2个因子的累积解释变异量为51.814%，自此，探索性因子分析结束，这8个题项构成了"课程学习"这一评价指标的测量分量表。

表5-7　　　　　"课程学习"分量表的变异量解释度

成分	初始特征值			提取平方和载入			旋转平方和载入		
	合计	方差的百分比(%)	累积百分比(%)	合计	方差的百分比(%)	累积百分比(%)	合计	方差的百分比(%)	累积百分比(%)
1	2.944	36.794	36.794	2.944	36.794	36.794	2.877	35.964	35.964
2	1.202	15.020	51.814	1.202	15.020	51.814	1.268	15.850	51.814

（2）活动参与

在对活动参与测量量表进行项目分析时，9个项目的CR值表现都极其显著，题项具有较好的鉴别度。进行项目内部一致性分析，计算出克隆巴哈系数内部一致性系数，系数值为0.869，具有较高的信度。然后进行探索性因子分析，分析显示，KMO与Bartlett检验中，KMO值为0.890，Bartlett球形检验中，卡方值=1539.687（P=0.000），df=36，表现极其显著，探索性因素分析提取了2个特征根大于1的因子，这2个因子的累积解释变异量为60.797%。探索性因子分析结束，这9个题项构成了"活动参与"这一评价指标的测量分量表。

表5-8　　　　　"活动参与"分量表的变异量解释度

成分	初始特征值			提取平方和载入			旋转平方和载入		
	合计	方差的百分比(%)	累积百分比(%)	合计	方差的百分比(%)	累积百分比(%)	合计	方差的百分比(%)	累积百分比(%)
1	4.455	49.503	49.503	4.455	49.503	49.503	2.949	32.770	32.770
2	1.016	11.294	60.797	1.016	11.294	60.797	2.522	28.027	60.797

（3）师生互动

在对师生互动测量量表进行项目分析时，11个项目的CR值表现都极其显著，题项具有较好的鉴别度。进行项目内部一致性分析，计算出克隆巴哈系数内部一致性系数，系数值为0.897，具有较高的信度。然后进行探索性因子分析，分析显示，KMO与Bartlett检验中，KMO

值为0.898，Bartlett球形检验中，卡方值=2292.867（P=0.000），df=55，表现极其显著，探索性因素分析提取了2个特征根大于1的因子，这2个因子的累积解释变异量为61.161%。探索性因子分析结束，这11个题项构成了"师生互动"这一评价指标的测量分量表。

表5-9　　　　　"师生互动"分量表的变异量解释度

成分	初始特征值			提取平方和载入			旋转平方和载入		
	合计	方差的百分比（%）	累积百分比（%）	合计	方差的百分比（%）	累积百分比（%）	合计	方差的百分比（%）	累积百分比（%）
1	5.455	49.593	49.593	5.455	49.593	49.593	3.513	31.937	31.937
2	1.273	11.569	61.161	1.273	11.569	61.161	3.215	29.224	61.161

（4）学生互动

在对学生互动测量量表进行项目分析时，9个项目的CR值表现都极其显著，题项具有较好的鉴别度。进行项目内部一致性分析，计算出克隆巴哈系数内部一致性系数，系数值为0.874，具有较高的信度。然后进行探索性因子分析，分析显示，KMO与Bartlett检验中，KMO值为0.872，Bartlett球形检验中，卡方值=1827.633（P=0.000），df=36，表现极其显著，探索性因素分析提取了2个特征根大于1的因子，这2个因子的累积解释变异量为64.850%。探索性因子分析结束，这9个题项构成了"学生互动"这一评价指标的测量分量表。

表5-10　　　　　"学生互动"分量表的变异量解释度

成分	初始特征值			提取平方和载入			旋转平方和载入		
	合计	方差的百分比（%）	累积百分比（%）	合计	方差的百分比（%）	累积百分比（%）	合计	方差的百分比（%）	累积百分比（%）
1	4.562	50.689	50.689	4.562	50.689	50.689	3.680	40.889	40.889
2	1.274	14.161	64.850	1.274	14.161	64.850	2.157	23.961	64.850

（5）行为习惯

行为习惯是测试学生在校期间的学习时间分配情况、作业完成情况，以此了解学生的日常行为。设计学生不良行为发生情况调查问卷，通过对学生在校不良行为发生率进行综合考察。具体方法是：通过学生汇报班级近期的表现，例如对样本班学生在校园内发生的抽烟喝酒、打架斗殴、敲诈勒索、考试作弊、欺负同学、逃课、赌博、抄作业等不良行为进行综合统计，形成综合测量指标。

学生个体发展结果表现主要从两个层面进行评价：认知发展和非认知发展。认知发展表现主要从通识知识、专业知识和专业技能方面进行评价；非认知发展表现主要从心理素质（主要测试学习毅力）、道德品质、专业认同、职业能力、职业素养方面进行评价。

2. 学生个体发展结果的质量检验工具

（1）通识知识与专业知识

通识知识与专业知识的数据资料主要来自两个方面：一方面是教育厅组织的中等职业学校学业水平测试的成绩；另一方面是课题组采用由专业教师设计的测试卷进行的测试。对于计算机专业而言，主要测试数学与计算机两个科目的学业成绩。

①编制依据

通识知识、专业知识是考量中职生学业发展的重要指标，这些指标通过实际的考试和年度会考成绩进行测量与评价。

基础知识与基本技能的关系。知识、技能和能力之间是相辅相成的关系，合理的知识结构、扎实的专业知识有利于技能发展、能力发展，技能和能力的形成，又会推动和促进知识的进一步掌握；相应地，缺乏必要的知识技能会对能力发展造成巨大障碍。因此，在测试时，一方面要考虑中等职业教育倾向于职业技能发展的特征；另一方面又要考虑中职生未来发展的基础性特征，要在厘清它们之间的关系基础上从基本理论知识、专业基础知识、技能水平，进行职业能力发展的测试。

课程标准与测试内容的关联对照。学业水平测试即鉴定中职生相关课程学习质量的水平，考核中职生相关科目学习是否达到课程标准的要求，因此测试内容要和相应的课程标准结合。2013年，根据中华人民共和国教育部2009年颁布的《中等职业学校教学大纲》和《河南省中等职业学校：计算机应用专业教学标准》，根据相关课程标准制定的测试内容。

本研究的专业学习成绩测试卷，主要采用REAP项目组（Rural Education Action Program）研制的适合中职学校计算机专业考核的数学试卷与计算机试卷，包括一年级的数学测试卷、计算机测试卷，二年级的计算机测试卷。在该试卷研制过程中，邀请了考试专家以及专业教学人员参与，并征求中职课程专家、任课教师的意见进行调整和验证，为了保证试卷的效度、信度和区分度，测试卷通过大范围、大样本的预试测进行完善，使学业测试卷符合中职生课程标准的要求，有效保证测试试卷的质量。

②试卷的信效度检验

通识课程与专业课程测试的信度和难度测量指标。采用项目反应理论对试卷进行分析，数学、计算机试卷的Rasch主成分分析对比残差的特征值均低于2.0，所有量表均呈现单一维度，而且所有项目的内、外合适度均在0.5和1.5之间，这表明所有题目的参数基本都在可接受的范围内，数据与模型拟合较好。另外，所有题目的相关系数都为正向。各量表的Rasch模型的个体信度都很好，分别是0.78、0.7、0.72；离散指数分别为1.87、1.91、1.61，这意味着测试能够按照连续性原则把学生分配到不同的组。也就是说，测试对于学生整体来说是普通难度，试题之间的难度差异不大。测试结果转化成标准Z分数，使各科分数的标准统一，便于分析。

尽管每份试卷的具体试题不同，但根据通行做法，运用这样的试卷对同一学生在学年初和学年末的两次测试成绩差异可以被认定为学生在该学年的学习所得。为了保证测试质量，测试过程中，规范考试指导语，严格控制考场纪律和考试时间，以保证考试的标准化和真实性。

（2）专业技能

专业技能的测试采用两种形式相结合，一方面搜集历年来河南省教育厅组织的专业技能测试成绩；另一方面，学生对日常实践课程的体验进行汇报，采用中职生实践技能的自陈量表进行测试。

专业技能量表的编制。通过对高职院校专业教师和中职学校专业教师进行访谈，初步判定中职生实践技能要求，筛选中职生实践技能发展的基本表现，提取专业技能发展行为的基本特征，形成中职生实践技能自陈量表，试测后进行信度与效度分析，形成正式的中职生实践技能发展自陈量表。专业实践技能自陈量表的试测过程中，随机抽取了计算机、数控、汽车修理专业的学生进行测量。

在对专业技能测量量表进行项目分析时，9个项目表现显著，题项具有较好的鉴别度。进行项目内部一致性分析，计算出克隆巴哈系数内部一致性系数，系数值为0.915，$P<0.001$，具有较高的信度。然后进行探索性因子分析，分析显示，KMO与Bartlett球形检验中，KMO值为0.937，Bartlett球形检验中的卡方值＝2116.383（$P=0.000$），$df=36$，表现极其显著，探索性因素分析提取了1个特征根大于1的因子，这个因子的累积解释变异量为59.337%。探索性因子分析结束，这9个题项构成了"专业技能"这一评价指标的测量分量表。

通过任课教师获取学生实际操作（实训课）的成绩得分，然后与学生实际技能发展自陈得分相匹配，计算二者的积差相关系数，专业技能测量量表的测试结果与任课教师对学生的技能发展评价一致性程度较高，相关系数为0.81（$P=0.000<0.001$）；专业技能发展自陈量表编制与年度技能考核成绩的相关系数为0.92（$P=0.000<0.001$），成绩高度相关，且表现显著，说明用中职生专业技能发展自陈量表测量学生的专业技能发展水平具有可行性。

（3）职业能力

职业能力是个体在某项职业或相似职业领域所必备的本领，指个体在特定的职业活动或情境任务中形成的能完成一定职业任务的能力。目前，在德国比较公认的职业能力包括四个维度：个人能力、积极主动的应用能力、专业和方法能力、社会能力。个人能力指有反思的、有组织的行动和学习能力；积极主动的应用能力指主动的、

第五章 中等职业教育质量评价指标体系的实证检验

全面的行动能力；专业和方法能力是指解决具体的专业问题的能力；社会能力是指自我组织的建立沟通与合作的能力。中国原国家劳动和社会保障部在《国家技能振兴战略》中提出职业能力分为三个层次，即职业特定能力、行业通用能力和核心能力，其中，核心能力是范围最宽、通用性最强的能力，它的普遍性和迁移性非常强，包括方法能力和社会能力两大类，细分之后为"八项核心能力"，包括与人交流能力、数字应用能力、信息处理能力、与人合作能力、解决问题能力、自我学习能力、创新革新能力、外语应用能力。许多学者也对职业能力进行了研究，认为职业教育是以工作任务完成为主要的教学目标，职业能力主要体现为"工作任务的胜任能力"，"是个体当前就业和终身发展所需的能力"[1]，是"贯穿于劳动者职业生涯的就业和创业能力、工作能力、职业转换能力"[2]。"职业能力要强调综合性，是在真实工作情境中整体化地解决综合性的专业问题的能力""从方法论的角度讲，与知识开始和技能鉴定相比，职业能力的证明和确认非常困难，因为要想了解一个人是否具备在困难情境中解决复杂专业问题的能力，只能通过观察法。而观察法恰恰是一种无法准确鉴定社会现实的实证研究方法"[3]。目前，学界对职业能力的测评没有统一的认识。

本研究认为职业能力是指个体将所学的知识、技能和态度在特定的职业活动或情境任务中进行类化迁移与整合时，形成的能完成一定职业任务的能力。中职生职业能力的测试主要从教师评价、学生自我评价、学生职业能力测评三方面收集信息资料。

学生自我评价才采用自陈量表的形式进行，采用"职业核心能力测评"问卷调查学生在日常学习和工作中对待任务的态度，以此补充学生职业能力测试的基本情况。

教师评价是教师根据学生的具体表现进行评价，由于对学生职业

---

[1] 杨黎明：《关于学生职业能力的发展》，《职教论坛》2011 年第 3 期，第 4 页。
[2] 陈宇：《职业能力以及核心技能》，《职业技术教育》2003 年第 23 期，第 26 页。
[3] 庄榕霞、赵志群：《职业院校学生职业能力测评的实证研究》，清华大学出版社 2011 年版，第 23 页。

能力进行评价时教师无法做到精确估计，因此采用等级评价的形式给每位学生进行评价，分为优秀、良好、一般、较差、很差 5 个等级。评价由班主任和专业任课（实践课）教师完成。

学生职业能力测评主要通过测试项目进行，下面详细介绍中职生职业能力测评工具的设计与运用流程。

①测试目标的内涵：个体将所学的知识、技能和态度在特定的职业活动或情境任务中进行类化迁移与整合时，形成的能完成一定职业任务的能力。职业能力测试是在专业知识和专业技能掌握的基础之上所表现的综合能力。

②设计依据：专业培养目标和行业典型任务。

③设计人员：专业课教师（专家组）。专家要求：对专业课程要求和专业培养目标深入了解；在该专业的职业实践方面有丰富的实践经验；进行过项目实践教学和研究；对职业的专业技能要求和职业的行动能力要求有深度思考；对行业的发展现状和前景能够进行比较可靠的预测。

④测试工具的形式：开放式的综合性测试题（即工作任务），尽可能多开发一些测试题目，建议开发 4—6 道开放式综合测试任务。测试项目的任务不应是单一任务，应设计为综合性任务。

⑤测试评价指标与标准的设计：试题的评分指标共分为 4 个能力级别——名义性能力、功能性能力、过程性能力、设计能力，由专家进行讨论评价指标与标准。

⑥测试对象：各校随机选择计算机专业二年级的一个班进行测试。

⑦结果评估：将测试结果复制为 2—4 份，交由 2—4 位教师参考评价指标分类进行评分。

⑧评分结果效度控制：首先，评分者控制，对参与测试的学生的评分采用 2—4 位教师背对背独立评分的形式进行打分，检测评分结果的一致性问题。其次，同时利用任课教师或班主任，对全班学生的职业能力进行逐个打分，获得学生的他人评价分数，然后将测试分数与班主任或任课教师的评定分数进行关联性分析。

第五章 中等职业教育质量评价指标体系的实证检验

经检验,在试测阶段邀请 2 位教师分别进行评分,专家评分一致性相关系数为 0.910;在正式测试阶段,由 4 位专业教师分别对测试项目进行评分,专家评分的一致性系数为 0.875。

(4) 职业素养

由于职业素养不能像专业知识考试那样直接进行量化评价,而且职业素养在工作中才能真正地体现出来,因此对中职生进行职业素养评价要从他们"知道什么""能做什么"两方面进行评价,在评价的过程中选择定性研究方法和定量研究方法相结合。定性评价方法主要采用"表现性评价法""观察评价法""访谈评价法",评价重点在于从"证明"转向"改进"和"激励"。定量评价中设计《职业素养测量量表》和《实习与实践工作表现问卷》对学生进行职业素养考察。在对职业素养测量量表进行项目分析时,10 个项目表现显著,题项具有较好的鉴别度。进行项目内部一致性分析,计算出克隆巴哈系数内部一致性系数,系数值为 0.931,具有较高的信度。然后进行探索性因子分析,分析显示,KMO 与 Bartlett 球形检验中,KMO 值为 0.943,Bartlett 球形检验中的卡方值 = 2770.554(P = 0.000),df = 45,表现极其显著,探索性因素分析提取了 1 个特征根大于 1 的因子,这个因子的累积解释变异量为 62.001%。探索性因子分析结束,这 10 个题项构成了"职业素养"这一评价指标的测量分量表。

(5) 专业认同

在对专业认同测量量表进行项目分析时,发现有 1 个项目的 CR 值表现不显著,因此,删除这个项目后,剩余 9 个项目再做一次项目分析,这 9 个题项都仍然表现显著,题项具有较好的鉴别度。进行项目内部一致性分析,计算出克隆巴哈系数内部一致性系数,系数值为 0.874,具有较高的信度。然后进行探索性因子分析,分析显示,KMO 与 Bartlett 球形检验中,KMO 值为 0.888,Bartlett 球形检验中的卡方值 = 1594.152(P = 0.000),df = 36,表现极其显著,探索性因素分析提取了 2 个特征根大于 1 的因子,这 2 个因子的累积解释变异量为 62.058%。探索性因子分析结束,这 9 个题项构成了"专业认同"这一评价指标的测量分量表。

表 5 – 11　　"专业认同"分量表的变异量解释度

成分	初始特征值			提取平方和载入			旋转平方和载入		
	合计	方差的百分比(%)	累积百分比(%)	合计	方差的百分比(%)	累积百分比(%)	合计	方差的百分比(%)	累积百分比(%)
1	4.538	50.421	50.421	4.538	50.421	50.421	3.172	35.240	35.240
2	1.047	11.637	62.058	1.047	11.637	62.058	2.414	26.818	62.058

（6）道德品质

在对道德品质测量量表进行项目分析时，15 个项目的 CR 值表现都极其显著，题项具有较好的鉴别度。进行项目内部一致性分析，计算出克隆巴哈系数内部一致性系数，系数值为 0.848，具有较高的信度。然后进行探索性因子分析，分析显示，KMO 与 Bartlett 检验中，KMO 值为 0.918，Bartlett 球形检验中的卡方值 = 2443.216（P = 0.000），df = 105，表现极其显著，探索性因素分析提取了 2 个特征根大于 1 的因子，这 2 个因子的累积解释变异量为 49.257%。探索性因子分析结束，这 15 个题项构成了"道德品质"这一评价指标的测量分量表。

表 5 – 12　　"道德品质"分量表的变异量解释度

成分	初始特征值			提取平方和载入			旋转平方和载入		
	合计	方差的百分比(%)	累积百分比(%)	合计	方差的百分比(%)	累积百分比(%)	合计	方差的百分比(%)	累积百分比(%)
1	6.175	41.167	41.167	6.175	41.167	41.167	4.262	28.416	28.416
2	1.213	8.089	49.257	1.213	8.089	49.257	3.126	20.841	49.257

（7）心理素质（学习毅力）

心理素质包含多个层面的内容。根据另外一项对大型企业的调研数据显示，"吃苦耐劳品质"是与企业对员工的肯定性评价具有最稳定的正相关关系的优秀品质，因此，本研究把"吃苦耐劳"作为衡量中职生优秀品质的核心指标。在心理素质的考量方面，以"毅力"测量作为中职生心理素质的考核观测点考量。学习意志力（Grit）最早出现在美国宾夕法尼亚大学的心理学家 Angela L. O. Duckworth 研究并提出的简式意志力问卷（Grit-S）中，问卷共有 8 个题目，运用 5 等级评分标准，即从 1（一点也不像）到 5（完全像）。本研究中采用简式意志力问卷（Grit-S），其克隆巴哈内部一致性系数为 0.7（P = 0.00 < 0.001），显著。

3. 学生群体发展结果的质量检验工具

中职学校发展的调查，主要采用学校汇报、学生追踪调研的形式进行资料的收集。

（1）辍学率

辍学率主要通过问卷调查和访谈追踪学生的去向，结合学校汇报进行计算获得。

（2）获奖情况与双证率

该项指标主要从学校的教务部门、学生管理部门获得，结合学生问卷进行分析与整理。

（3）就业质量

就业质量采取学校汇报学生就业情况和追踪三年内的部分毕业生获得，通过问卷调查的形式进行，通过电话、微信、QQ 或邮件等联系方式发放问卷，综合了毕业时掌握的基本工作能力满足度、就业现状满意度、专业相关度、月收入、离职率这五项指标。

毕业生基本工作能力满足度：毕业时掌握的基本工作能力水平满足社会初始岗位的工作要求水平的百分比，100% 为完全满足。满足度计算公式的分子是毕业时掌握的基本工作能力水平，分母是工作要求的水平。

就业现状满意度：毕业生对自己的现状进行满意度打分，是毕业生的主观判断指标，代表着毕业生对就业的满意程度。就业人群包括："受雇全职工作""受雇半职工作""自主创业"。

专业相关度：就业岗位和工作与专业之间的吻合度。

月收入：毕业半年后的月收入。

离职率：指毕业生毕业一年内的离职情况，包括主动离职和被动离职。

4. 数据收集流程的质量控制

（1）调研员的组织与培训人员安排

选取教育学专业的在读研究生作为调研员，并对调研员进行规范培训，发放调研手册，调研时采取标准化流程进行测试和资料收集。

（2）调研过程

组织调研员进入学校进行测试、观测和资料收集，邀请被评学校教师、教务处专家进行访谈。为了保证评价结果的可比性，运用本评价指标系统对3所学校的计算机专业一年级、二年级和三年级的学生进行抽样调查。

第一，评价节点的选定。

①在校生评价时间节点的把握：每年的5月中旬进行调研。

②毕业生评价时间节点的把握：毕业生毕业1年或2年进行电话回访。

第二，评价主客体的关系处理。

①评价组织的内部关系处理。保证调研数据的客观性，学校对调研数据不予干预，保证学生与班主任、任课教师、管理人员如实填答问题。

②评价组织与评价学校的关系处理。采用第三方科研机构的身份进行调研，保障研究的中立性。

四 检验结果与分析评价

1. 检验结果

运用模糊综合评价法比较教学质量不同的3所学校的学生发展情况，教育质量评价结果显示：A校综合得分5.4604；B校综合得分5.1604；C校综合得分5.8459。采用百分制表示3所学校的综合得分，分别为：A校综合得分78分；B校综合得分75分；C校综合得分84分。

2. 分析评价

（1）评价指标体系的资料可获得性

教育质量评价活动需要收集与教育质量指标相关的评价信息，并据此对教育质量与水平作出事实判断和价值判断。这就需要一整套评价信息收集方法和评价技术，提高资料信息的可获得性。本研究的评价过程主要采用问卷调查与测量、调查表、访谈、观察、教师日志等形式收集评价信息，确保评价资料完善。

在资料收集时，较容易获得的信息是学生行为、心理特征、学业知识发展、获奖情况、辍学率、就业率等信息，较难获得的信息是学生技能发展现状、学生职业素养、就业质量、就业发展前景等信息。

（2）评价指标体系的目标达成度

质量评价指标体系的达成度从评价指标的合理性与鉴别程度方面进行分析。

①评价指标体系的有效性。评价指标体系的有效性主要表现在两个方面，一是评价的内容能够准确反映评价对象的本质特性，覆盖评价内容的关键指标和核心指标；二是评价结果符合制定评价指标体系的理论构想，也就是评价指标体系的内容效度与结构效度。内容效度一般指该评价指标体系对准备评价的内容或行为范围取样的适当程度，对内容效度的鉴定采用定性的逻辑分析法。本研究在确定中等职业教育质量评价指标体系及评价标准体系时，主要运用的是专家咨询评判法，经过专家的多次判断获得了较高的一致性结果，评价指标的效度比较高。为了进一步鉴定该评价指标体系内容效度，采用"元评价"的形式，对整个指标体系反映教育质量的程度进行再评价。抽取调研学校的30名参与教育质量评价的教师和学生管理人员（以任课教师、班主任、学生处和就业办、教务办公室的管理者为主），发放评判问卷（附录11），考察他们对该指标体系的认可程度。结果发现，教师和管理人员对该评价指标体系的认可度较高，平均分为92分，标准差为0.523，教师、班主任、管理人员之间的评价无显著差异（$F=2.691$，$P>0.05$）。从整体来讲，以学生发展为核心的中等职业教育质量评价指标体系比较合理，效度较高。

②评价结果与学校名誉之间的关联程度。将学校的知名度和教育质量呈正相关的理论结论作为检验原理，即学校教育质量和学校的声誉品牌价值的变动方向保持一致。因此，所选取学校样本的教育质量

排名和学校的荣誉排名一致性程度越高,说明本书构建的衡量教育质量的指标体系越具有合理性。从3所学校的名誉和实力来看,A校为国家级示范学校、B校为一般职业学校、C校为国家重点技工学校,评价结果和整体排名较为一致。

第二节 中等职业教育质量评价指标体系的影响效应检验

一 检验目的与检验设计

检验以学生发展为核心的中等职业教育质量评价体系对中职学校教育质量发展的影响、影响程度等。

本部分借助河南大学教育行动国际研究中心与河南省教育厅的《中等职业教育质量评估项目》进行研究[①]。为了更详细地检验以学生发展为核心的中等职业教育质量评价指标的影响效应,本研究选择其中的10所学校进行追踪和深度访谈,从干预学校中随机选择5所中职学校,告知学校该评价指标体系,并与学校管理者、教师、学生进行交流,反馈评价信息,实施干预措施;采用匹配形式在控制组学校中随机选择了5所中职学校,这5所学校作为控制组,只进行阶段性调研,没有明确告知要以学生为核心进行学校教育质量评价及评价的相关措施。研究对象主要是计算机专业的学生,采用关键指标法对中职生发展情况进行检验,同时检验该评价指标体系在实践中是否能引起重视、是否能真正促进中职学校的教师和管理层的教学与管理行为的变化。

---

① 备注:该项目以河南省为主进行样本抽取,样本选择主要依据河南省各市经济发展水平和经济发展特征,采取分层随机抽样的方法,对2012年各市人均GDP进行排序,抽取郑州、新乡、许昌、洛阳等工业强市和开封、周口、商丘等以农业为主的城市,主要选择计算机和数控专业一、二年级学生作为测试对象,共抽取118所中职学校。项目于2013年10月进行基线调查,2014年4月进行追踪评估调查,在省教育厅的大力支持下,召开了中等职业教育人才培养质量评估与提升试点工作会议,强调第三方团队的评估的重要性。

第五章 中等职业教育质量评价指标体系的实证检验

二 检验样本与检验方法

为保护中职学校的名誉，对10所学校实行匿名代码，实验组学校分别为A校、B校、C校、D校、E校，对照组学校分别为F校、H校、I校、J校、K校。

1. 师资状况

表5-13　　　　　　　实验组和对照组学生与师资状况

	实验组					对照组				
	A	B	C	D	E	F	H	I	J	K
学校规模	1900	343	3410	4100	4598	2600	1355	5344	7521	450
教师总数	80	58	328	188	296	150	173	73	300	23
本科及以上	70	50	247	175	270	147	145	135	250	23
大专	10	3	63	0	26	3	6	8	0	0
双师型	15	8	68	122	296	50	60	130	263	2
专业课	50	28	115	129	186	67	52	89	291	13

2. 教学设备状况

表5-14　　　　　　　实验组和对照组教学设备状况

类别	实验组					对照组				
	A	B	C	D	E	F	H	I	J	K
教学仪器设备总价值（万元）	260	100	380	600	359	432	2015	800		150
实训设备总价值（万元）	200	200	500	1000	3000	232	1890	1500	1350	60
教学用计算机台数（台）	400	150	300	500	1380	732	860	680	700	200
自有实训基地面积（平方米）	1000	500	1400	2000	1432	1200	6546	6000	5000	2000

· 193 ·

3. 学生发展基础情况

（1）认知发展水平

中职生主要来自初中，他们的数学学业水平是学习专业课程的基础，将实验组与对照组的一年级的数学成绩作为学业基础进行对比，进行独立样本 T 检验后发现，学生的学业基础基本一致（T = -0.273，P = 0.785，P > 0.05），无差异性。

表 5-15　基线测试中实验组和对照组认知发展差异性检验结果

组别	观测对象	均值	标准误	标准差	T	Sig
对照组	238	17.664	0.395	6.093	-0.273	0.785
实验组	248	17.815	0.386	6.078		
combined	486	17.741	0.276	6.079		
diff		-0.151	0.552			

（2）非认知发展水平

学生的非认知能力既是影响学生发展的重要因素，也是学生发展结果的重要表现，对实验组与对照组的学生的非智力发展水平（以学习毅力为例）进行比较，独立样本 T 检验后发现，学生的非认知能力发展基本一致（T = -0.401，P = 0.689，P > 0.05），无差异性。

表 5-16　基线测试中实验组和对照组非认知发展差异性检验结果

组别	观测对象	均值	标准误	标准差	T	Sig
对照组	403	27.442	0.211	4.226	-0.401	0.689
实验组	330	27.567	0.229	4.164		
combined	733	27.498	0.155	4.196		
diff		-0.125	0.312			

4. 分析方法

采用准实验研究收集数据，数据处理运用 Stata14.0，统计推断方式有独立样本 T 检验、相关样本 T 检验、卡方检验、多元线性回归等，以检验评价指标体系的影响效应。

三 检验工具与数据收集

在对中等职业学校教育质量的评价中，评价材料的收集是非常重要也很烦琐的问题。主要通过两种途径收集数据资料。

1. 采用政府和学校现有数据材料。教育主管部门每年都要进行统一的学业测试、技能测试、教学诊断等，并形成了相应的数据库，评价中涉及的一些指标可以从数据库中抽取，作为该体系的评价指标的数据支撑材料，另外学校自评汇报的数据资料也是数据来源之一。

2. 运用第三方评价的模式获得数据资料，或者通过研究者涉及的测试工具获得数据资料。可汇总多个途径获得的数据资料，形成教育质量评价的数据支撑材料和报告。

四 检验结果与分析评价

1. 对学生发展过程个体行为的影响

（1）对课程学习行为的影响

①学习时间投入

对课后做作业的时间投入进行比较。先对实验组的学生在实施干预前后的时间投入进行比较，发现实施干预后学生用于完成作业的时间每天增加了近 25 分钟，T 检验分析差异显著（T = -2.411，P = 0.017，P < 0.05）。然后对实验组和对照组课后做作业的时间投入进行比较，结果发现，实验组的学生每天用于做作业的时间比对照组的学生做作业时间增加近 20 分钟，在 0.10 水平上差异显著（T = 1.846，P = 0.065，0.05 < P < 0.10）。实验组与对照组及实验组在干预前后比较结果说明，以学生发展为核心的中等职业教育指标体系的评价措施有利于促进学生课外学习时间的增加。在对教师与学生的访谈中也发现，实验组的学校接受评估后，开始重视教师教学工作，也开始重视学生的学习状态。例如，有老师表示："学校进行教育教学

改革后,对教师教学情况进行监测,其中包括学生作业情况,教师的批改与反馈情况等,教师也很认真地执行""给学生多布置课堂上的内容进行练习,一一进行反馈,甚至当面批改作业""开放了实验设备让学生多多练习"。学生也表示:"老师布置的作业比原来要多一些,要求也高一些""有些老师要求当天交作业""老师要求比较严格""老师既然要求了,又追着要,当然要做了""平时作业与期末成绩评优奖先挂钩""考试比原来严格了,需要多做作业"。从访谈中可以看出,以学生发展为核心的中职教育质量评价实施后,学生课后学习时间显著增加。

表5-17　　实验组课后作业时间干预前后差异性检验结果

变量	配对数	均值	标准误	标准差	T	Sig
前测水平	124	2.323	0.153	1.709	-2.411	0.017
后测水平	124	2.730	0.136	1.519		
diff	124	0.407	0.169	1.881		

表5-18　　实验组和对照组课后作业时间差异性检验结果

组别	观测对象	均值	标准误	标准差	T	Sig
实验组	417	2.524	0.069	1.403	1.846	0.065
对照组	389	2.317	0.089	1.763		
combined	806	2.424	0.056	1.589		
diff		0.299	0.116			

②网络游戏时间

对学生一天平均在电脑或手机玩游戏、聊天或看视频所花费的时间进行比较,实验组在实施干预前后的玩游戏时间进行差异性比较后,发现干预后学生用于玩游戏的时间显著减少,差异显著(T=2.658,P=0.009,P<0.05)。对实验组和对照组的玩游戏时间进行比较,结果发现,实验组的学生用于玩游戏的时间比对照组的学生用于玩游戏的时间少,差异极其显著(T=-3.977,P=0.000,P<

0.01)。实验组与对照组比较结果说明,以学生发展为核心的中等职业教育指标体系的评价措施实施后,实验组学生的玩游戏时间比对照组的学生玩游戏时间明显减少。对学生访谈中发现,在学校加强学习管理后,对学生的要求也开始严格起来,有学生表示:"老师要求我们多学习,严格限制玩手机的时间""课堂上不让带手机""感觉一直玩游戏也没有什么意思"。

表5-19 实验组学生上网时间干预前后差异性检验结果

变量	配对数	均值	标准误	标准差	T	Sig
前测水平	124	2.980	0.264	2.945	2.658	0.009
后测水平	124	2.100	0.211	2.353		
diff	124	-0.880	0.331	3.686		

表5-20 实验组和对照组学生上网时间差异性检验结果

组别	观测对象	均值	标准误	标准差	T	Sig
实验组	417	4.221	0.178	3.644	-3.977	0.000
对照组	388	5.333	0.217	4.282		
combined	805	4.757	0.141	4.001		
diff		1.112	0.280			

(2) 对师生交往情况的影响

①交流频率

对师生之间的交流情况进行比较,实验组在实施干预前后的师生交流情况进行差异性比较,发现干预后师生之间的交流情况增加,干预前测平均数为4.14,干预后测平均数为5.71,存在一定差异,但是不具有统计学意义上的显著性差异(T = -1.184,P = 0.239,P > 0.05)。对实验组和对照组师生之间的交流情况进行比较,结果发现,实验组的师生交流情况与对照组的师生交流情况的差异极其显著

(T=4.503，P=0.000，P<0.01)，说明实验组的教师与学生的互动交流更加频繁。

表5-21　实验组师生交流情况干预前后差异性检验结果

变量	配对数	均值	标准误	标准差	T	Sig
前测水平	122	4.492	1.700	18.782	-1.184	0.239
后测水平	122	6.098	1.291	14.256		
diff	122	-1.607	1.357	14.991		

表5-22　实验组和对照组师生交流情况差异性检验结果

组别	观测对象	均值	标准误	标准差	T	Sig
实验组	414	4.886	0.510	10.369	4.503	0.000
对照组	388	2.286	0.245	4.828		
combined	802	3.628	0.292	8.270		
diff		2.600	0.577			

②教师关怀

关于学生对教师的关心程度的感受进行比较，实验组在干预前后的感受进行差异性比较，发现干预后学生感受到教师的关心程度显著增加（T=-2.058，P=0.042，P<0.05）。对实验组和对照组对教师的关心程度的感受进行比较，结果发现，实验组学生的感受与对照组学生的感受差异极其显著（T=6.241，P=0.000，P<0.01），实验组的教师明显地更关心学生。对实验组的教师进行访谈，教师表示："重视学生成长，不仅要关注学习，还要与他们谈心""职校学生年龄较小，大部分又离家较远，需要教师的关心""学校也做出相关规定，多关心学生，多交流"。实验组学校的教师大多将与学生交往作为促进学生成长的重要手段，采用多种方式与学生交流。

表 5-23　实验组教师关心学生干预前后差异性检验结果

变量	配对数	均值	标准误	标准差	T	Sig
前测水平	124	2.105	0.053	0.596	-2.058	0.042
后测水平	124	2.234	0.057	0.639		
diff	124	-0.129	0.063	0.698		

表 5-24　实验组和对照组教师关心学生差异性检验结果

组别	观测对象	均值	标准误	标准差	T	Sig
对照组	417	2.295	0.028	0.565	6.241	0.000
实验组	389	2.039	0.031	0.602		
combined	806	2.171	0.021	0.596		
diff		0.256	0.041			

（3）对日常行为习惯的影响

对中职生的日常行为进行考察，主要从生活行为和学习行为进行调查和评价（由于表格较多，评价数据汇报表略，只汇报检验结果）。

①生活习惯

对实验组而言，在实施干预措施的前测与后测中，对学生是否有与教师顶嘴行为、是否有喝酒行为、是否有吸烟行为进行评价，结果发现实施干预前后学生的不良行为明显减少，发生了显著的变化。其中与教师顶嘴行为（$\chi^2 = 15.871$，$P = 0.000$，$P < 0.01$）、喝酒行为（$\chi^2 = 4.633$，$P = 0.031$，$P < 0.05$）、吸烟行为（$\chi^2 = 6.749$，$P = 0.009$，$P < 0.05$）、欺负同学（$\chi^2 = 4.384$，$P = 0.036$，$P < 0.05$），表明干预对不良行为的影响非常显著。从实验组与对照组之间的差异来看，发现实验组相较于对照组学生的不良行为明显减少，发生了显著的变化，其中与教师顶嘴行为（$\chi^2 = 18.233$，$P = 0.000$，$P < 0.01$）、喝酒行为（$\chi^2 = 39.935$，$P = 0.000$，$P < 0.01$）、吸烟行为（$\chi^2 = 53.922$，$P = 0.000$，$P < 0.01$）、欺负同学（$\chi^2 = 10.206$，$P = 0.001$，$P < 0.01$），表明干预对不良生活行为习惯的影响非常显著。

②学习行为习惯

在实施干预措施的前测与后测中,对学生是否有抄作业行为、是否有逃课行为、是否有考试作弊行为进行评价,结果发现实施干预前后学生的不良行为明显减少,发生了显著的变化,其中抄作业行为($\chi^2 = 13.736$,P = 0.000,P < 0.01)、逃课行为($\chi^2 = 21.496$,P = 0.000,P < 0.01)、考试作弊行为($\chi^2 = 23.916$,P = 0.000,P < 0.01)。从实验组与对照组之间的差异来看,结果发现实验组相较于对照组学生的不良学习习惯明显减少,也发生了显著的变化,其中抄作业行为($\chi^2 = 37.467$,P = 0.000,P < 0.01)、逃课行为($\chi^2 = 23.094$,P = 0.000,P < 0.01)、考试作弊行为($\chi^2 = 13.613$,P = 0.000,P < 0.01)。结果显示,干预对不良学习习惯的改善产生了非常显著的影响。

通过访谈和观察也发现这方面的变化,学校开始以学生发展作为工作重心,在日常管理、课堂考评等方面采取措施,学生的生活与学习习惯得到了很大改善,有教师表示:"中职生也是孩子,你怎么引导,他就怎么成长""一定的约束力的情况下,学生的生活行为也会随着规则变化""自从采取宿舍、教室内的纪律要求后并记录在案后,学生的习惯好多了""学生比以往认真了很多"。在课堂观察中发现,学生出勤情况、听课状态等都出现明显好转。

2. 对学生发展结果的影响

(1) 对认知能力发展的影响

本部分的影响效应分析以教育生产函数理论为依据构建分析模型,采用成绩和相应能力作为中职生的基础知识及能力的操作性定义,进而考察他们受到评价指标体系的影响。本部分主要采用跟踪数据进行预测,实验之前学生为一年级,实验之后学生为二年级,以二年级学生的成绩为因变量,以是否参与实验为自变量,控制变量为教师的关心程度、学习时间、一年级时的成绩等。

①对基础知识成绩的影响

实验组数学成绩的前测、后测差异性分析。通过相关样本 T 检验,结果显示,对于实验组而言,在实施评价体系干预之后,学生的数学成绩与前测成绩之间存在极其显著的差异（T = -4.223，P = 0.000，P < 0.05），如表5-25所示。

表5-25　　实验组数学成绩干预前后差异性检验结果

变量	配对数	均值	标准误	标准差	T	Sig
前测成绩	124	0.157	0.104	1.157	-4.223	0.000
后测成绩	124	0.634	0.087	0.967		
diff	124	-0.478	0.113	1.260		

数学成绩实验组和对照组的回归分析。该模型的拟合度 R^2 = 0.403，而且经检验，回归方程模型具有显著性（P = 0.000）。在0.01的显著性水平下，是否进行干预的回归系数显著（β = 7.817，P = 0.000，P < 0.01），在统计上具有极其显著性。就整体而言，实验组的中职生的数学成绩显著高于对照组的数学成绩，平均高出8分左右，如表5-26所示。

表5-26　　实验组和对照组数学成绩差异性检验结果

变量	回归系数	标准误	T	Sig
是否干预	7.817	0.731	10.700	0.000
了解学科程度	-0.027	0.356	-0.080	0.939
教师关心程度	0.415	0.584	0.710	0.479
学习时间	0.309	0.216	1.430	0.154
前测数学成绩	0.263	0.055	4.790	0.000
常数	9.010	2.531	3.560	0.000

数学能力增量实验组和对照组的回归分析。该模型的拟合度 R^2 = 0.216，而且经检验，回归方程模型具有显著性（P = 0.000）。在0.01的显著性水平下，是否进行干预的回归系数显著（β = 0.449，P = 0.000，P < 0.01），统计上具有极其显著性。就整体而言，实验组的中职生的数学能力增量显著高于对照组的数学能力增量，如表5-27所示。

表5-27　　实验组和对照组数学能力增量差异性检验结果

变量	回归系数	标准误	T	Sig
是否干预	0.449	0.115	3.900	0.000
了解学科程度	0.199	0.056	3.550	0.000
教师关心程度	-0.206	0.092	-2.240	0.026
学习时间	0.058	0.034	1.710	0.088
前测数学成绩	0.006	0.009	0.670	0.505
常数	2.727	0.399	6.840	0.000

②对专业知识成绩的影响

实验组专业知识成绩的前测、后测差异性分析。通过相关样本T检验，结果显示，对于实验组而言，在实施评价体系干预之后，学生的专业知识成绩与前测专业知识成绩之间存在极其显著的差异（T=-3.837，P=0.000，P<0.01），如表5-28所示。

表5-28　　实验组专业知识成绩干预前后差异性检验结果

变量	配对数	均值（Z）	标准误	标准差	T	Sig
前测成绩	107	0.227	0.098	1.020	-3.837	0.000
后测成绩	107	0.606	0.066	0.617		
diff	107	-0.380	0.099	1.000		

专业知识成绩实验组和对照组的回归分析。该模型的拟合度$R^2=0.50$，而且经检验，回归方程模型具有显著性（P=0.000）。在0.01的显著性水平下，进行干预的回归系数显著（β=9.530，P=0.000，P<0.01），统计上具有极其显著性，实验组的中职生的专业知识成绩显著高于对照组的专业知识成绩，平均高出10分左右，如表5-29所示。

表5-29　　实验组和对照组专业知识成绩差异性检验结果

变量	回归系数	标准误	T	Sig
是否干预	9.530	0.957	9.960	0.000
了解学科程度	0.372	0.476	0.780	0.435
教师关心程度	-0.402	0.777	-0.520	0.606
学习时间	0.354	0.274	1.290	0.198
前测数学成绩	0.131	0.079	1.660	0.097
前测计算机成绩	0.266	0.065	4.110	0.000
常数	15.514	3.538	4.380	0.000

专业能力增量实验组和对照组的回归分析。该模型的拟合度R^2 = 0.213，而且经检验，回归方程模型具有显著性（P=0.003）。在0.05的显著性水平下，进行干预的回归系数不显著（β = -0.190，P = 0.131，P > 0.05），实验组的整体专业能力的提升与对照组差异不显著，如表5-30所示。

表5-30　　实验组和对照组专业能力增量差异性检验结果

变量	回归系数	标准误	T	Sig
是否干预	-0.190	0.125	-1.520	0.131
了解学科程度	0.090	0.051	1.770	0.079
教师关心程度	-0.216	0.083	-2.600	0.010
学习时间	0.075	0.029	2.570	0.011
前测计算机成绩	0.022	0.006	3.580	0.000
后测数学成绩	0.012	0.009	1.410	0.160
常数	3.109	0.384	8.110	0.000

③对专业技能发展的影响

该模型的拟合度R^2 = 0.2，经检验，回归方程模型具有显著性（P=0.002）。在0.05的显著性水平下，进行干预对学生专业技能发展起正向作用，但是回归系数不显著（β = 0.936，P = 0.181，P >

0.05)。就整体而言，实验组与对照组专业技能发展上差异不显著，如表5-31所示。

表5-31　　　实验组和对照组专业技能差异性检验结果

变量	回归系数	标准误	T	Sig
是否干预	0.936	0.695	1.350	0.181
了解学科程度	0.369	0.301	1.220	0.223
教师关心程度	-1.944	0.539	-3.600	0.000
学习时间	0.033	0.199	0.160	0.870
计算机成绩	-0.063	0.043	-1.470	0.143
数学成绩	0.107	0.058	1.860	0.064
常数	28.815	2.037	14.140	0.000

（2）对非认知能力发展的影响

①实验组非认知能力发展的前测、后测水平差异性分析

通过独立样本T检验，结果显示，对实验组而言，在实施评价体系干预之后，学生的非认知能力与实施干预前的非认知能力发展水平之间存在极其显著的差异（T=-2.784，P=0.006，P<0.01），如表5-32所示。

表5-32　　　实验组非认知能力发展干预前后差异性检验结果

变量	配对数	均值	标准误	标准差	T	Sig
前测水平	122	27.410	0.355	3.924	-2.784	0.006
后测水平	122	28.656	0.358	3.956		
diff	122	-1.246	0.448	4.943		

②非认知能力发展水平实验组和对照组的差异性

通过相关样本T检验，结果显示，对实验组与对照组比较发现，在实施评价体系干预之后，实验组学生的非认知能力水平与对照组的非认知能力发展水平之间存在极其显著的差异（T=7.172，P=0.000，P<0.01），如表5-33所示。

表 5 - 33　　实验组和对照组学生非认知能力发展差异性检验结果

组别	观测对象	均值	标准误	标准差	T	Sig
对照组	415	29.067	0.202	4.123	7.172	0.000
实验组	382	26.969	0.211	4.132		
combined	797	28.061	0.151	4.256		
diff		-2.099	0.293			

(3) 对辍学情况的影响

前测数据显示，对实验组与对照组的学生辍学情况进行分析，经卡方检验结果显示实验组与对照组在辍学率方面没有显著差异（$\chi^2 = 3.850$，$P = 0.05$，$P \geqslant 0.05$），如表 5 - 34 所示。

表 5 - 34　　干预前实验组和对照组学生辍学情况的差异比较

组别	是否辍学 否	是否辍学 是	总计
对照组	717	84	801
实验组	800	67	867
总计	1517	151	1668

实施干预后，实验组与对照组学生辍学情况经卡方检验结果显示，实验组与对照组在辍学率方面差异极其显著（$\chi^2 = 10.412$，$P = 0.001$，$P < 0.01$），如表 5 - 35 所示。

表 5 - 35　　干预后实验组和对照组学生辍学情况的差异比较

组别	是否辍学 否	是否辍学 是	总计
对照组	764	37	801
实验组	851	16	867
总计	1615	53	1668

实施干预后,对实验组的学生辍学情况进行分析,经卡方检验结果显示,干预前后在辍学率方面差异极其显著($\chi^2 = 32.913$,P = 0.000,P < 0.01),如表5-36所示。

表5-36　　　　实验组干预前后学生辍学情况的差异比较

变量	是否辍学 否	是否辍学 是	总计
前测表现	800	67	867
后测表现	851	16	867
总计	1651	83	1734

(4) 对就业情况的影响

就业情况主要追踪了2016年毕业生,主要通过电话回访、邮件联络等形式进行,由于跟踪样本的联系方式发生变化,调查人数相对较少。从总体来看,追踪内容包括其就业率、月收入、毕业时掌握的基本工作能力、职业吻合度、就业现状满意度、离职率等。结果发现,实验干预对学生的就业率和职业吻合度没有显著性影响,但是对学生的月收入、毕业时掌握的基本工作能力、就业现状满意度、离职率等产生了比较明显的影响。实验组的毕业生月收入、就业状况、就满意状况明显高于对照组,离职率相对低于对照组。

3. 对学校教学与管理的影响

本部分主要调查了10位校长(实验组与对照组各5位)、32位教师(实验组15位、对照组17位),并访谈了部分其他管理人员与教师。

(1) 对教师工作重点定位的影响

就学校希望教师工作关注的重点内容而言,在实验组和对照组中出现了较大的差异。比如在以下工作的选择中,按其重要程度进行排序结果如表5-37所示,实验组学校要求教师工作重点按重要性大小的排序是:提高学生专业知识水平、培养学生品行、提高学生文化基础知识水平、确保学生获得良好的实习工作经验、维持课堂或学校的纪律、招生、校企合作。对照组学校要求教师工作重点按重要性大小的排序是：提高学生专业知识水平、培养学生品行、招生、降低学生流失率、维持课堂或学校的纪律、校企合作、提高学生文化基础知识水平、确保学生获得良好的实习工作经验。可以看出，实验组学校把提高学生专业知识水平、培养学生品行、提高学生基础文化知识水平作为教师工作的前3个重点工作内容，也就是说把学生发展作为教师工作的重点，而招生任务等并没有作为教师工作的重心；而对照组学校把提高学生专业知识水平、培养学生品行、招生作为教师工作的前3个重点工作内容，从中可以看出，教师的工作重点虽然也放在了学生专业知识水平与品行的提升上，但是招生工作却也成为教师工作的重点内容。部分实验组表示：学校召开了教学改革大会，动员全体教师要注重教学，强调学校的生存发展要注重教学质量，学生发展好、就业好，学校才能有好的声誉与口碑，学生专业技能发展、实践经验、学习习惯、生活习惯的培养都要重视起来。教师表示："原来教师有招生任务，现在要求专心搞教学。"而对照组学校中，部分学校的教师仍然具有招生任务，教师表示："又要招生，又要教学，忙得不得了""本末倒置了"。

表5-37　　　　干预后教师工作的重点内容差异比较

选项	实验组 重要性	实验组 名次	对照组 重要性	对照组 名次
招生	3.400	6	5.176	3
维持课堂或学校的纪律	4.200	5	4.471	5
提高学生专业知识水平	6.733	1	5.824	1
提高学生文化基础知识水平	4.867	3	3.353	7
降低学生流失率	3.067	8	4.706	4
培养学生品行	5.800	2	5.765	2
确保学生获得良好的实习工作经验	4.667	4	3.235	8
校企合作	3.267	7	3.471	6

(2) 对学校与教师沟通内容的影响

学校针对学生基础知识和专业知识的提升方面，在与教师交流的过程中，实验组比对照组的交流内容更为广泛，实验组不但注重学生的态度，还非常重视学生的能力的发展情况。通过访谈发现，在实验组学校，为了提高学生基础知识水平和专业学习水平，学校与教师进行交流，从学生态度、学生能力、教师激励、管理者激励、企业支持与实习等方面进行更深入全面的探讨。有部分教师表示："学校或教研组多次进行研讨，讨论如何改变学生的学习态度""学校开始征询教师意见、增加实验设备""学校开始制定教师激励制度，鼓励教师进行教学改革"，如表5-38所示。

表5-38　干预后对学生基础知识提高问题的交流情况

选项	实验组 频次	实验组 响应(%)	实验组 个案(%)	对照组 频次	对照组 响应(%)	对照组 个案(%)
学生态度	12	17.65	80	11	22	64.71
学生能力	9	13.24	60	5	10	29.41
教师的态度	5	7.35	33.33	8	16	47.06
教师的能力	6	8.82	40	4	8	23.53
办学经费	5	7.35	33.33	1	2	5.88
仪器设备	4	5.88	26.67	5	10	29.41
评估体系	3	4.41	20	2	4	11.76
对教师的激励	8	11.76	53.33	2	4	11.76
对学校管理者的激励	4	5.88	26.67	1	2	5.88
科学合理的课程体系	5	7.35	33.33	3	6	17.65
学生家长的支持	2	2.94	13.33	1	2	5.88
企业的支持和充足的实习岗位	5	7.35	33.33	3	6	17.65
其他	0	0	0	4	8	23.53
总计	68	100	453.33	50	100	294.12

表 5-39　　干预后对学生专业知识提高问题的交流情况

选项	实验组 频次	实验组 响应(%)	实验组 个案(%)	对照组 频次	对照组 响应(%)	对照组 个案(%)
学生的态度	12	13.48	80	10	17.24	58.82
学生的能力	8	8.99	53.33	6	10.34	35.29
教师的态度	8	8.99	53.33	3	5.17	17.65
教师的能力	8	8.99	53.33	7	12.07	41.18
办学经费	5	5.62	33.33	2	3.45	11.76
仪器设备	9	10.11	60	8	13.79	47.06
评估体系	5	5.62	33.33	0	0	0
对教师的激励	9	10.11	60	4	6.9	23.53
对学校管理者的激励	3	3.37	20	0	0	0
科学合理的课程体系	8	8.99	53.33	9	15.52	52.94
学生家长的支持	6	6.74	40	0	0	0
企业的支持和充足的实习岗位	8	8.99	53.33	5	8.62	29.41
其他	0	0	0	4	6.9	23.53
总计	89	100	593.33	58	100	341.18

（3）对学校改进措施选择的影响

为促进学生基础知识发展，各校都进行了教学改革。研究发现，实验组学校的改进措施主要有：改变教学方法、更多地辅导学生、通过激励政策鼓励教师提高学生文化知识、改变课程设置、通过激励政策鼓励学生更好地学习文化知识水平、聘请更多或更好的教师来教授文化知识、配置更多或更好的设备用于教授文化知识等，且出现多样化现象。对照组学校促进学生学业发展的改进措施主要有：改变教学方法、改变课程设置、进行更多的教师培训等，相对于实验组而言主要存在两类显著差异：第一，对照组在实践中更少从学生本身出发进行教学管理的改革，而实验组则更多地从学生本身出发，从加强学生辅导、通过激励政策激发学习动机出发来促进学生的学业发展；第二，在选择促进学生学业发展措施的类型上来看，对照组中学校的发展措施类型相对较少，从选择频次上来看，被选中 7 次以上的实验组有 8 种措施类型，而对照组学校只有两种措施，主要集中在教学方法改革与课程设置方面，如表 5-40 所示。

表 5-40　　学校提高学生基础文化能力的措施情况

选项	实验组 频次	实验组 响应(%)	实验组 个案(%)	对照组 频次	对照组 响应(%)	对照组 个案(%)
和往年一样，没有新采取任何措施提高文化知识	1	1.23	6.67	1	1.92	5.88
教学时间更加注重文化知识	5	6.17	33.33	4	7.69	23.53
聘请更多或更好的教师来教授文化知识	7	8.64	46.67	1	1.92	5.88
配置更多或更好的设备用于教授文化知识	7	8.64	46.67	5	9.62	29.41
更多地辅导学生	11	13.58	73.33	2	3.85	11.76
更多的学生咨询	3	3.7	20	1	1.92	5.88
更多地与家长建立联系	5	6.17	33.33	3	5.77	17.65
改变教学方法	12	14.81	80	12	23.08	70.59
更多的教师培训	7	8.64	46.67	6	11.54	35.29
通过激励政策鼓励教师提高学生文化知识水平	8	9.88	53.33	3	5.77	17.65
改变课程设置	8	9.88	53.33	11	21.15	64.71
通过激励政策鼓励学生更好地学习文化知识	7	8.64	46.67	2	3.85	11.76
其他	0	0	0	1	1.92	5.88
总计	81	100	540	52	100	305.88

为促进学生的专业知识水平的提高，实验组学校的改进措施主要有：更多地与家长建立联系、更多的学生辅导、改变教学方法、通过激

励政策鼓励学生更好地学习专业知识、通过激励政策鼓励教师提高学生专业知识水平、教学时更加注重专业知识、配置更多的或更好的设备用于教授专业知识、聘请更多或更好的教师来教授专业知识等;对照组学校的改进措施主要有:改变教学方法、配置更多的或更好的设备用于教授专业知识、更多的教师培训等。二者在专业知识水平的改进措施方面也存在一定的差异,从选择频次上来看,实验组采取的措施类型较多,而对照组学校采取的措施类型相对较少,如表5-41所示。

表5-41 学校提高学生专业能力的措施情况

选项	实验组 频次	实验组 响应(%)	实验组 个案(%)	对照组 频次	对照组 响应(%)	对照组 个案(%)
和往年一样,没有采取任何措施提高专业知识	2	2.25	13.33	2	3.85	11.76
教学时更加注重专业知识	9	10.11	60	6	11.54	35.29
聘请更多或更好的教师来教授专业知识	8	8.99	53.33	2	3.85	11.76
配置更多或更好的设备用于教授专业知识	9	10.11	60	7	13.46	41.18
更多地辅导学生	10	11.24	66.67	4	7.69	23.53
更多的学生咨询	4	4.49	26.67	0	0	0
更多地与家长建立联系	10	11.24	66.67	1	1.92	5.88
改变教学方法	10	11.24	66.67	10	19.23	58.82
更多的教师培训	6	6.74	40	7	13.46	41.18
通过激励政策鼓励教师提高学生专业知识水平	9	10.11	60	4	7.69	23.53
改变课程设置	3	3.37	20	4	7.69	23.53
通过激励政策鼓励学生更好地学习专业知识	9	10.11	60	5	9.62	29.41
其他	0	0	0	0	0	0
总计	89	100	593.3	52	100	305.88

从中等职业教育质量评价指标体系投入评价活动后对学校的影响分析发现，以学生为核心的中等职业教育质量评价指标体系有利于促进学生的日常行为、学业成绩、身心发展、就业质量等方面的提升，同时，该指标体系也有利于调动学校管理者和教师培养学生的积极性，对中等职业教育质量的提高具有显著的推动作用。

从总体来看，以学生发展为核心的中等职业教育发展指标体系对学生发展过程、学生发展结果和学校管理措施的改进方面都产生了显著性影响。从学生发展的过程来看，强化该评价指标体系，学生投入完成作业的时间明显增加，网络游戏时间明显减少，师生互动交流更加频繁，教师的关心程度显著增加；学生日常行为明显改善，不良生活习惯诸如与教师顶嘴行为、喝酒行为、吸烟行为、欺负同学行为明显减少，不良学习行为诸如抄作业行为、逃课行为、考试作弊行为也明显减少，出勤情况、听课状态等都发生了积极改变。从学生发展的结果来看，基础知识成绩、数学能力增量、专业知识成绩、专业技能、专业能力增量都有了显著的有效改变，对学生的学习毅力也起到了很大的促进作用。实施该评价指标体系后，学生的辍学率明显降低。另外，跟踪毕业生发现，实施该评价指标体系对学生的月收入、毕业时掌握的基本工作能力、就业现状满意度等产生了积极影响。该评价体系对中职学校教学与管理的改进方面也产生了显著影响，教师工作重点定位，学校关注教师对学生基础知识、专业知识的教学，从学生态度、学生能力、教师激励、管理者激励、企业支持与实习等方面与教师进行更深入全面的沟通交流，通过改进教学方法、课程设置、更多地辅导学生、激励政策、教师培训等方式鼓励教师培养学生。

总之，实施以学生发展为核心的中等职业教育质量评价有利于中职生的生活行为习惯、学习行为习惯的改进，也有利于中职生的认知与非认知能力的发展，在中职生基础知识水平发展、专业知识水平发展、心理素质发展等方面起到了积极的促进作用，同时对学校的教育教学理念和工作重心也产生了显著影响。

第六章　中等职业教育质量评价的优化策略

从中国中等职业教育质量评价政策的演变历程来看，中等职业教育质量评价以外源性投入评价为主，呈现出"投入性"评价的路径依赖特征，学生发展处于评价的边缘。同时，受政策引导效应影响，现有的评价体系极大地推动了中等职业教育规模发展，但在一定程度上也阻滞了学校的内涵发展。尽管近期对中等职业教育质量评价方式进行了调整和改善，但是，这种"投入性"外延式评价政策的路径锁定特征依然很明显，中等职业教育质量评价政策并未完成真正转型，由外延评价模式向内涵评价模式的调适与变革依然在路上。为促进中等职业教育质量评价回归职业教育的本质，本研究构建了以学生发展为核心的中等职业教育质量评价指标体系，通过对中职学生发展过程和发展结果的评价，促进中职学校关注学生发展，改进教育管理方式，提升中等职业教育质量。

"教育评价是一个多因素、多变量的复杂系统，它涉及评价者、评价对象、评价目的、评价方案及评价方法技术等诸多方面"[1]，在研究中等职业教育质量评价指标体系以及在实践中运用的过程中，笔者深深地感受到以学生发展为核心的中等职业教育质量评价指标体系对中职学校教育的鲜明引导作用。实施以学生发展为核心的中等职业教育质量评价对中职学校的质量发展产生了显著的影响。基于此，结合本书的研究过程和研究结果，本章从评价指标体系应用时的关系处

---

[1] 程书肖：《教育评价方法技术》，北京师范大学出版社2010年版，第25页。

理和中等职业教育质量评价改革优化方面提出策略与建议。

第一节 评价指标体系应用时的关系处理

一 处理好定性指标和定量指标之间的关系

美国学者格朗兰德（N. E. Gronlund）提出了教育评价的基本公式"评价＝测量（量的记述）或非测量（质的记述）＋价值判断"[1]，这里涉及评价指标的量化处理和质化处理的问题。在评价过程中，指标测评不仅是检测问题，还涉及定性指标和定量指标的关系问题。进行指标体系构建时，全面收集指标的相关统计数据与资料，有利于提升评价结果的精准度。在实践中，定量指标和定性指标所反映的内容和侧重点各不相同。相对而言，定量指标具有数量化特征，比较精确；而定性指标则具有量化程度较低的特性，在考核学生成长的过程时，需要兼顾定性指标资料的收集。采用定量指标进行教育质量考核，在明确考核指标的情况下，简单明了、较易实施，量化的评价结果可以在个人、班级、学校之间进行比较。采用定性指标进行教育质量考核，可以对整个教育行为进行评价，适用的范围较广。因此，在实际操作中，需要针对教育质量表现的具体维度和指标特征选用合适的定量指标和定性指标。具体来说，对于教育结果评价来说，适宜采用以量化成分为导向的考核指标，即以定量指标为主、定性指标为辅；对于学生成长过程来说，适宜采用主要以学习过程为导向的考核指标，即定性为主、定量为辅。成长过程区别于成长结果，它不只是知识层面的学习，更重要的是对学生情感、能力等方面的成长要求，为避免评价方法单一，对学生的专业兴趣、专业技能、职业能力等领域，必须使用多种评价方法进行综合测量与评估。

在实际操作中，定性指标的评价容易受到评价主体的主观性限制，准确程度受到影响，也会影响评价结果以及对评价结果的认同度。因此，在收集有关指标的信息资料时，要根据实际情况将定性资

---

[1] 转引自陈玉琨《教育评价学》，人民教育出版社2008年版，第8页。

料与定量资料相结合，即在测评定量资料时，同时收集定性资料，然后对该指标资料进行综合分析，采用模糊评定的形式将定性资料转化为定量资料，使定性指标定量化。

二 处理好评价指标和测量工具之间的关系

在评价过程中，如何将质性、模糊性指标具体化、可测化、可操作化，也是在指标构建过程中需要考虑的问题之一。鉴于此，进行指标测度时，为了使评价过程更具操作性，主要采用定性和定量相结合的方法，并根据一定规则尽可能使指标量化。量化过程需要对评价指标进行测度，测量工具是不可缺少的要素之一，测量工具的质量直接影响对该评价指标的判断。采用什么样的工具进行指标测度是非常重要的问题，涉及测量工具的类型，信度和效度影响测量信息能否反映指标的真实情况。

技能或者心理现象具有难以表达、不易被模仿等特殊属性，对测量工具提出了更高的要求，在指标测试过程中需要更可靠的测量工具。对技能、心理现象的测量方法大致可以分为三类：一是开发目标人群的技能、心理量表，运用情境判断、行为判断、典型特征测验的方法对目标人群进行全面的测量和评价；二是采用项目实践、情境任务的形式通过目标人群的表现进行测量；三是根据技能、心理特征的内涵的定义，通过对被测人群及行业的理解，构建相应的测量内容层面，然后运用模糊综合评判的方法进行测量。由于各类方法的侧重点有所不同，可以依据测评对象的特点或者测评目的选取不同的测评方法，或者将两种或者两种以上的方法结合使用，使测量工具和测量指标之间的真实关系相匹配。

考试与测验主要采用测验试卷或量表以观察受试者的学习表现，同时显示出学生的技能、知识、情意等属性，然后通过评价，对事物的属性赋予意义，给予价值判断，这就需要对事物的准确性、实效性、经济性等方面进行掌控。中职生职业技能与职业能力应基于"刺激—反应"模式，即实施测评时应事先设计好实践项目为考生提供"刺激"，在实际操作情境中根据考生的"答题反应"的量化分析来确定考生的水平。比如，在进行专业技能测试时，为了更准确地描述学生专业技能发展状况，一方面采用了专业技能的统一考试成绩；另一方面通过学生的实践表现的自我汇报，采用自陈量表的形式测试学生专业技能的发展状况，此外，通过三角互证的形式判断学生的专业技能发展水平。为了保证专业技能自陈量表的信度和效度，在试测阶段，专业老师根据学生日常教学实践情境中的表现，检验学生专业技能发展状况进行打分、评价，对学生的真实技能与自陈量表的测量结果之间的相关性，保证学生专业技能发展情况和自我陈述结果高度一致。另外，为了全面考察学生专业技能发展水平，将职业技能竞赛等相关成绩也作为评价参考资料。科学、丰富多样的测量工具有利于为测量指标的判断提供更准确的支撑材料，使质量评价指标的判断结果更加接近于真实状况。

三 处理好评价主体与评价客体之间的关系

评价主体与评价客体间的关系处理实质上涉及了中等职业教育质量评价政策执行问题。政策执行是通过一定的方法，综合运用各种手段，为了实现政策目标而采取特定行为模式的过程，是将一种观念形态的政策方案付诸实施的一系列政策活动。由于执行主体存在主观意识、素质结构和利益倾向等，政策执行往往会出现人为的规避问题，如政策敷衍、政策附加、政策替换、政策缺损、政策照搬等严重问题。对政策执行过程中评价主体与评价客体的关系处理方式进行研究，有利于提升政策效率，可以有效防止"政策宣传不到位，公众不了解、不认同甚至不信任政策及其执行者""信息的分散和流失""政策执行者、目标群体敷衍、歪曲和抵制政策的内在冲动""下有对策、博弈对策"等情况的出现。

在中等职业教育质量评价的过程中，评价主体和评价客体的关系处理非常重要。在此过程中，表面上来看，政府和第三方组织是评价主体，学校、教师、学生是评价客体。而在实际的操作过程中，评价客体也兼具主观能动性。评价过程要充分发挥评价客体的主观能动性，尽可能系统、全面地揭示教育质量。以学生发展过程为例，虽然

第六章 中等职业教育质量评价的优化策略

自我汇报能够展现学生的学习状态和学习方式,但是,要全面揭示学生的学习过程表现,比如学生如何学习、他们在课程中学到了什么、取得了哪些成就和进展等,就需要从教师和学生多个角度进行考察。而从学生角度来说,考试成绩只是评价课程的好坏和评价教学质量优劣的手段之一,当教师作为评价主体、学生作为评价对象时,教师能够对学生的考试成绩即学习效果进行客观评价。因此,以教育质量为中心的多视角的多元评价模式,重视教师与学习者的评价主体地位,也需要秉持多元化原则,包含多元评价主体及多元评价方式。另外,教育质量评价中教师和学生主动积极地参与,能有效地发挥评价指标体系的导向作用。

第二节 以评价促发展的策略建议

一 评价目的要定位在以评价促发展

中等职业教育质量评价的目的是什么?为什么评价目的要定位在以评价促发展上?要回答这些问题,首先要厘清进行学校评价活动的目的。教育评价具有鉴别、诊断引导的功能,不同的评价活动,目的有所不同。教育研究者大胁康弘认为对学校进行评价的目的有四个:①诊断、改进学校;②指导、管理学校;③学校的基准认定;④学校的等级排序[1]。可以看出,评价活动的主要目的是诊断、改进、引导、判别、认定、排序等功能。有研究者认为,"评估是以改善为目的的系统地收集、分析和使用有关学生学习信息的过程"[2];也有研究者认为,"教育评价的目的不是为了对儿童进行排序或甄别,而是为了对教育实践进行反思,并加以修正和完善"[3]。评价不是一个静态的

---

[1] 钟启泉:《"学校评价"的作用与实践——与日本教育学者大胁康弘教授的对话》,《全球教育展望》2004年第12期,第4页。
[2] Theodore J. Marchese, "The New Conversations About Learning Insights From Neuroscience and Anthropology, Cognitive Science and Work Place Studies", in Assessing impact: Evidence and action, Washington, DC: American Association for Highereducation, 79–95, 1997.
[3] [日]田中耕治:《教育评价》,高峡、田辉、项纯译,北京师范大学出版社2011年版,第79页。

结果，评价是持续性的动态发展过程，评价过程的重点不在于对评价结果的甄别，而在于评价结果的反馈，注重对原有实践状态的改进。因此"评估体系不论是构建还是实施，最终目标始终坚持评估效果导向，把实现评估效果作为所有评估工作的着力点"[1]。

中国中等职业教育质量评价工作实际上主要表现为"程序性工作"，每年出台的教育质量年度报告，主要对职业教育阶段性的质量水平进行评定，倾向于静态性结果的判断。评定教育质量高低不是教育评价的终极目的。对于中等职业教育质量评价而言，评价起着风向标的作用，影响着被评价者的行为，从评价结果的后续效应上来看，被评价对象总是按照评价标准调节自己的行为，以便取得较好的评价结果。中等职业教育质量评价就像一只无形的手，释放出评价背后的价值观念，使其成为提高职业教育质量的重要抓手，引领着实践教学与管理中的价值选择与价值行为。因此，中等职业教育质量评价的终极目标要定位在以评价促发展上，通过质量评定，发现教育中存在的问题，促进中职教育质量提升。

可喜的是，中国中等职业学校评价的改革正由"办学水平评估""合格评估—选优评估""重点校遴选与鉴定评估""示范校遴选与鉴定评估"逐步转向以"质量保证体系诊断与改进"的发展性评价，出现了由甄别选拔、等级排序到促进发展的评价转变趋势。2015年6月《教育部办公厅关于建立职业院校教学工作诊断与改进制度的通知》（教职成厅〔2015〕2号）出台，将逐步在全国职业院校推进建立教学工作诊断与改进制度，全面开展教学诊断与改进工作。2015年12月、2016年4月，教育部职业教育与成人教育司发布《关于印发〈高等职业院校内部质量保证体系诊断与改进指导方案（试行）〉启动相关工作的通知》（教职成司函〔2015〕168号）和《关于做好中等职业学校教学诊断与改进工作的通知》（教职成司函〔2016〕37号），分别公布了《高等职业院校内部质量保证体系诊断与改进指导方案

---

[1] 刘磊：《职业教育系统化评估体系的构建与实践研究》，《职教论坛》2018年第2期，第40页。

第六章 中等职业教育质量评价的优化策略

（试行）》（以下简称《高职方案》）、《中等职业学校教学工作诊断与改进指导方案（试行）》（以下简称《中职方案》），"诊断与改进从教学工作现状入手，依据计划目标寻找问题，进而界定和分析问题，找出导致问题发生的原因，制订整改方案，致力于改进的过程"[1]。中等职业教育质量评价由甄别选拔转到改进发展，强调以评价促发展，从鉴定"合格教育的学校"、遴选"优秀教育的学校"转向"创造适合职业教育平台"，切实发挥学校的教育质量保证主体作用，不断完善内部质量保证制度体系和运行机制，实现教育评价的发展性功能，评价目的指向促进学生的发展，促进职业教育质量的提高。

要实现"以评价促发展"的评价目的，就要以评价活动为契机，充分发挥中职教育质量评价体系的引领作用，激发学校的内生性教育动力。

第一，要加强"以评价促发展"的评价目的与政策认同。政策认同是有效实现政策目标的重要前提和政策执行成功的关键因素之一，政策目标群体在利益和价值互动中了解与认同政策，使执行机构的价值取向与政策的价值尽可能趋于一致，才能实现政策的有效落实。Roger Hilsman[2] 认为，"政策认同是政策执行过程中最为关键的环节，一项政策如果令政策客体不认同或认同度低，其执行效果也会大打折扣"[3]。这就需要政策执行者与政策目标群体进行交流与沟通，传递政策信息、增进了解、统一认识的活动，使之相互配合，共同实现政策目标，要求达到政策价值认同、政策思想认同、政策行为认同，提升政策目标群体的政策认同度，只有思想上统一才能行动上一致，在政策执行中发挥"润滑剂"和"促动机"的作用。中等职业教育质量评价目的的实现，需要使"以评价促发展的"评价目的和理念融

---

[1] 刘海：《教学诊断与改进：职业院校质量提升的内生动力》，《职业技术教育》2016年第18期，第21页。

[2] ［英］哈特：《法律的概念》，张文显等译，中国大百科全书出版社1996年版，第196页。

[3] 吴鹏、付卫东：《免费师范毕业生政策认同度低的原因及应对策略》，《教育与经济》2016年第1期，第63页。

入中职学校的发展中,加强中职学校对评价目的的认同是评价执行过程不可缺少的环节。

第二,通过评价引导管理、教学、学习行为模式的改变。通过以学生发展为核心的质量评价活动,充分发挥激励效应,促进学校管理模式进行系统化改革,学校通过管理措施建立内部质量保证机制,将学校教育质量内部督导、课堂教学质量评价、学生行为评价等变为学校管理的常态,确保办学行为以学生的学习与成长为中心。学校管理模式与重心的转移,有利于改变教师的教学行为和教学效果。

第三,通过以学生发展为核心的中等职业教育质量评价活动,引导教师重视教育教学活动,规范教师教学行为,并通过学校加强教学质量评估,对教师备课情况、课堂讲授情况、教学效果等进行引导,逐步形成良好的教学方法、产生良好的教学效果。另外,要以评价激发学生的学习热情。在以学生发展为核心的质量评价中,学生成为评价的中心,这就要求调动学生学习的积极性。对于学生而言,可以制订学习的评价方案,评价包括他们的日常表现如课堂状态、作业次数、作业质量、出勤情况、实践参与情况等。在尊重学生每次课堂、每个阶段的表现和所付出努力的基础上,加强考试纪律要求,采取日常表现与终结评价相结合的形式,调动学习的热情,促进学生成长。

二 评价取向要重视过程与产出导向

中等职业教育质量评价的价值取向影响评价主体对评价标准、评价对象和评价方法的选择,对中职教育发展具有决定性的导向作用。但是,中国中等职业教育质量评价以资源投入为导向,对教育质量过程和质量结果的价值重视不够,偏离了教育质量的本质。重视过程与产出导向的中等职业教育质量评价取向有利于对职业教育的过程安排、目标设定、资源使用、效果显示进行全程监控,促使教师与学校管理者关注学生的日常表现和成长过程,关注教育教学的效果,提高教学效率。因此,中等职业教育质量评价应强调过程导向和产出导向,形成以过程型与产出型质量评价指标为主的评价体系,促进投入型评价模式向"过程—产出"型评价模式的转型。

第六章 中等职业教育质量评价的优化策略

首先，重视教与学的过程评价有利于优化学生成长的过程。以往的研究表明，活动参与、师生交往、生生交往会对学生发展产生积极的影响，有学者对义务教育后（11 年级—12 年级）职业学校学生的研究发现，师生互动与教师关怀对学生在课堂学习上的积极态度有重要促进作用，教师人际行为与学生成绩之间存在很强的关联性，学生对师生人际行为的认知与学生的情感发展之间也存在着很强的关联性，教师在课堂上允许学生自主学习，进行指导并提出要求，更有可能提高学生的课程成绩[1]，即使是非正式师生互动对学生的学业整合和学习持续发展意愿也会产生正向影响[2]。学生之间的交往也在很大程度上影响学业发展。因此，课程学习过程、活动参与过程、师生交往过程、生生交往过程也成为中等职业教育质量评价的重要指标。重视过程性评价对学生成长过程的优化起到了重要作用。

另外，中等职业教育具有就业导向的特征，是过程导向的教育活动，注重学生在实践过程中的体验，强调在做中学，课程学习过程、活动参与过程、师生交往过程、生生交往过程是中职学生发展的基石。"从合规律性的角度来看，职业教育的主体是学生，学生的学习以及全部的学习过程的内在规律最终决定着学生的学习质量和职业教育的人才培养质量。人才培养质量构建的是知识、生活技能、态度和价值观并提供可持续发展的能力。所以，学生学习过程规律是职业教育质量评价体系构建的内在逻辑"[3]，重视过程性评价应是中等职业教育质量评价的基本取向。

重视中等职业教育的过程性评价，实质上反映了中国中等职业教育发展的阶段性和时代性特征。目前，中国中职教育的生源质量较差，目前中职学校吸引的大多数是来自农村、家庭经济社会地位条件

---

[1] Henderson, David G., Fisher, Darrell L., "Interpersonal Behaviour and Student Outcomes in Vocational Education Classes", *Learning Environments Research*, 11 (1): 19 – 29, 2008.

[2] Shepherd, Morgan M., Sheu Tsong Shin, "The Effects of Informal Faculty-Student Interaction and Use of Information Technology on Non-Traditional Students' Persistence Intentions and Educational Outcomes", *Journal of Higher Education Theory and Practice*, 14 (2): 46 – 60, 2014.

[3] 杨院：《职业教育质量评价体系构建的内在逻辑及其实现》，《中国高等教育评估》2014 年第 2 期，第 28 页。

不好、学业基础比较薄弱的学生,且大多数为留守儿童,在学习方面的"学生感"不强,这也导致在校生的行为习惯、学习方式等方面有待进一步改进,需要在教育过程中逐步加强。

其次,重视教育产出评价有利于促使中职教育活动回归教育目标。教育质量的最终表现是促进人的发展和促进社会的发展,教育促进人和社会的发展主要通过教育的两类产出体现:教育直接(内部)产出是指平等的受教育机会和一定质量的教育干预,能使受教育者个人在接受教育后增长知识和能力,养成良好的品行和价值观念,促进个人的发展;教育间接(外部)产出则是指由于知识、能力的增长及良好的品行、价值观等内部产出,使受教育者在劳动力市场和社会活动中获得更高的收入和地位,促进经济增长和社会发展[①]。在本质上,教育产出是教育活动带来的影响与结果,包括多个层面和形式。从"投入—产出"的关系上看,即需要使用和消耗资源(输入)产生相应的结果(输出)之间的关系,教育产出包括教育资源利用效率、教育的内部效益与外部效益、创造的社会价值等;从教育产出的表现载体上看,包括人才培养、学校效能、社会服务、科研成果等;从教育产出的标准上来看,包括产出的数量标准和质量标准。注重教育产出评价,实质上是将中等职业教育质量评价目标指向教育活动的成果,而非教育投入,因为教育投入不能代表教育质量水平。教育投入提供了物质条件、资金条件、环境条件和制度条件,是教育活动运行的基础与保障,没有教育投入,教育活动就会缺乏条件支撑,也很难会有教育产出。但是,教育投入和教育产出之间并非是绝对关系,高投入并非等于高产出,也就是说,投入的高效未必会带来教育产出的高效,教育投入多少不能代表教育质量水平的高低。

需要注意的是,教育产出数量与产出质量之间存在一定的关联,但并非等值关系。教育产出的数量往往表现为受教育年限、各类学历水平的人员数量、各级学校每年毕业学生数量、就业人数、科研成果数量等。教育产出的质量包含教育产出水平的高低,比如高收益、高

---

① 王善迈:《教育投入与产出研究》,河北教育出版社1996年版,第62页。

效率、高素质、高增进等，受教育者劳动能力或素质是教育产出质量的最直接表现。教育产出的数量并不等于教育产出的质量，当然，教育产出数量也不能代表教育质量水平。如果在教育质量评价中过分强调教育投入与数量的增长，将会使教育质量评价失去重心。

三 评价内容要坚持以学生发展为主

中等职业教育担负着培养高素质劳动者的重要任务，学生发展是教育质量之本，中等职业教育质量的核心理应是学生发展的质量，它是衡量职业教育质量的结果性指标[①]。在评价过程中，教育水平高低和效果优劣"最终体现在培养对象的质量上"[②]，因此，质量评价指标体系应以学生发展为主，这既是中等职业教育的本质要求，也是经济社会发展的要求，更是中等职业教育发展走出困境，促进教育公平的必由之路。

中职教育质量评价内容要"合教育评价的目的性"，而教育评价的目的要"合教育发展的目的性"。中职教育发展的目的是什么呢？这要从中职教育质量的合目的性谈起。保尔（Ball）认为，教育应是"合目的性"的活动，这一观点推动了人们对教育质量的进一步讨论[③]，"合目的性"成为职业教育质量的研究问题[④]。中等职业教育的目的是什么？"合目的性"究竟是合谁的目的？中职院校的办学水平及人才培养质量是一种"合目的性"价值追求或者说以"合目的性"为根本旨归，这种"合目的性"不是仅从一个利益主体的角度出发进行解读的，它是从多个相关利益主体得出的复合性"合目的性"。这种复合性的"合目的性"是促进"学生发展"的目的，其逻辑起

[①] 丁建石：《职业教育第三方质量评价的相关法律政策梳理及完善策略》，《中国职业技术教育》2017年第26期，第43页。

[②] 顾明远：《教育大辞典》（第一卷），上海教育出版社1990年版，第24页。

[③] Ball, C., *Fitness for Purpose: Essays in Higher Education*, Guildford: Society for Research into Higher Education & NFER-Nelson, 67, 1985.

[④] Stoneley, H. Elizabeth, "Fitness for Purpose in Vocational Higher Education: Relationship Between Entry Requirements and Student Attainment in Occupational Therapy Degree Programmes", *Comprehensive Psychiatry*, 22 (3): 239–248, 2002.

点是学生，逻辑终点也是学生，要促进学生成长，将学生培养成一个能立足于社会、有益于社会的人。正如黄炎培先生曾提出，职业教育的目的是为个人谋生之准备，为个人服务社会之准备，即对个人与社会来说，职业教育体现了教育的本体性目的和工具性目的。

中等职业教育质量评价内容要指向本体性目的与工具性目的，就要以学生发展为重点评价内容，评价中等职业教育的本体性目的与工具性目的的实现程度。一方面，评价中职学生发展的本体性目的是否实现。职业教育的办学主旨是加速学生身心发展与社会化的进程，提升学生的职业能力。中等职业教育中，学生在一定的环境中，在教师的指导下，通过一定的学习方式达到自我完善。确切来讲，中职生进入中等职业教育学校以后知识、技能、态度、情感、价值观等方面的表现或者增量是中等职业教育质量评价立场的"原点"与"基础"。另一方面，评价中等职业教育的工具性目的是否实现。职业教育具有鲜明的"职业"导向性，"职业"是职业教育的实践逻辑，是职业教育区别于以纯粹的知识、学术为目的的自由教育的根本所在，也是职业教育区别于指向岗位的企业培训的根本所在[①]。职业教育质量评价指向学生未来所从事的职业，要满足职业的需求，这是职业教育的社会性功能的体现，也是职业教育工具性目的的实现方式。

学生作为教育质量最重要的利益相关者，他们的成长和发展是教育质量的根本写照，中等职业教育质量评价应回归学生的立场、教育的立场，以学生发展为重点评价内容，一方面评价学生的知识、技能、态度、品行等发展状况；另一方面评价学生发展是否适应了社会的需要。因此，中等职业教育质量评价应从制度层面保证以学生发展为核心的政策价值取向，评价目标应全面彰显中职教育的"成人"的本体性功能与"成才"的工具性功能。

四 评价过程要确保循证的规范有效

在质量评价指标体系的推进过程中，收集、分析和使用信息资料

---

① 查吉德：《论职业教育的逻辑》，《职业技术教育》2010年第1期，第5—9页。

时，注重证据支持是不可缺失的环节。这里的证据支持主要从两个方面完成，一方面是理论证据；另一方面是实践证据。从理论证据上看，主要解决的是评估组织与学校对指标体系的理解问题，评价指标体系的构建以人为本的职业教育发展理念、兼顾评价发展过程和结果的现代评价理念、立足人力市场与工作分析的个体素质结构理念为基础，切合了职业教育的本质要求，也就使质量评价指标体系与中职教育的本质要求相吻合，提高了中职学校对评价指标体系的认可度。从实践证据上来看，要获得真实的评价信息，需要将评价指标体系转化为实际可测量可观察的高质量的评价工具，其中两个转变至关重要：一是将统一的评价指标框架转化为不同专业的评价工具，如根据框架转化出计算机专业、数控专业、学前教育专业或其他专业的评价工具，既符合框架统一性要求，在专业间保持概念等价与测量等价，又满足特定专业需要，是一个重大挑战；二是评价指标的数据来源具有多样化特征，需要根据证据的相关规则，一方面收集最佳证据；另一方面收集补充证据，然后根据证据资料对指标进行表现水平的衡量，即同一个指标，从测查学生、调查老师、班主任等方面通过正式考试或者学生自我体验与感受，多方面收集相关证据进行评价。

如何保障指标在评价对象间分配的合理性的同时做到不同对象间同一指标在概念与测量上的等价性也至关重要，必须遵守规范化的程序与质量要求，评价工具编制要体现规范性和实用性，确保评价框架在不同学科间、不同年度间、不同专业间使用的"高保真"。例如，先以典型专业为例，深入分析将统一的评价框架转化为该专业评价工具的具体过程，再结合不同专业的实际情况和特点，转化为适用于不同专业、不同学科的高质量评价工具。对于难以获得的指标信息，比如学生技能获得情况等，存在技术和经济可行性方面的困难时，可采用实际操作、课程成绩、学生会考成绩、学生专业技能发展量表的形式进行测量。学生的就业质量、职业素养等指标也比较难获得，可采用追踪形式，对学生的就业质量和发展情况进行数据收集。研究证明，对证据信息的分析与鉴别的合理性与科学性，能够有效保障评估结果的真实性。因此，评价过程要保证循证的规范有效，做到循证规范、数据可靠、过程科学、结果可靠。

五 评价主体要加强第三方评价力量

第三方评价有利于保障评价结果的客观性，加强第三方评价力量参与评价活动，既是评价实践的现实需求，也是职业教育质量评价的政策趋势。2011年教育部《关于充分发挥职业教育行业指导作用意见》中提出，要形成企业、其他社会力量、教育行政部门及职业学校多方参与的，基于能力水平和贡献大小为指针的职业教育质量评价体系，逐步建立起以行业企业为主导的职业教育第三方评价机制。2014年教育部《现代职业教育体系建设规划（2014—2020年）》中明确要求，推进职业教育体系内管、办、评分离改革，完善学校、企业、研究机构和其他社会组织共同参与的教育质量评价机制，积极鼓励和支持符合条件的第三方专业组织进行职业教育质量评价。2015年教育部出台的《关于深入推进教育管办评分离促进政府职能转变的若干意见》明确提出，要大力支持各类有资质的专业机构及社会组织进行规范化的教育评价。

由于第三方评价具有独立性、专业性、中立性和公正性的特点，使得这种形式的评价的应用成为一种国际化的发展趋势[1]。中职教育质量评价中第三方评价模式的引入有比较重要的意义，一方面，它打破了原有的职业教育政府评估模式的局限性，有利于解决单一政府评价的角色冲突，避免政府作为中等职业教育质量评价单一主体，陷入既是"运动员"又是"裁判员"的困境；另一方面，由于第三方评价机构具有独立性、专业性、中立性和公正性的特点，拥有专业化的组成人员，在指标设计、权重分配、资料收集、分析评估方面都具有独特的优势，第三方评价力量的参与，有利于提高质量评价的专业性、效率性、客观性、科学性和公正性，也有利于从客观的立场鉴别信息和形成改进方案，为政府管理与政策改进提供科学依据，提升政

---

[1] 冯虹、刘国飞：《第三方教育评价及其实施策略》，《教育科学研究》2016年第3期，第43—47页。

第六章 中等职业教育质量评价的优化策略

府教育管理的科学性。

但是,由于政府是权力的集中者,政府评价权威效应与光环效应比较强,所以各行各业皆以"官"字为尊,唯"官"是从,对民间第三方评价存在排异性而对政府的评价不敢懈怠[1],多数学校受中国行政权力支配社会的传统观念影响,重视政府性的评估和官方表彰而轻视民间组织,第三方评估的社会认知度低[2]。要加强第三方评价力量的参与,就需要为政府职能部门提供协调、监督的作用,需要构建"政府—第三方评价"协同合作的混合教育质量评价模式。"政府主导—第三方评价参与"协同的混合教育质量评价模式可以从制度上确立第三方评价的主体地位和权威性,从管理上确立第三方教育评价机构的行业标准、准入资质,从责权上明确政府部门与第三方组织的责任与义务。在政府权力下放,行政支持,具体评估过程不干预评估的条件下,有利于推进中等职业教育质量评估。

总之,中职教育质量发展需要管理主体即政府管理部门的开放心态,评估主体即评估机构的科学中立立场,质量主体即被评学校的积极参与,以及受益主体包括学生、家庭、企业的主动关注,同时,促进第三方评价力量参与质量评价。在评价过程中,注重协商共建,反馈追踪,充分发挥教育质量评价的引领作用,促进中职教育质量的提高。

---

[1] 王冀生:《我国高等教育评估》,东北师范大学出版社1993年版,第12页。
[2] 丁建石:《第三方参与职业教育质量评价的现状、问题及法律政策建议》,《职业与教育》2017年第20期,第26页。

附　　录

附录1　中职教育质量与学生发展访谈提纲

您好！本次访谈旨在了解您对中职教育质量和中职学生发展的看法，您的观点和意见非常重要，谢谢您接受访谈。

1. 您认为要评价中职教育质量，主要从哪些方面进行评价？您认为有质量的中职教育表现在哪些方面？
2. 您认为所在学校中职学生的质量如何？
3. 您认为应该用什么指标测评中职学校教育质量？
4. 您认为是否认可用中职学生的质量衡量中职学校教育质量？
5. 您了解国家对中职学生的培养目标是什么吗？
6. 您了解教育部对中职学生能力的要求吗？
7. 您认为中职学生发展情况主要表现为哪些方面？
8. 您是如何评价中职学生发展的好坏？有哪些标准或者指标？

附录2　中职教育质量评价体系专家咨询问卷（第一轮）

尊敬的专家，您好！

本问卷旨在为中等职业教育以学生为中心的质量评价体系，希望您能提供专家意见。您的修改意见非常重要，请您根据题目说明填答。非常感谢！

1. 您从事的工作：A. 教师　B. 行政管理　C. 企业管理

2. 您的教龄或工作年限：A. 5 年以下 B. 6—15 年 C. 15 年以上

3. 您的职称或职务：_____

4. 您的学历：A. 本科以下 B. 研究生以上

5. 您的工作单位：A. 高校、科研机构 B. 中职学校 C. 政府管理部门 D. 企业

6. 您进行该评价方案判断时的主要依据是：

A. 实践经验 B. 理论分析 C. 对国内外同行的了解 D. 直觉

7. 您对中职教育质量这一问题的熟悉程度：

A. 非常熟悉 B. 熟悉 C. 一般 D. 不太熟悉 E. 不熟悉

8. 您贵姓：_____

9. 您的联系方式：_____

评价层面	评价维度	评价指标	专家评价				评价指标观测点	专家评价			
			适合	修改后适合	不适合	非常重要	重要	不太重要		适合	修改后适合	不适合	非常重要	重要	不太重要
学生层面	学习经验过程	师生交往							A1 课外交往 A2 课内交往						
		同学交往							A3 课内交往 A4 课外交往						
		课程学习							A5 上课情况 A6 作业情况 A7 出勤情况						
		活动参与							A8 专业竞赛活动 A9 课外活动						
		行为习惯							A10 学习习惯 A11 生活习惯						
	个体发展表现	通识知识							B1 语文知识与素养 B2 数学知识与素养 B3 英语知识与素养 B4 信息技术知识与素养 B5 科学知识与素养						

续表

评价层面	评价维度	评价指标	专家评价				评价指标观测点	专家评价			
			适合	修改后适合	不适合	非常重要	重要	不太重要		适合	修改后适合	不适合	非常重要	重要	不太重要
学生层面	个体发展表现	专业知识							B6 核心专业课成绩						
		专业技能							B7 专业课技能成绩 B8 专业实践成绩						
		心理素质							B9 学习毅力 B10 自信心						
		道德品质							B11 道德品质 B12 法制观念 B13 纪律观念						
		职业能力							B14 职业道德 B15 职业认同 B16 职业承诺 B17 表达交流能力 B18 合作能力 B19 创造力						
学校层面	群体发展表现	保有情况							C1 辍学率						
		证书情况							C2 获奖情况 C3 毕业情况 C4 职业资格证情况						
		就业情况							C5 就业率 C6 对口就业率 C7 毕业生薪酬 C8 毕业生发展前景 C9 升学情况						

附录3 中职教育质量评价体系专家咨询问卷（第二轮）

尊敬的专家，您好！

本问卷旨在构建以学生发展为核心的中职教育质量评价指标体系，希望您能提供宝贵意见。您的修改意见非常重要，请您根据题目说明填答。谢谢！

填答说明：以中职学生发展为核心的教育质量评价指标体系在综合了中等职业教育理论、中等职业教育特征、前期访谈、初期专家咨询的基础上构建而成，希望通过这些指标来评价中职教育的质量问题。请您根据实际情况评判指标是否重要、指标是否合适等，谢谢您的宝贵意见！

（温馨提示：用鼠标点击选项前的方框"□"即可出现"√"，若要改选答案再次点击方框即可取消。）

一 基本信息

1. 您从事的工作（可多选）：

□A. 文化基础课教学　□B. 专业课教学　□C. 行政管理

2. 您担任班主任工作吗？

□A. 是　□B. 否

3. 您的教龄或工作年限：□A. 5年以下　□B. 6—15年　□C. 15年以上

4. 您的职称或职务：＿＿＿＿＿＿

5. 您的学历：□A. 本科及以下　□B. 研究生及以上

6. 您的工作单位：□A. 高校、科研机构　□B. 中职学校 □C. 政府管理部门　□D. 企业

7. 您进行该评价方案判断时的主要依据是（可多选）：

□A. 实践经验　□B. 理论分析　□C. 对国内外同行的了解 □D. 直觉

8. 您对中职教育质量这一问题的熟悉程度：

□A. 非常熟悉　□B. 熟悉　□C. 一般　□D. 不太熟悉 □E. 不熟悉

9. 您从事的工作领域？

□A. 以科研为主　□B. 以教学为主　□C. 以行政管理为主 □D. 其他

二 请您对指标的适合性和重要性进行评价，根据您的判断结果在相应的选项前的方框内答"√"（后面附有指标说明）

评价层面	评价维度	专家评价结果（请专家选择）	评价指标	专家评价结果（请专家选择）	
				该指标的适合性	该指标的重要性
学生就读过程		□A. 非常重要 □B. 重要 □C. 不太重要	课程学习	□A. 适合 □B. 不太适合 □C. 不适合	□A. 非常重要 □B. 重要 □C. 不太重要
			活动参与	□A. 适合 □B. 不太适合 □C. 不适合	□A. 非常重要 □B. 重要 □C. 不太重要
			行为习惯	□A. 适合 □B. 不太适合 □C. 不适合	□A. 非常重要 □B. 重要 □C. 不太重要
			出勤情况	□A. 适合 □B. 不太适合 □C. 不适合	□A. 非常重要 □B. 重要 □C. 不太重要
			师生交往	□A. 适合 □B. 不太适合 □C. 不适合	□A. 非常重要 □B. 重要 □C. 不太重要
			同学交往	□A. 适合 □B. 不太适合 □C. 不适合	□A. 非常重要 □B. 重要 □C. 不太重要
发展结果	个体发展结果	□A. 非常重要 □B. 重要 □C. 不太重要	通识知识	□A. 适合 □B. 不太适合 □C. 不适合	□A. 非常重要 □B. 重要 □C. 不太重要
			专业知识	□A. 适合 □B. 不太适合 □C. 不适合	□A. 非常重要 □B. 重要 □C. 不太重要
			专业技能	□A. 适合 □B. 不太适合 □C. 不适合	□A. 非常重要 □B. 重要 □C. 不太重要
			心理素质	□A. 适合 □B. 不太适合 □C. 不适合	□A. 非常重要 □B. 重要 □C. 不太重要
			道德品质	□A. 适合 □B. 不太适合 □C. 不适合	□A. 非常重要 □B. 重要 □C. 不太重要
			专业认同	□A. 适合 □B. 不太适合 □C. 不适合	□A. 非常重要 □B. 重要 □C. 不太重要
			职业能力	□A. 适合 □B. 不太适合 □C. 不适合	□A. 非常重要 □B. 重要 □C. 不太重要
			职业素养	□A. 适合 □B. 不太适合 □C. 不适合	□A. 非常重要 □B. 重要 □C. 不太重要
	群体发展结果	□A. 非常重要 □B. 重要 □C. 不太重要	保有率	□A. 适合 □B. 不太适合 □C. 不适合	□A. 非常重要 □B. 重要 □C. 不太重要
			获奖情况	□A. 适合 □B. 不太适合 □C. 不适合	□A. 非常重要 □B. 重要 □C. 不太重要
			双证率	□A. 适合 □B. 不太适合 □C. 不适合	□A. 非常重要 □B. 重要 □C. 不太重要
			就业质量	□A. 适合 □B. 不太适合 □C. 不适合	□A. 非常重要 □B. 重要 □C. 不太重要

评价指标	说明
课程学习	指学生在课程学习过程中的具体表现
活动参与	指学生参与学校或教育部门组织的竞赛、文娱活动或社团活动
行为习惯	指学生在校期间的日常生活行为表现
出勤情况	出勤率，指班级上课人数占班级人数的比例
师生关系	指教师与学生之间在教育过程中的交往情况和相互关系，包括课内与课外
通识知识	指有利于学生发展和未来职业发展的普通文化知识掌握情况，主要表现为公共基础课程的学习情况
专业知识	指学生所学专业的课程内容的掌握情况
专业技能	是通过职业实践或实践练习而形成完成专业任务的操作能力以及思维能力
心理素质	指性格品质与心理能力的综合体现，是个体心理潜能、特点、品质与行为的综合
道德品质	指个体依据一定的社会道德规范要求，表现出来的比较稳定的符合道德规范的行为特性
专业认同	指个体对于所学专业和未来所从事职业的肯定性评价
职业能力	指个体在特定的职业活动或情境任务中形成的能完成一定职业任务的能力
职业素养	指个体在社会活动中需要遵守的行为规范及表现的行为特征
保有率（1－辍学率）	指学年末学生在校就读的人数与学年初学生总人数的比值。相对于辍学率而言，保有率＝1－辍学率。主要考察防止学生流失情况的指标
获奖情况	指专业获奖人数与获奖数量占专业人数的比例
双证率	指毕业生在毕业离校前获得毕业证和职业资格证的比例
就业质量	指中职毕业生毕业后从事所学专业对口情况、薪酬情况、发展空间等

附录4　中职教育质量评价指标体系专家咨询问卷（指标权重）

尊敬的专家，您好！

本问卷旨在构建以学生发展为核心的中职教育质量评价指标体系，希望您能提供宝贵意见。您的修改意见非常重要，请您根据题目说明填答。本问卷仅做学术研究所用，不会影响您和您单位的利益，谢谢！

填答说明：以中职学生发展为核心的教育质量评价指标体系是在综合了中等职业教育理论、中等职业教育特征、前期访谈、初期专家咨询的基础构建而成，希望通过这些指标来评价中职教育的质量问题。请您根据实际情况评判指标的重要程度进行填答，谢谢您的宝贵意见！

基本信息

1. 您从事的工作（可多选）：
   □A. 文化基础课教学　□B. 专业课教学　□C. 行政管理
2. 您担任班主任工作吗？
   □A. 是　□B. 否
3. 您的教龄或工作年限：□A. 5 年以下　□B. 6—15 年　□C. 15 年以上
4. 您的职称或职务：＿＿＿＿＿＿＿＿
5. 您的学历：□A. 本科及以下　□B. 研究生及以上
6. 您的工作单位：□A. 高校、科研机构　□B. 中职学校 □C. 政府管理部门　□D. 企业
7. 您进行该评价方案判断时的主要依据是（可多选）：
   □A. 实践经验　□B. 理论分析　□C. 对国内外同行的了解 □D. 直觉
8. 您对中职教育质量这一问题的熟悉程度：
   □A. 非常熟悉　□B. 熟悉　□C. 一般　□D. 不太熟悉 □E. 不熟悉
9. 您从事的工作领域？
   □A. 以科研为主　□B. 以教学为主　□C. 以行政管理为主 □D. 其他

一　研究描述

本研究欲构建以学生发展为核心的中职教育质量评价指标体系，该指标体系如下图所示。

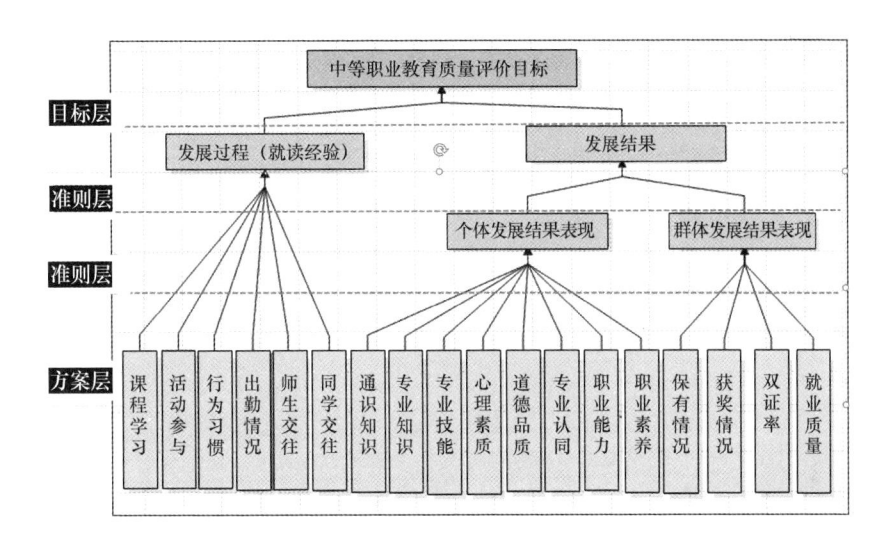

二 问卷说明

此调查问卷的目的在于确定上述教育质量评价指标体系中各指标之间的相对权重，也就是说，如果采用这些指标来评价中职教育质量，哪些指标更能反映评估对象的质量水平。请您对各指标之间的重要性进行两两比较，关于两两指标间重要性的比较结果分为五个基本等级，分别为绝对重要、十分重要、比较重要、稍微重要、同样重要。如果您觉得个别等级不能精确地表达您对某两个指标间比较结果的看法，例如您认为某两个指标之间的关系应该介于"十分重要"和"比较重要"之间，那么您可以通过在"十分重要"和"比较重要"两个方格之间画圈来表达您的看法。

调查问卷中，靠左边的等级标度表示左边的指标比右边的指标重要，靠右边的等级标度表示右边的指标比左边的指标重要，根据您的比较，在对应方格中做标记即可。

进行两两指标比较时，您先比较哪个指标重要，然后判断重要程度。

示例：您认为一辆汽车的安全性重要，还是价格重要？

· 235 ·

如果您认为一辆汽车的安全性相对于价格"同样重要",请选择"1同样重要";如果您认为一辆汽车的安全性比价格重要,而且安全性相对于价格"十分重要",那么请在左侧(十分重要)下边的方格打钩;如果您认为一辆汽车的安全性相对于价格的重要性介于"十分重要"和"比较重要"之间,那么请在左侧"十分重要"和"比较重要"两个方格之间画圈。

示例:下列两个比较要素,对于"买车"的相对重要性如何?

评价指标	重要性比较									评价指标
	9	7	5	3	1	3	5	7	9	
	绝对重要	十分重要	比较重要	稍微重要	同样重要	稍微重要	比较重要	十分重要	绝对重要	
安全性	□A	√B	□C	□D	□E	□D	□C	□B	□A	价格

三 问卷内容

(一)评价维度:进行评价中职教育质量时,对学生发展过程和发展结果两个领域进行信息收集,这两个领域对中职教育质量影响的重要性,请您进行比较。

指标说明

领域	说明
发展过程	包括:教师教学过程的表现水平和学生就读过程的表现水平,主要指学生就读过程,指学生在就读期间参与的课内、课外活动的经历,主要了解中职生在学习期间的课程学习情况、课外活动情况、与老师和同学的人际交往情况、个人的行为习惯等。主要考察学生的努力程度
发展结果	包括:个体发展结果和群体发展结果表现。指学生个体的学习成果,主要了解中职生的进步与发展情况,包括知识、能力、心理、品德等方面的表现。群体发展结果指从学校或专业层面考察学生的整体表现情况,如辍学、获奖、就业对口率等

附　录

下列各组两两比较要素，对于"以学生发展为核心的中职教育质量"评价的相对重要性如何？

（温馨提示：用鼠标点击选项前的方框"□"即可出现"√"，若改选答案再次点击方框可取消。）

评价维度	重要性比较									评价维度
	9	7	5	3	1	3	5	7	9	
	绝对重要	十分重要	比较重要	稍微重要	同样重要	稍微重要	比较重要	十分重要	绝对重要	
发展过程	□A	□B	□C	□D	□E	□D	□C	□B	□A	发展结果
个体发展结果	□A	□B	□C	□D	□E	□D	□C	□B	□A	群体发展结果

（二）"学生就读过程"层面的指标间重要性的比较。

"学生就读过程"层面包含六个评价指标，您认为它们对中职教育质量在就读过程中的质量的影响的大小如何？

指标说明

评价指标	说明
课程学习	指学生在课程学习过程中的具体表现
活动参与	指学生参与学校或教育部门组织的竞赛、文娱活动或社团活动
行为习惯	指学生在校期间的日常生活行为表现
出勤情况	出勤率，指班级上课人数占班级人数的比例
师生关系	指教师与学生之间在教育过程中的交往情况和相互关系，包括课内与课外
同学关系	指学生与学生之间在学习过程中的交往情况和相互关系，包括课内与课外

下列各组两两比较要素，对于"学生就读过程"的相对重要性如何？请您进行两两比较。

(温馨提示：用鼠标点击选项前的方框"□"即可出现"√"，若改选答案再次点击方框可取消。)

评价指标	重要性比较									评价指标
	9	7	5	3	1	3	5	7	9	
	绝对重要	十分重要	比较重要	稍微重要	同样重要	稍微重要	比较重要	十分重要	绝对重要	
课程学习	□A	□B	□C	□D	□E	□D	□C	□B	□A	活动参与
课程学习	□A	□B	□C	□D	□E	□D	□C	□B	□A	行为习惯
课程学习	□A	□B	□C	□D	□E	□D	□C	□B	□A	师生交往
课程学习	□A	□B	□C	□D	□E	□D	□C	□B	□A	同学交往
课程学习	□A	□B	□C	□D	□E	□D	□C	□B	□A	出勤情况
活动参与	□A	□B	□C	□D	□E	□D	□C	□B	□A	行为习惯
活动参与	□A	□B	□C	□D	□E	□D	□C	□B	□A	师生交往
活动参与	□A	□B	□C	□D	□E	□D	□C	□B	□A	同学交往
活动参与	□A	□B	□C	□D	□E	□D	□C	□B	□A	出勤情况
行为习惯	□A	□B	□C	□D	□E	□D	□C	□B	□A	师生交往
行为习惯	□A	□B	□C	□D	□E	□D	□C	□B	□A	同学交往
行为习惯	□A	□B	□C	□D	□E	□D	□C	□B	□A	出勤情况
师生交往	□A	□B	□C	□D	□E	□D	□C	□B	□A	同学交往
师生交往	□A	□B	□C	□D	□E	□D	□C	□B	□A	出勤情况
同学交往	□A	□B	□C	□D	□E	□D	□C	□B	□A	出勤情况

（三）"学生发展结果表现"层面的指标间重要性的比较。

"学生发展结果表现"层面包含以下八个评价指标，您认为它们对教育质量影响的大小如何？

指标说明

评价指标	说明
通识知识	指有利于学生发展和未来职业发展的普通文化知识掌握情况，主要表现为公共基础课程的学习情况

附　录

续表

评价指标	说明
专业知识	指学生所学专业的课程内容的掌握情况
专业技能	是通过职业实践或实践练习而形成完成专业任务的操作能力以及思维能力
心理素质	指性格品质与心理能力的综合体现，是个体心理潜能、特点、品质与行为的综合
道德品质	个体在道德行为中所表现出来的比较稳定的、一贯的特点和倾向，是一定社会的道德原则和规范在个人思想和行为中的体现
专业认同	指个体对于所学专业和未来所从事职业的肯定性评价
职业能力	指个体在特定的职业活动或情境任务中形成的能完成一定职业任务的能力
职业素养	指个体在社会活动中需要遵守的行为规范及表现的行为特征

下列各组两两比较要素，对于"学生发展结果表现"的相对重要性如何？请您进行两两比较。

（温馨提示：用鼠标点击选项前的方框"□"即可出现"√"，若改选答案再次点击方框可取消。）

评价指标	重要性比较									评价指标
	9 绝对重要	7 十分重要	5 比较重要	3 稍微重要	1 同样重要	3 稍微重要	5 比较重要	7 十分重要	9 绝对重要	
通识知识	□A	□B	□C	□D	□E	□D	□C	□B	□A	专业知识
通识知识	□A	□B	□C	□D	□E	□D	□C	□B	□A	专业技能
通识知识	□A	□B	□C	□D	□E	□D	□C	□B	□A	心理素质
通识知识	□A	□B	□C	□D	□E	□D	□C	□B	□A	道德品质
通识知识	□A	□B	□C	□D	□E	□D	□C	□B	□A	专业认同
通识知识	□A	□B	□C	□D	□E	□D	□C	□B	□A	职业能力
通识知识	□A	□B	□C	□D	□E	□D	□C	□B	□A	职业素养
专业知识	□A	□B	□C	□D	□E	□D	□C	□B	□A	专业技能

续表

评价指标	重要性比较									评价指标
	9	7	5	3	1	3	5	7	9	
	绝对重要	十分重要	比较重要	稍微重要	同样重要	稍微重要	比较重要	十分重要	绝对重要	
专业知识	□A	□B	□C	□D	□E	□D	□C	□B	□A	心理素质
专业知识	□A	□B	□C	□D	□E	□D	□C	□B	□A	道德品质
专业知识	□A	□B	□C	□D	□E	□D	□C	□B	□A	专业认同
专业知识	□A	□B	□C	□D	□E	□D	□C	□B	□A	职业能力
专业知识	□A	□B	□C	□D	□E	□D	□C	□B	□A	职业素养
专业技能	□A	□B	□C	□D	□E	□D	□C	□B	□A	心理素质
专业技能	□A	□B	□C	□D	□E	□D	□C	□B	□A	道德品质
专业技能	□A	□B	□C	□D	□E	□D	□C	□B	□A	专业认同
专业技能	□A	□B	□C	□D	□E	□D	□C	□B	□A	职业能力
专业技能	□A	□B	□C	□D	□E	□D	□C	□B	□A	职业素养
心理素质	□A	□B	□C	□D	□E	□D	□C	□B	□A	道德品质
心理素质	□A	□B	□C	□D	□E	□D	□C	□B	□A	专业认同
心理素质	□A	□B	□C	□D	□E	□D	□C	□B	□A	职业能力
心理素质	□A	□B	□C	□D	□E	□D	□C	□B	□A	职业素养
道德品质	□A	□B	□C	□D	□E	□D	□C	□B	□A	专业认同
道德品质	□A	□B	□C	□D	□E	□D	□C	□B	□A	职业能力
道德品质	□A	□B	□C	□D	□E	□D	□C	□B	□A	职业素养
专业认同	□A	□B	□C	□D	□E	□D	□C	□B	□A	职业能力
专业认同	□A	□B	□C	□D	□E	□D	□C	□B	□A	职业素养
职业能力	□A	□B	□C	□D	□E	□D	□C	□B	□A	职业素养

（四）"群体发展结果表现"层面的指标间重要性的比较。

"群体发展结果表现"层面包含以下四个评价指标，您认为它们对教育质量影响的大小如何？请您进行两两比较。

指标说明

影响因素	说明
保有情况	指学年末学生在校就读的人数与学年初学生总人数的比值。相对于辍学率而言,保有率=1－辍学率。主要考察防止学生流失情况的指标
获奖情况	指专业获奖人数与获奖数量占专业人数的比例
双证率	指毕业生在毕业离校前获得毕业证和职业资格证的比例
就业质量	指中职毕业生毕业后从事所学专业对口情况、薪酬情况、发展空间等

下列各组两两比较要素,对于"群体发展结果"层面的相对重要性如何?

(温馨提示:用鼠标点击选项前的方框"□"即可出现"√",若改选答案再次点击方框可取消。)

评价指标	重要性比较									评价指标
	9	7	5	3	1	3	5	7	9	
保有情况	□A	□B	□C	□D	□E	□D	□C	□B	□A	获奖情况
保有情况	□A	□B	□C	□D	□E	□D	□C	□B	□A	双证率
保有情况	□A	□B	□C	□D	□E	□D	□C	□B	□A	就业质量
获奖情况	□A	□B	□C	□D	□E	□D	□C	□B	□A	双证率
获奖情况	□A	□B	□C	□D	□E	□D	□C	□B	□A	就业质量
双证率	□A	□B	□C	□D	□E	□D	□C	□B	□A	就业质量

问卷结束,谢谢您的支持与合作!

附录5 中职学生就读经验与发展调查问卷(初试问卷)

同学:

你好!我们是河南大学的研究人员,正在做一次调研。希望你不要有任何顾虑,你所填答的只有研究人员能看到,请准确、如实、完整地填写这份调查表。衷心感谢你对本次调研工作的积极支持与配合！

祝你身体健康！学习进步！

中职教育质量评价课题组

基本信息

1. 你的性别：A. 男　B. 女
2. 你的专业是：＿＿＿＿＿＿
3. 你的年级是：A. 一年级　B. 二年级　C. 三年级
4. 你是否参加过技能大赛活动：A. 参加过　B. 未参加过
5. 你是否准备升学：A. 准备升学　B. 不准备升学
6. 你是否参加过实习：A. 参加过　B. 未参加过
7. 你是否参加过中招考试：A. 参加过　B. 未参加过
8. 在校期间你获得校级奖励证书个数：＿＿＿＿＿＿；
　　　　　　市级奖励证书个数：＿＿＿＿＿＿；
　　　　　　省级奖励证书个数：＿＿＿＿＿＿；
　　　　　　国家级奖励证书个数：＿＿＿＿＿＿
9. 在校期间你获得资格证书的个数：＿＿＿＿＿＿

一　以下这些题目是关于你的中职学习经历，你是如何做的？（注意：每个题目只能选择一个答案，答案必须打钩：√）

题项	从不	偶尔	一般	经常	总是
1. 课堂积极提问、参与讨论	1	2	3	4	5
2. 上课认真做课堂笔记	1	2	3	4	5
3. 使用电子媒介（Email，聊天小组）进行讨论完成某项作业	1	2	3	4	5
4. 大部分课程通过死记硬背就能学好	1	2	3	4	5
5. 参加实习或社会实践	1	2	3	4	5
6. 我通常有充足的时间去理解学过的东西	1	2	3	4	5

续表

题项	从不	偶尔	一般	经常	总是
7. 我尽量去了解作业所要求达到的水平	1	2	3	4	5
8. 我经常不了解课程学习的要求	1	2	3	4	5
9. 课程考核中，对记忆的测试多于对课程内容的理解	1	2	3	4	5
10. 作为学生，我的学习压力太大了	1	2	3	4	5
11. 课程学习的作业负担太大了	1	2	3	4	5
12. 完成课程需要大量的投入（时间、精力），这使我很难掌握学习的内容	1	2	3	4	5
13. 任课老师大多问我一些纯事实性（没有启发性）的问题	1	2	3	4	5

二　以下这些题目是关于你进入中职学校后的各类活动的参与情况，请根据事实情况进行选择。（注意：每个题目只能选择一个答案，答案必须打钩：√）

题项	从不	偶尔	一般	经常	总是
1. 与老师一起进行某课题的研究	1	2	3	4	5
2. 去图书馆阅读书籍	1	2	3	4	5
3. 参加学校社团的组织活动	1	2	3	4	5
4. 参加班级组织的团体活动	1	2	3	4	5
5. 参加职业技能竞赛活动	1	2	3	4	5
6. 参加志愿者活动	1	2	3	4	5
7. 参加学校的文艺活动	1	2	3	4	5
8. 参加创业实践活动	1	2	3	4	5
9. 参加专业见习或实习活动	1	2	3	4	5

三　以下这些题目是关于你与老师交往的学习经历，请根据事实情况进行选择。(注意：每个题目只能选择一个答案，答案必须打钩：√)

题项	从不	偶尔	一般	经常	总是
1. 与老师讨论关于课堂教学内容的问题	1	2	3	4	5
2. 与老师讨论课程论文或课程作业的问题	1	2	3	4	5
3. 课程一开始教师就让学生明白课程的学习目标	1	2	3	4	5
4. 任课老师尽力去解决我在学习上遇到的任何困难	1	2	3	4	5
5. 与老师讨论自己的职业规划	1	2	3	4	5
6. 及时得到老师关于学业的反馈信息	1	2	3	4	5
7. 老师通常会对我的进步进行积极的评价	1	2	3	4	5
8. 任课教师花大量的时间评论我的作业（口头上的或书面的）	1	2	3	4	5
9. 在学习过程中，我通常清楚课程的目标和教师对我的要求	1	2	3	4	5
10. 老师对教学内容的阐述清晰明了	1	2	3	4	5
11. 任课教师努力使他们的课堂教学有吸引力	1	2	3	4	5

四　以下这些题目是关于你与同学交往的学习经历，请根据事实情况进行选择。(注意：每个题目只能选择一个答案，答案必须打钩：√)

题项	从不	偶尔	一般	经常	总是
1. 我与不同专业的同学交流	1	2	3	4	5
2. 结识许多和自己兴趣不同的同学	1	2	3	4	5
3. 结识许多和自己家庭背景不同的同学	1	2	3	4	5
4. 与同学合作完成课程任务（如课堂讨论、小组活动或课题）	1	2	3	4	5
5. 与同学讨论课堂上或书本中的知识	1	2	3	4	5
6. 指导其他同学学习	1	2	3	4	5

续表

题项	从不	偶尔	一般	经常	总是
7. 我和我周围的人都非常热爱学习、相互影响	1	2	3	4	5
8. 与同学合作完成课程作业	1	2	3	4	5
9. 与同学合作完成课堂外的任务	1	2	3	4	5

五 以下这些题目是关于你进入中职学校后的学习成长过程，请根据事实情况进行选择。（注意：每个题目只能选择一个答案，答案必须打钩：√）

题项	一点不符合	不太符合	基本符合	符合	非常符合
1. 增强了与不同的人交往的能力	1	2	3	4	5
2. 发展了与人合作的能力	1	2	3	4	5
3. 学会适应新变化（新技术、不同的工作或个人环境等）	1	2	3	4	5
4. 了解自己的能力、兴趣与个性	1	2	3	4	5
5. 主动学习、积极思考、寻找你所需要的信息	1	2	3	4	5
6. 形成自己的价值观及伦理标准	1	2	3	4	5
7. 当和别人讲话的时候，能有效地发表自己的观点和信息	1	2	3	4	5
8. 获得知识和技能，它们可用于专门的职业和工作	1	2	3	4	5
9. 获得在职业（专业）、科学或学术领域接受继续教育的背景知识及专门知识	1	2	3	4	5
10. 获得也许与某种职业相关的一定范围的信息	1	2	3	4	5
11. 课程学习能够启发我思考，不断提高思维能力	1	2	3	4	5

续表

题项	一点不符合	不太符合	基本符合	符合	非常符合
12. 课程培养了我解决问题的能力	1	2	3	4	5
13. 课程学习提高了我的分析能力	1	2	3	4	5
14. 通过课程学习，我对处理不熟悉的问题充满了信心	1	2	3	4	5
15. 课程激发了我继续学习的热情	1	2	3	4	5
16. 课程学习提高了我的综合表达能力	1	2	3	4	5
17. 我有明确的学习计划	1	2	3	4	5
18. 如没有老师督促，我很少交作业	1	2	3	4	5
19. 我经常收集关于未来职业的一些信息	1	2	3	4	5
20. 当同学给我讲话时，我能耐心地听完	1	2	3	4	5
21. 我不会轻易打断对方的谈话	1	2	3	4	5
22. 在小组活动中，我常常和大家一起商谈解决任务的办法	1	2	3	4	5
23. 为完成学习任务，我会采用多种方法收集信息	1	2	3	4	5
24. 我经常凭直觉判断问题的正确与错误	1	2	3	4	5
25. 我不喜欢提那些无知的问题	1	2	3	4	5
26. 我喜欢搞些小发明	1	2	3	4	5

六 以下这些题目是关于你所学专业和对未来职业的看法，你的观点是什么？（注意：每个题目只能选择一个答案，答案必须打钩：√）

题项	一点不符合	不太符合	基本符合	符合	非常符合
1. 我喜欢所学的专业	1	2	3	4	5
2. 我了解所学专业的就业情况	1	2	3	4	5
3. 我愿意从事与专业有关的工作	1	2	3	4	5

续表

题项	一点不符合	不太符合	基本符合	符合	非常符合
4. 我想过要换一个专业	1	2	3	4	5
5. 我学的专业很有发展前景	1	2	3	4	5
6. 我对我所在学校的专业教学感到满意	1	2	3	4	5
7. 我喜欢与别人谈论未来将从事的职业	1	2	3	4	5
8. 我有一个很好的职业规划	1	2	3	4	5
9. 在专业学习中有很高的积极性	1	2	3	4	5
10. 我"适合"我的专业	1	2	3	4	5

七 以下这些题目是关于你的实习经历或在实践活动中，你是如何做的？（注意：每个题目只能选择一个答案，答案必须打钩：√）

题项	一点不符合	不太符合	基本符合	符合	非常符合
1. 能自觉遵守实习单位的规章制度	1	2	3	4	5
2. 和同事具有良好的人际关系	1	2	3	4	5
3. 能够进行团队或小组合作	1	2	3	4	5
4. 在工作岗位上能够吃苦耐劳	1	2	3	4	5
5. 上班时有很强的时间观念	1	2	3	4	5
6. 能够与他人进行交流	1	2	3	4	5
7. 能够理解工作任务	1	2	3	4	5
8. 努力提高工作任务的完成质量	1	2	3	4	5
9. 能够适应工作环境	1	2	3	4	5
10. 在工作中有很高的积极性	1	2	3	4	5
11. 获得在职业或专业接受继续教育的背景知识及专门知识	1	2	3	4	5

八　最近一年来，你在实训课或者具体的专业实践中，请你按照你自己的观察和感觉作出选择。（注意：每个题目只能选择一个答案，答案必须打钩：√）

题项	一点不符合	不太符合	基本符合	符合	非常符合
1. 在实际操作阶段（实训）的学习中，我能够独立完成老师安排的实训任务	1	2	3	4	5
2. 在实训中，我能在限定的时间内完成任务	1	2	3	4	5
3. 在实际操作测试中，老师对我的评价比较高	1	2	3	4	5
4. 在实际操作中遇到问题，我能够自行解决	1	2	3	4	5
5. 我的动手能力比以前有了很大的进步	1	2	3	4	5
6. 我能够根据老师的示例完成一个新的任务	1	2	3	4	5
7. 我能把老师所教的知识运用在实际操作中	1	2	3	4	5
8. 我能较好地完成老师布置的实践任务	1	2	3	4	5
9. 我能灵活应变，能适应不同的环境或胜任不同的工作	1	2	3	4	5

九　近一年来，请根据实际情况回答你在日常生活中的行为和想法。（注意：每个题目只能选择一个答案，答案必须打钩：√）

题项	一点不符合	不太符合	基本符合	符合	非常符合
1. 我认为国家发展与个人的成长成才息息相关	1	2	3	4	5
2. 如果国家被外敌侵略，我愿意报名参军	1	2	3	4	5
3. 我愿意为班级做些事情	1	2	3	4	5
4. 我在集体中不太计较个人的利益与得失	1	2	3	4	5

续表

题项	一点不符合	不太符合	基本符合	符合	非常符合
5. 在公共场所，我不会大声说笑	1	2	3	4	5
6. 外出时，我遵守交通规则	1	2	3	4	5
7. 我不会随便丢垃圾	1	2	3	4	5
8. 我很反感使用不文明语言	1	2	3	4	5
9. 在公交上，碰到老弱病残者我会主动让座	1	2	3	4	5
10. 看到同学有困难，我会主动帮助他们	1	2	3	4	5
11. 我从不参与打架斗殴	1	2	3	4	5
12. 我有很好的生活习惯	1	2	3	4	5
13. 我认为人人平等，都应该受到尊重	1	2	3	4	5
14. 我能按时归还借来的钱和物	1	2	3	4	5
15. 考试时我从不作弊	1	2	3	4	5

十 以下这些题目，你的感觉是什么？（注意：每个题目只能选择一个答案，答案必须打钩：√）

题项	一点也不像	不像	有点像	大多数像	完全像
1. 新的计划和想法有时候会让我无法专心于现有的计划	1	2	3	4	5
2. 挫折不会使我气馁	1	2	3	4	5
3. 当我着迷在某件计划一阵子后，会失去兴趣	1	2	3	4	5
4. 我是一个努力工作的人	1	2	3	4	5
5. 我时常立下一个目标，但一阵子过后又改追求别的目标	1	2	3	4	5
6. 我很难把我的注意力集中在一个要好几个月才能完成的计划上	1	2	3	4	5
7. 无论什么事情，我开了头就要完成它	1	2	3	4	5
8. 我很勤劳（我不轻言放弃）	1	2	3	4	5

十一 以下这些问题都是关于你们班近一周的经历，请根据你的实际情况回答以下这些题目。（注意：每个题目只能选择一个答案，答案必须打钩：√）

题项	选项
1. 上周，你们班是否有同学和老师顶嘴	A = 是 B = 否
2. 上周，你们班是否有同学在学校喝酒	A = 是 B = 否
3. 上周，你们班是否有同学在学校抽烟	A = 是 B = 否
4. 上周，你们班是否有同学逃课	A = 是 B = 否
5. 上周，你们班是否有同学抄作业	A = 是 B = 否
6. 上周，你们班是否有同学在学校打架	A = 是 B = 否
7. 上周，你们班是否有同学勒索别人	A = 是 B = 否
8. 上周，你们班是否有同学欺负同学	A = 是 B = 否
9. 上周，你们班是否有同学在学校赌钱	A = 是 B = 否
10. 上周，你在学校抽了几次烟	A = 从不 B = 少于一天一次 C = 一天一次 D = 一天多次
11. 上周，你在学校喝了几次酒	A = 从不 B = 少于一天一次 C = 一天一次 D = 一天多次
12. 上周，你缺了几次课	旷课（ ）次，请假（ ）次

十二 以下为一份日常时间安排表，在你现在的中职生活中，你每天平均有多少时间用在以下活动中。（填周一到周五的情况，周末不算）

序号	题项	平均时间（小时）
a.	上课的时间	（ ）
b.	课后学习和做家庭作业的时间	+（ ）
c.	睡眠时间	+（ ）
d.	其他（如运动、聚会、玩）	+（ ）
e.	合计（e）=（a）+（b）+（c）+（d）	= 24

十三　职业核心能力测评以下这些事情，你会如何做？（注意：你的答案不会让其他人知晓，每个题目只能选择一个答案，答案必须打钩：√）

1. 如果某一周的作业量有点儿多，你通常的做法是：

　　A. 自己做，能完成多少就完成多少

　　B. 抄其他同学的作业，应付了事

　　C. 抓紧时间，尽力完成

2. 如果在工作或学习中，你和同事或同学产生了矛盾，你通常的做法是：

　　A. 一定要求他向我道歉才能再去理他

　　B. 不理他，随便怎么样都行

　　C. 找个机会，解释清楚，消除矛盾

3. 如果在实习单位需要加班，但是正赶上你喜欢看的电视剧的最后大结局的播放时间，你通常的做法是：

　　A. 加班

　　B. 加班，找个机会溜走

　　C. 不加班，去看电视剧

4. 如果在公司里，有位同事因为要出去游玩，要求和你换班，如果你还没有决定假日如何度过，你会如何处理：

　　A. 马上答应

　　B. 告诉他你要思考一下自己下一步的安排

　　C. 立马找出某种理由，拒绝调换

5. 如果单位派你参加了一个新的技术项目培训，学到了很多对工作有益的技术，你会如何处理：

　　A. 回单位后立刻告诉大家，并把资料发给大家

　　B. 回单位后有同事问就泛泛地讲给他听

　　C. 不泄露任何信息

6. 如果你办公桌对面的同事承担了比较重的工作，忙得头昏脑涨，在你完成自己工作的同时，你会如何处理：

　　A. 主动问他要不要帮忙

B. 事不关己，高高挂起

C. 如果他要求帮助，我会酌情考虑

7. 一天上午，与你一同办公的另一位同事的电脑坏了，没办法运行，请你去修理，可能需要两个小时，正在这时，你的老板让你起草一份工作报告，要求下午下班前要交给他，你会如何处理：

A. 告诉同事，自己有重要的事情，不能给他修电脑，然后开始写报告

B. 为了同事关系，先修电脑，再写报告

C. 不修电脑，也不解释为什么不修了，开始写报告

8. 如果公司要求你设计一套商品的销售方案，你会如何处理：

A. 设计一套方案，完成工作任务即可

B. 查询各种信息，设计一套自认为最好的方案

C. 多设计几套方案，交给公司去讨论选择

9. 和朋友进行问题讨论时，如果观点不一致，你会如何处理：

A. 想尽办法说服对方

B. 从对方的立场来理解问题，然后进行商讨

C. 妥协

10. 如果在单位，你接到一个工作任务，你会：

A. 尽力完成任务就行

B. 能做成什么样都行

C. 尽可能考虑好方案，然后再实施

附录6　中职学生就读经验与发展调查问卷（正式问卷）

同学：

你好！我们是河南大学的研究人员，正在做一次调研。希望你不要有任何顾虑，你所填答的只有研究人员能看到，请准确、如实、完整地填写这份调查表。衷心感谢你对本次调研工作的积极支持与配合！

祝你身体健康！学习进步！

河南大学课题组

基本信息

1. 你的性别：A. 男　B. 女

2. 你的专业是：_____

3. 你的年级是：A. 一年级　B. 二年级　C. 三年级

4. 你是否参加过技能大赛活动：A. 参加过　B. 未参加过

5. 你是否准备升学：A. 准备升学　B. 不准备升学

6. 你是否参加过实习：A. 参加过　B. 未参加过

7. 你是否参加过中招考试：A. 参加过　B. 未参加过

8 在校期间你获得校级奖励证书个数：_____；

　　　　　　市级奖励证书个数：_____；

　　　　　　省级奖励证书个数：_____；

　　　　　　国家级奖励证书个数：_____

9. 在校期间你获得资格证书的个数：_____

一　以下这些题目是关于你的中职学习经历，你是如何做的？（注意：每个题目只能选择一个答案，答案必须打钩：√）

题项	从不	偶尔	一般	经常	总是
1. 课堂积极提问、参与讨论	1	2	3	4	5
2. 上课认真做课堂笔记	1	2	3	4	5
3. 使用电子媒介（Email，聊天小组）进行讨论完成某项作业	1	2	3	4	5
4. 参加专业技能课实训					
5. 我通常有充足的时间去理解学过的东西	1	2	3	4	5
6. 我尽量去了解作业所要求达到的水平	1	2	3	4	5
7. 我经常不了解课程学习的要求	1	2	3	4	5
8. 课程考核中，对记忆的测试多于对课程内容的理解	1	2	3	4	5

二　以下这些题目是关于你进入中职学校后的各类活动的参与情况，请根据事实情况进行选择。（注意：每个题目只能选择一个答案，答案必须打钩：√）

题项	从不	偶尔	一般	经常	总是
1. 与老师一起研究进行某实践任务的完成方法	1	2	3	4	5
2. 去图书馆阅读书籍	1	2	3	4	5
3. 参加学校社团的组织活动	1	2	3	4	5
4. 参加班级组织的团体活动	1	2	3	4	5
5. 参加职业技能竞赛活动	1	2	3	4	5
6. 参加志愿者活动	1	2	3	4	5
7. 参加学校的文艺活动	1	2	3	4	5
8. 参加创业实践活动	1	2	3	4	5
9. 参加专业见习或实习活动	1	2	3	4	5

三　以下这些题目是关于你与老师交往的学习经历，请根据事实情况进行选择。（注意：每个题目只能选择一个答案，答案必须打钩：√）

题项	从不	偶尔	一般	经常	总是
1. 与老师讨论关于课堂教学内容的问题	1	2	3	4	5
2. 与老师讨论课程论文或课程作业的问题	1	2	3	4	5
3. 课程一开始教师就让学生明白课程的学习目标	1	2	3	4	5
4. 任课老师尽力去解决我在学习上遇到的任何困难	1	2	3	4	5
5. 与老师讨论自己的职业规划	1	2	3	4	5
6. 及时得到老师关于学业的反馈信息	1	2	3	4	5
7. 老师通常会对我的进步进行积极的评价	1	2	3	4	5
8. 任课教师花大量的时间评论我的作业（口头上的或书面的）	1	2	3	4	5

续表

题项	从不	偶尔	一般	经常	总是
9. 在学习过程中，我通常清楚课程的目标和教师对我的要求	1	2	3	4	5
10. 老师对教学内容的阐述清晰明了	1	2	3	4	5
11. 任课教师努力使他们的课堂教学有吸引力	1	2	3	4	5

四 以下这些题目是关于你与同学交往的学习经历，请根据事实情况进行选择。（注意：每个题目只能选择一个答案，答案必须打钩：√）

题项	从不	偶尔	一般	经常	总是
1. 我与不同专业的同学交流	1	2	3	4	5
2. 结识许多和自己兴趣不同的同学	1	2	3	4	5
3. 结识许多和自己家庭背景不同的同学	1	2	3	4	5
4. 与同学合作完成课程任务（如课堂讨论、小组活动或课题）	1	2	3	4	5
5. 与同学讨论课堂上或书本中的知识	1	2	3	4	5
6. 指导其他同学学习	1	2	3	4	5
7. 我和我周围的人都非常热爱学习、相互影响	1	2	3	4	5
8. 与同学合作完成课程作业	1	2	3	4	5
9. 与同学合作完成课堂外的任务	1	2	3	4	5

五 以下这些题目是关于你进入中职学校后的学习成长过程，请根据事实情况进行选择。（注意：每个题目只能选择一个答案，答案必须打钩：√）

题项	一点不符合	不太符合	基本符合	符合	非常符合
1. 增强了与不同的人交往的能力	1	2	3	4	5
2. 发展了与人合作的能力	1	2	3	4	5

续表

题项	一点不符合	不太符合	基本符合	符合	非常符合
3. 学会适应新变化（新技术、不同的工作或个人环境等）	1	2	3	4	5
4. 了解自己的能力、兴趣与个性	1	2	3	4	5
5. 主动学习、积极思考、寻找你所需要的信息	1	2	3	4	5
6. 形成自己的价值观及伦理标准	1	2	3	4	5
7. 当和别人讲话的时候，能有效地发表自己的观点	1	2	3	4	5
8. 获得知识和技能，它们可用于专门的职业和工作	1	2	3	4	5
9. 获得在职业（专业）、科学或学术领域接受继续教育的背景知识及专门知识	1	2	3	4	5
10. 获得也许与某种职业相关的一定范围的信息	1	2	3	4	5
11. 课程学习能够启发我思考，不断提高思维能力	1	2	3	4	5
12. 课程培养了我解决问题的能力	1	2	3	4	5
13. 课程学习提高了我的分析能力	1	2	3	4	5
14. 通过课程学习，我对处理不熟悉的问题充满了信心	1	2	3	4	5
15. 课程激发了我继续学习的热情	1	2	3	4	5
16. 课程学习提高了我的综合表达能力	1	2	3	4	5
17. 我有明确的学习计划	1	2	3	4	5
18. 如没有老师督促，我很少交作业	1	2	3	4	5
19. 我经常收集关于未来职业的一些信息	1	2	3	4	5
20. 当同学给我讲话时，我能耐心地听完	1	2	3	4	5
21. 我不会轻易打断对方的谈话	1	2	3	4	5
22. 在小组活动中，我常常和大家一起商谈解决任务的办法	1	2	3	4	5
23. 为完成学习任务，我会采用多种方法收集信息	1	2	3	4	5
24. 我经常凭直觉判断问题的正确与错误	1	2	3	4	5
25. 我不喜欢提那些无知的问题	1	2	3	4	5
26. 我喜欢搞些小发明	1	2	3	4	5

六 以下这些题目是关于你所学专业和对未来职业的看法,你的观点是什么?(注意:每个题目只能选择一个答案,答案必须打钩:√)

题项	一点不符合	不太符合	基本符合	符合	非常符合
1. 我喜欢所学的专业	1	2	3	4	5
2. 我了解所学专业的就业情况	1	2	3	4	5
3. 我愿意从事与专业有关的工作	1	2	3	4	5
4. 我想过要换一个专业	1	2	3	4	5
5. 我学的专业很有发展前景	1	2	3	4	5
6. 我对我所在学校的专业教学感到满意	1	2	3	4	5
7. 我喜欢与别人谈论未来将从事的职业	1	2	3	4	5
8. 在专业学习中有很强的积极性	1	2	3	4	5
9. 我"适合"我的专业	1	2	3	4	5

七 以下这些题目是关于你的实习经历或在实践活动中,你是如何做的?(注意:每个题目只能选择一个答案,答案必须打钩:√)

题项	一点不符合	不太符合	基本符合	符合	非常符合
1. 能自觉遵守实习单位的规章制度	1	2	3	4	5
2. 和同事具有良好的人际关系	1	2	3	4	5
3. 能够进行团队或小组合作	1	2	3	4	5
4. 在工作岗位上能够吃苦耐劳	1	2	3	4	5
5. 上班时有很强的时间观念	1	2	3	4	5
6. 能够与他人进行交流	1	2	3	4	5
7. 能够理解工作任务	1	2	3	4	5
8. 努力提高工作任务的质量	1	2	3	4	5
9. 能够适应工作环境	1	2	3	4	5
10. 在工作中有很强的积极性	1	2	3	4	5

八 最近一年来，你在实训课或者具体的专业实践中，请你按照你自己的观察和感觉作出选择。（注意：每个题目只能选择一个答案，答案必须打钩：√）

题项	一点不符合	不太符合	基本符合	符合	非常符合
1. 在实际操作阶段（实训）的学习中，我能够独立完成老师安排的实训任务	1	2	3	4	5
2. 在实训中，我能在限定的时间内完成任务	1	2	3	4	5
3. 在实际操作测试中，老师对我的评价比较高	1	2	3	4	5
4. 在实际操作中遇到问题，我能够自行解决	1	2	3	4	5
5. 我的动手能力比以前有了很大的进步	1	2	3	4	5
6. 我能够根据老师的示例完成一个新的任务	1	2	3	4	5
7. 我能把老师所教的知识运用在实际操作中	1	2	3	4	5
8. 我能较好地完成老师布置的实践任务	1	2	3	4	5
9. 我能灵活应变，能适应不同的环境或胜任不同的工作	1	2	3	4	5

九 近一年来，请根据实际情况回答你在日常生活中的行为和想法。（注意：每个题目只能选择一个答案，答案必须打钩：√）

题项	一点不符合	不太符合	基本符合	符合	非常符合
1. 我认为国家发展与个人的成长成才息息相关	1	2	3	4	5
2. 如果国家被外敌侵略，我愿意报名参军	1	2	3	4	5
3. 我愿意为班级做些事情	1	2	3	4	5
4. 我在集体中不太计较个人的利益与得失	1	2	3	4	5
5. 在公共场所，我不会大声说笑	1	2	3	4	5
6. 外出时，我遵守交通规则	1	2	3	4	5

续表

题项	一点不符合	不太符合	基本符合	符合	非常符合
7. 我不会随便丢垃圾	1	2	3	4	5
8. 我很反感使用不文明语言	1	2	3	4	5
9. 在公交车上，碰到老弱病残者我会主动让座	1	2	3	4	5
10. 看到同学有困难，我会主动帮助他们	1	2	3	4	5
11. 我从不参与打架斗殴	1	2	3	4	5
12. 我有很好的生活习惯	1	2	3	4	5
13. 我认为人人平等，都应该受到尊重	1	2	3	4	5
14. 我能按时归还借来的钱和物	1	2	3	4	5
15. 考试时我从不作弊	1	2	3	4	5

十 以下这些题目，你的感觉是什么？（注意：每个题目只能选择一个答案，答案必须打钩：√)

题项	一点也不像	不像	有点像	大多数像	完全像
1. 新的计划和想法有时候会让我无法专心于现有的计划	1	2	3	4	5
2. 挫折不会使我气馁	1	2	3	4	5
3. 当我着迷在某件计划一阵子后，会失去兴趣	1	2	3	4	5
4. 我是一个努力工作的人	1	2	3	4	5
5. 我时常立下一个目标，但一阵子过后又改追求别的目标	1	2	3	4	5
6. 我很难把我的注意力集中在一个要好几个月才能完成的计划上	1	2	3	4	5
7. 无论什么事情，我开了头就要完成它	1	2	3	4	5
8. 我很勤劳（我不轻言放弃）	1	2	3	4	5

十一　以下这些问题都是关于你们班近一周的经历，请根据你的实际情况回答以下这些题目。（注意：每个题目只能选择一个答案，答案必须打钩：√）

题项	选项
1. 上周，你们班是否有同学和老师顶嘴	A = 是 B = 否
2. 上周，你们班是否有同学在学校喝酒	A = 是 B = 否
3. 上周，你们班是否有同学在学校抽烟	A = 是 B = 否
4. 上周，你们班是否有同学逃课	A = 是 B = 否
5. 上周，你们班是否有同学抄作业	A = 是 B = 否
6. 上周，你们班是否有同学在学校打架	A = 是 B = 否
7. 上周，你们班是否有同学勒索别人	A = 是 B = 否
8. 上周，你们班是否有同学欺负同学	A = 是 B = 否
9. 上周，你们班是否有同学在学校赌钱	A = 是 B = 否
10. 上周，你在学校抽了几次烟	A = 从不 B = 少于一天一次 C = 一天一次 D = 一天多次
11. 上周，你在学校喝了几次酒	A = 从不 B = 少于一天一次 C = 一天一次 D = 一天多次
12. 上周，你缺了几次课	旷课（　）次，请假（　）次

十二　以下为一份日常时间安排表，在你现在的中职生活中，你每天平均有多少时间用在以下活动中。（填周一到周五的情况，周末不算）

题项	平均时间（小时）
上课的时间	（　）
课后学习和做家庭作业的时间	+（　）
睡眠时间	+（　）
其他（如运动、聚会、玩）	+（　）
合计（e）=（a）+（b）+（c）+（d）	= 24

十三　职业核心能力测评以下这些事情，你会如何做？（注意：你的答案不会让其他人知晓，每个题目只能选择一个答案，答案必须打钩：√）

1. 如果某一周的作业量有点儿多，你通常的做法是：

　　A. 自己做，能完成多少就完成多少

　　B. 抄其他同学的作业，应付了事

　　C. 抓紧时间，尽力完成

2. 如果在工作或学习中，你和同事或同学产生了矛盾，你通常的做法是：

　　A. 一定要求他向我道歉才能再去理他

　　B. 不理他，随便怎么样都行

　　C. 找个机会，解释清楚，消除矛盾

3. 如果在实习单位需要加班，但是正赶上你喜欢看的电视剧的最后大结局的播放时间，你通常的做法是：

　　A. 加班

　　B. 加班，找个机会溜走

　　C. 不加班，去看电视剧

4. 如果在公司里，有位同事因为要出去游玩，要求和你换班，如果你还没有决定假日如何度过，你会如何处理：

　　A. 马上答应

　　B. 告诉他你要思考一下自己下一步的安排

　　C. 立马找出某种理由，拒绝调换

5. 如果单位派你参加了一个新的技术项目培训，学到了很多对工作有益的技术，你会如何处理：

　　A. 回单位后立刻告诉大家，并把资料发给大家

　　B. 回单位后有同事问就泛泛地讲给他听

　　C. 不泄露任何信息

6. 如果你办公桌对面的同事承担了比较重的工作量，忙得头昏脑涨，在你完成自己工作的同时，你会如何处理：

　　A. 主动问他要不要帮忙

B. 事不关己，高高挂起

C. 如果他要求帮助，我会酌情考虑

7. 一天上午，与你一同办公的另一位同事的电脑坏了，没办法运行，请你去修理，可能需要两个小时，正在这时，你的老板让你起草一份工作报告，要求下午下班前要交给他，你会如何处理：

A. 告诉同事，自己有重要的事情，不能给他修电脑，然后开始写报告

B. 为了同事关系，先修电脑，再写报告

C. 不修电脑，也不解释为什么不修了，开始写报告

8. 如果公司要求你设计一套商品的销售方案，你会如何处理：

A. 设计一套方案，完成工作任务即可

B. 查询各种信息，设计一套自认为最好的方案

C. 多设计几套方案，交给公司去讨论选择

9. 和朋友进行问题讨论时，如果观点不一致，你会如何处理：

A. 想尽办法说服对方

B. 从对方的立场来理解问题，然后进行商讨

C. 妥协

10. 如果在单位，你接到一个工作任务，你会：

A. 尽力完成任务就行

B. 能做成什么样都行

C. 尽可能考虑好方案，然后再实施

附录7 中职学生职业能力测试样题

中职生职业能力测试（一）

一 情境描述

淘宝店的网页设计：李明想在网上开间淘宝店，主要卖一些家乡特产，由于不太懂网页设计，害怕自己设计的淘宝店铺的布局不太合理，现在拟聘请专业人士进行店铺的网页设计，希望设计一个易于操

作,又能体现店铺个性的网店页面。

营业条件:

1. 李明家有电脑、手机等电子设备。

2. 李明的营业时间可以全天营业。

3. 将要卖的商品:农家自产五谷杂粮、特产红枣、木耳等干货。

二　测试要求

1. 请你为李明设计一份具体的淘宝网店页面的布局的建议方案。为解决淘宝店面的设计问题,请以书面形式阐述你的解决方案和任务完成的流程。请详细陈述你的方案及工作流程,并说明理由。

2. 请写出与客户沟通的流程,该流程包括接到设计任务、设计过程、设计作品的交接等环节,各环节需要注意的问题。

3. 在沟通过程中,你要与客户沟通哪些内容?请预测沟通过程中要解决的问题。

4. 假如你还有其他问题,需要与客户或你的工作团队讨论的话,请你写下这些问题。

三　辅助工具

为了完成给定的任务,允许使用所有常用的辅助工具,如手册、专业书籍、自己的笔记、电脑等,但为避免版权纠纷不允许抄袭。

中职生职业能力测试(二)

一　情境描述

海报图设计:小天使幼儿园是一家私立幼儿园,办学历史已有十余年,现在共有15个班,为扩大招生规模,小天使幼儿园负责人李园长想进行宣传,需要设计宣传海报。

办园情况:现共有15个班,主要以蒙氏教学法进行,幼儿园处在城乡交界处。幼儿园可以设置晚托班。

二 测试要求

1. 请你为李园长设计一份具体的宣传海报的页面布局的建议方案，为解决宣传海报的设计问题，请以书面形式阐述你的解决方案。请以书面形式详细陈述你的方案及工作流程，并说明理由。

2. 请写出与客户沟通的流程，该流程包括接到设计任务、设计过程、设计作品的交接等环节，各环节需要注意的问题。

3. 在沟通过程中，你要与客户沟通哪些内容？请预测沟通过程中要解决的问题。

4. 假如你还有其他问题，需要与客户或你的工作团队讨论的话，请你写下这些问题。

三 辅助工具

为了完成给定的任务，允许使用所有常用的辅助工具，如手册、专业书籍、自己的笔记、电脑等，但为避免版权纠纷不允许抄袭。

中职生职业能力测试（三）

一 情景描述

寒假期间张军同学在××电脑公司的维修部勤工俭学。一天该公司客服接到一用户报修，说家里新买不久的联想电脑在新换一台路由器后开不了机，怀疑电脑坏了。公司这会儿维修部的其他技术人员都有任务外出服务了，就派张军去客户家里维修。

二 测试要求

1. 请你为张军设计一套上门维修方案，解决用户可能存在的问题。请详细陈述你的方案，并说明理由。

2. 请写出与客户沟通的流程，该流程包括接到设计任务、设计过程、设计作品的交接等环节，各环节需要注意的问题。

3. 在沟通过程中，你要与客户沟通哪些内容？请预测沟通过程中要解决的问题。

4. 假如你还有其他问题，需要与客户或你的工作团队讨论的话，请你写下这些问题。

三　辅助工具

为了完成给定的任务，允许使用所有常用的辅助工具，如手册、专业书籍、自己的笔记、电脑等，但为避免版权纠纷不允许抄袭。

附录8　中职学生职业能力测试评分样表

（一）职业能力测试评价表（初稿）

为了评测学生解决设计任务的职业能力，从其提交的方案所呈现的全面性、直观性、使用性、行业性等方面考虑，建立以下测评标准。

学生编号_____成绩_____

3 = 完全符合　2 = 基本符合　1 = 基本不符合　0 = 完全不符合

指标	评分点	评分点			
		3	2	1	0
直观性/展示	描述是否便于委托方理解？例如网店页面整体描述、操作指南、商品上传、总体页面规划				
	描述是否便于专业人士理解				
	方案是否直观？例如草图中的商品分类等				
	相关资料是否条理清晰、一目了然？例如，店铺名、目录、页码、客户联系信息等				
功能性	设计方案是否完整				
	是否考虑到实践中的实施可能性				
	是否考虑到最新的技术水平				

续表

指标	评分点	评分点 3	2	1	0
使用价值导向	对于订单客户是否具有使用价值				
	对使用者是否方便				
	是否考虑到页面的流畅性				
	是否考虑到长期的页面更新性				
经济性	是否考虑到后续页面更新的费用				
工作过程导向	客户的业务流程组织。例如是否考虑了客户使用电脑和使用手机时的页面显示特征				
	工作过程经验。例如方案设计是否条理清晰？是否考虑到客户要求和设计技术之间的差异				
可接受度	导航是否清晰				
	是否有空间设计特色				
	页面风格是否一致				
创造性	方案是否考虑到细节问题				
	是否充分利用了设计空间				

（二）职业能力测试评价表（终稿）

为了评测学生解决设计任务的职业能力，从其提交的方案所呈现的全面性、直观性、使用性、行业性等方面考虑，建立以下测评标准。

学生编号＿＿＿＿＿＿成绩＿＿＿＿＿

3＝完全符合　2＝基本符合　1＝基本不符合　0＝完全不符合

指标	评分点	评分点 3	2	1	0
任务接受	工作任务的理解准确				
	明确工作任务的具体要求				
	了解客户情况和要求				

续表

指标	评分点	评分点 3	2	1	0
任务策划	有调研行为（方案应用环境、同行业之间及竞争对手之间等相关调研）				
	工作流程安排的合理程度				
	制作工艺与制作材质的选择				
	确定大概的工作周期				
任务完成情况（方案的直观性展示）	设计方案立足客户需求				
	设计方案兼顾了消费者角度，例如考虑消费群体的需求、审美等				
	设计方案能够达到良好的传达效果				
	设计方案完整，考虑周全				
	设计方案主题鲜明				
	设计方案具有可实施性				
	挖掘出了工作任务信息的重点并加以设计				
沟通过程	描述出各流程需要和客户沟通的问题，例如询问细节、商议方案				
	为客户提出专业的建议				
	工作团队的交流与合作				
创新性	工作方案考虑到细节问题				
	充分利用了设计空间或解决任务的多种途径				
	设计方案具有创意				
	设计方案具有明显的竞争力				

附录9 中职学生职业能力及素养的综合评价表

指导语：老师您好！本次调研需要您评价您任教班级的中职学生的职业能力及素养的整体发展情况。本评价表采用等级评定法，分为五个等级，分别为优秀、良好、一般、较差、很差。该评价结果不与学生期末成绩挂钩，也不影响学校的声誉，只是进行教育科学研究，请您根据实际情况真实填写。非常感谢！

评价依据：请根据培养目标的标准与要求、未来行业的职业要求等基本标准，然后依据您在教学与管理中学生的平时表现进行等级评定。

填写教师包括：专业课教师、实训课教师、班主任

学生名单可依据教务系统导出或由班主任提供。

班级：＿＿＿＿＿＿　　专业：＿＿＿＿＿＿＿

编号	学生姓名	综合评价等级

附录10　中职教育质量评价指标体系的综合评价调查问卷

您的职务是：A. 行政管理人员　B. 班主任　C. 专业教师

指导语：老师您好！请对中职教育质量评价指标体系及各类指标的观测点设置进行评价，请提出宝贵意见，谢谢！

1 = 非常合理　2 = 比较合理　3 = 一般　4 = 不太合理

问题	1	2	3	4
1. 您认为现开发的《中职教育质量评价指标体系》来反映中职学校教育质量是否合理				
2. 您认为从过程和结果两方面考察教育质量合理吗				

续表

问题	1	2	3	4
3. 您认为二级指标的设置是否合理				
4. 您认为二级指标"课程学习"的观测点反映指标的含义是否合理				
5. 您认为二级指标"活动参与"的观测点反映指标的含义是否合理				
6. 您认为二级指标"行为习惯"的观测点反映指标的含义是否合理				
7. 您认为二级指标"出勤情况"的观测点反映指标的含义是否合理				
8. 您认为二级指标"师生关系"的观测点反映指标的含义是否合理				
9. 您认为二级指标"同学关系"的观测点反映指标的含义是否合理				
10. 您认为二级指标"通识知识"的观测点反映指标的含义是否合理				
11. 您认为二级指标"专业知识"的观测点反映指标的含义是否合理				
12. 您认为二级指标"专业技能"的观测点反映指标的含义是否合理				
13. 您认为二级指标"心理素质"的观测点反映指标的含义是否合理				
14. 您认为二级指标"道德品质"的观测点反映指标的含义是否合理				
15. 您认为二级指标"专业认同"的观测点反映指标的含义是否合理				
16. 您认为二级指标"职业能力"的观测点反映指标的含义是否合理				
17. 您认为二级指标"职业素养"的观测点反映指标的含义是否合理				

续表

问题	1	2	3	4
18. 您认为二级指标"保有率"的观测点反映指标的含义是否合理				
19. 您认为二级指标"获奖情况"的观测点反映指标的含义是否合理				
20. 您认为二级指标"双证率"的观测点反映指标的含义是否合理				
21. 您认为二级指标"就业质量"的观测点反映指标的含义是否合理				
22. 您认为本次教育质量评价是否符合规范				
23. 您认为本次教育质量评价是否符合实际情况				
24. 您对本次教育质量评价是否符满意				
25. 您认为本次教育质量评价对学生发展是否有促进作用				

附录11 中职学校教育与管理情况调查问卷

您从事的主要工作是：＿＿＿＿＿＿＿＿＿＿

下面是您工作时遇到的情况，请根据事实情况填答，谢谢！

教师工作优先序

问题	选项/答案
1. 您认为<u>学校管理部门</u>最希望教师工作应重点关注以下哪些方面，请按照重要性排序。（最重要的排1，其次排2，以此类推，最不重要的排8）	A. 招生 B. 维持课堂或学校的纪律 C. 提高学生专业知识水平 D. 提高学生文化基础知识水平 E. 降低学生流失率 F. 学生品行 G. 确保学生获得良好的实习工作经验 H. 校企合作

续表

问题	选项/答案
2. 从一个教师的角度出发,您最希望自己的工作应重点关注以下哪些方面,请按照重要性排序。(最重要的排1,其次排2,以此类推,最不重要的排8)	A. 招生 B. 维持课堂或学校的纪律 C. 提高学生专业知识水平 D. 提高学生文化基础知识水平 E. 降低学生流失率 F. 学生品行 G. 确保学生获得良好的实习工作经验 H. 校企合作
3. 您认为<u>学生</u>最希望教师重点关注以下哪些方面,请按照重要性排序。(最重要的排1,其次排2,以此类推,最不重要的排8)	A. 招生 B. 维持课堂或学校的纪律 C. 提高学生专业知识水平 D. 提高学生文化基础知识水平 E. 降低学生流失率 F. 学生品行 G. 确保学生获得良好的实习工作经验 H. 校企合作
4. 您认为<u>行业或企业</u>最希望教师重点关注以下哪些方面,请按照重要性排序。(最重要的排1,其次排2,以此类推,最不重要的排8)	A. 招生 B. 维持课堂或学校的纪律 C. 提高学生专业知识水平 D. 提高学生文化基础知识水平 E. 降低学生流失率 F. 学生品行 G. 确保学生获得良好的实习工作经验 H. 校企合作

关于专业知识

问题	答案/选项
1. 提升学生专业知识水平是我最关心的问题之一	1 = 非常赞成 2 = 赞成 3 = 一般 4 = 不赞成 5 = 非常不赞成
2. 哪些因素是贵校提高学生专业知识水平的重要障碍?(请选择5项,并按照重要性进行排序,最重要的排1,其次排2,再次排3,以此类推)	A. 学生的态度 B. 学生的能力 C. 教师的态度 D. 教师的能力 E. 缺乏办学经费 F. 缺乏仪器设备 G. 缺乏评估体系 H. 缺乏对教师的激励 I. 缺乏对学校管理者的激励 J. 缺乏科学合理的课程体系 K. 缺乏学生家长的支持 L. 缺乏企业的支持和充足的实习岗位 M. 其他,请说明(　　　　　　　　)

续表

问题	答案/选项
3. 在过去一学年，为了提高学生的专业知识水平，校长或者学校管理部门是否针对以下问题与您讨论过如何改变现状？（不用排序，可多选）	A. 学生的态度 B. 学生的能力 C. 教师的态度 D. 教师的能力 E. 缺乏办学经费 F. 缺乏仪器设备 G. 缺乏评估体系 H. 缺乏对教师的激励 I. 缺乏对学校管理者的激励 J. 缺乏科学合理的课程体系 K. 缺乏学生家长的支持 L. 缺乏企业的支持和充足的实习岗位 M. 其他，请说明（　　　　　）
4. 在过去一学年，贵校采取过哪些措施来提高学生的专业知识水平？（不用排序，可多选）	A. 和往年一样，没有新采取任何措施提高专业知识水平 B. 教学时间更加注重专业知识 C. 更多的或更好的教师来教授专业知识 D. 更多的或更好的设备用于专业知识教学 E. 更多地辅导学生 F. 更多的学生咨询 G. 更多地与家长建立联系 H. 改变教学方法 I. 更多的教师培训 J. 通过激励政策鼓励教师提高学生专业知识 K. 改变课程设置 L. 通过激励政策鼓励学生更好地学习专业知识 M. 其他，请说明（　　　　　）

关于文化基础知识

问题	答案/选项
1. 提升学生文化基础知识水平是我最关心的问题之一	1 = 非常赞成　2 = 赞成　3 = 一般　4 = 不赞成　5 = 非常不赞成

续表

问题	答案/选项
2. 哪些因素是贵校提高学生文化基础知识水平的重要障碍？（请选择5项，并按照重要性进行排序，最重要的排1，其次排2，再次排3，以此类推）	A. 学生的态度 B. 学生的能力 C. 教师的态度 D. 教师的能力 E. 缺乏办学经费 F. 缺乏仪器设备 G. 缺乏评估体系 H. 缺乏对教师的激励 I. 缺乏对学校管理者的激励 J. 缺乏科学合理的课程体系 K. 缺乏学生家长的支持 L. 缺乏企业的支持和充足的实习岗位 M. 其他，请说明（　　　　　　）
3. 在过去一学年，为了提高学生的文化知识水平，校长或者学校管理部门是否针对以下问题与您讨论过如何改变现状？（不用排序，可多选）	A. 学生的态度 B. 学生的能力 C. 教师的态度 D. 教师的能力 E. 缺乏办学经费 F. 缺乏仪器设备 G. 缺乏评估体系 H. 缺乏对教师的激励 I. 缺乏对学校管理者的激励 J. 缺乏科学合理的课程体系 K. 缺乏学生家长的支持 L. 缺乏企业的支持和充足的实习岗位 M. 其他，请说明（　　　　　　）
4. 在过去一学年，贵校采取过哪些措施来提高学生的文化基础知识水平？（不用排序，可多选）	A. 和往年一样，没有采取任何提高文化基础知识水平的措施 B. 教学时间更加注重文化基础知识 C. 更多的或更好的教师来教授文化基础知识 D. 更多的或更好的设备用于文化基础知识教学 E. 更多地辅导学生 F. 更多的学生咨询 G. 更多地与家长建立联系 H. 改变教学方法 I. 更多的教师培训 J. 通过激励政策鼓励教师提高学生文化基础知识 K. 改变课程设置 L. 通过激励政策鼓励学生更好地学习文化基础知识 M. 其他，请说明（　　　　　　）

附录12 中职学校毕业生调查问卷

您好！感谢您在百忙之中协助我们的调查，问卷的主要内容是关于您毕业后的情况，请您如实填写，本调查只是为进行科学研究，不会妨碍您以及您的母校和工作单位的利益，谢谢配合！

第一部分：基本信息

1. 您的姓名：_____ 2. 您的年龄：_____
3. 您从中职学校毕业的时间：_____
4. 您在中职学校学习的专业：_____
5. 您现在从事的活动：A. 继续上学 B. 工作 C. 失业

（备注：选择"继续上学"请填写问卷的第二部分，选择"工作"的填写问卷的第三部分，选择"失业"的请结束问卷）

第二部分：本部分请选填"继续上学"的同学填答，谢谢！

1. 您现在就读的学校是：_____
2. 您现在就读的专业是：_____
3. 您就读的专业的层次：A. 专科 B. 本科
4. 您继续就读的时间：
   A. 中职毕业后直接上大学 B. 中职毕业后工作一段时间上大学
5. 您继续就读的时间：
   A. 中职毕业后直接上大学 B. 中职毕业后工作一段时间上大学
6. 中职学习对您现在就读的专业学习有帮助吗？
   A. 非常大 B. 一般 C. 帮助不大 D. 没有帮助

第三部分：本部分请选填正在"参加工作"的同学填答，谢谢！

1. 您从中职学校毕业的时间：_____
2. 您从中职毕业后第一份工作单位性质：
   A. 国家机关或事业单位

B. 国有及国有控股企业

C. 港澳台商及外资投资企业

D. 私营企业

E. 其他，请说明：_____

3. 您从中职毕业后从事的第一份工作与所学专业有关吗？

A. 完全相关　B. 有一定关系　C. 不相关

4. 您从中职毕业后从事的第一份工作，您满意吗？

A. 非常满意　B. 比较满意　C. 不太满意

5. 您从中职学校毕业后，从中职毕业后第一份工作月薪是多少？_____

6. 您从中职学校毕业后，从中职毕业后第一份工作单位多少人？请估计_____

7. 您从中职毕业后在工作单位经历过几次辞职？_____

8. 您目前的工作状况：

A. 全职工作

B. 兼职工作

C. 以全职为主，同时兼职一些工作

9. 您目前工作的月平均收入是多少？_____

10. 您目前从事的工作与所学专业有关吗？

A. 完全相关　B. 有一定关系　C. 不相关

11. 您对目前从事的工作单位满意吗？

A. 非常满意　B. 比较满意　C. 不太满意

12. 您目前从事的工作单位多少人？请估计_____

参考文献

一 著作类

［美］埃贡·G. 古贝、伊冯娜·S. 林肯：《第四代评估》，秦霖、蒋燕玲等译，中国人民大学出版社2008年版。

［澳］彼格斯、［澳］科利斯：《学习质量评价SOLO分类理论可观察的学习成果结构》，高凌飚、赵洪岩译，人民教育出版社2010年版。

［美］杜威：《民主主义与教育》，王承绪译，人民教育出版社2001年版。

［美］E. 格威狄·博格、［美］金伯利·宾汉·霍尔：《高等教育中的质量与问责》，毛亚庆、刘冷馨译，北京师范大学出版社2008年版。

［德］菲利克斯·劳耐尔、［澳］鲁珀特·麦克林：《国际职业教育科学研究手册》（下册），赵志群译，北京师范大学出版社2017年版。

［德］菲利克斯·劳耐尔、［澳］鲁珀特·麦克林：《国际职业教育科学研究手册》（上册），赵志群译，北京师范大学出版社2014年版。

［英］哈特：《法律的概念》，张文显等译，中国大百科全书出版社1996年版。

［德］海尔伯特·罗什：《职业教育行动导向的教学》，赵志群译，清华大学出版社2016年版。

［德］赖因哈德·施托克曼：《非营利机构的评估与质量改进——效果导向质量管理之基础》，唐以志、景艳燕译，中国社会出版社2008年版。

［德］赖因哈德·施托克曼、［德］沃尔夫冈·梅耶：《评估学》，唐以志译，人民出版社2012年版。

［英］琳达·克拉克、［英］克里斯托弗·温奇主编：《职业教育：国际策略、发展与制度》，翟海魂译，外语教学与研究出版社2011年版。

［美］洛林·W. 安德森：《布卢姆教育目标分类学》（修订版），蒋小平、张琴美、罗晶晶译，外语教学与研究出版社2009年版。

［日］田中耕治等：《学习评价的挑战：表现性评价在学校中的应用》，郑谷心译，华东师范大学出版社2015年版。

［日］田中耕治：《教育评价》，高峡等译，北京师范大学出版社2011年版。

［美］詹姆斯·桑德斯：《教育项目评估标准——如何评价对教育项目的评估》（第二版），刘玲主译，北京大学出版社2012年版。

陈瑞生等：《中职学校多元评价》，西南师范大学出版社2016年版。

陈宪：《项目决策分析与评价》，机械工业出版社2018年版。

陈玉琨：《教育评价学》，人民教育出版社1999年版。

程书肖：《教育评价方法技术》，北京师范大学出版社2010年版。

丁冰、张连城：《现代西方经济学说》（修订版），中国经济出版社2002年版。

杜栋、庞庆华、吴炎：《现代综合评价方法与案例精选》，清华大学出版社2015年版。

杜瑛：《高等教育评价范式转换研究》，上海教育出版社2013年版。

方积乾：《医学统计学与电脑实验》（第2版），上海科学技术出版社2001年版。

高莉莉、王伟泽：《学生评价手册》，山东科技出版社2015年版。

顾明远：《教育大辞典》（第一卷），上海教育出版社1990年版。

郭亚军：《综合评价理论与方法》，科学出版社2002年版。

吉利：《职业教育经济效能评价分析》，教育科学出版社2008年版。

姜大源：《职业教育要义》，北京师范大学出版社2017年版。

李桂荣等：《中等职业教育发展评价研究》，科学出版社2018年版。

李亚东、查正、李钰等：《中等职业教育评估指标模块化设计》，高等教育出版社2012年版。

联合国教科文组织：《消除不平等：治理缘何重要——2009年全民教育全球监测报告》，中国对外翻译出版公司2009年版。

联合国教科文组织国际教育发展委员会：《学会生存——教育世界的今天和明天》，教育科学出版社1996年版。

林崇德：《21世纪学生发展核心素养研究》，北京师范大学出版社2016年版。

林毅夫：《林毅夫自选集》，山西经济出版社2010年版。

刘来泉：《世界技术与职业教育纵览》，高等教育出版社2002年版。

刘圣中：《历史制度主义》，上海人民出版社2010年版。

刘小枫选编：《舍勒选集》，上海三联书店1999年版。

刘晓欢主编：《职业教育质量研究专论》，天津大学出版社2013年版。

刘志军：《教育评价》，北京师范大学出版社2018年版。

苗晓丹：《创新背景下的德国职业教育体系及质量研究》，光明日报出版社2017年版。

明立军、葛政、葛岳：《职业教育价值理论与实践》，东北大学出版社2006年版。

欧阳河：《职业教育基本问题研究》，教育科学出版社2006年版。

皮洪琴：《职业能力评价理论与实践》，中国劳动出版社2014年版。

祁占勇：《职业教育政策研究》，教育科学出版社2018年版。

邱均平、王碧云、汤建民：《教育评价学——理论方法实践》，科学出版社2018年版。

阮先会：《职业教育教学质量监控与评价》，光明日报出版社2010年版。

苏林琴：《适应参与评价收获：高等院校学生发展质量评价研究》，人民出版社2018年版。

涂艳国主编：《教育评价》，高等教育出版社2007年版。

王春燕：《国际视野下我国现代职业教育质量评价与保障》，人民邮电出版社 2017 年版。

王继平、刘占山、汪大勇等：《2012 中国中等职业学校学生发展与就业报告》，外语教学与研究出版社 2013 年版。

王冀生：《我国高等教育评估》，东北师范大学出版社 1993 年版。

王利明等：《高等职业教育教学评价理论、评价体系与评价技术》，中国轻工业出版社 2011 年版。

王善迈：《教育投入与产出研究》，河北教育出版社 1996 年版。

吴钢：《现代教育评价教程》（第二版），北京大学出版社 2015 年版。

项秉健：《2012—2013 年上海市中等职业学校学生发展报告》，上海教育出版社 2015 年版。

谢焕忠：《中国教育统计年鉴（2012）》，人民教育出版社 2013 年版。

谢晋宇：《人力资源开发概论》，清华大学出版社 2005 年版。

徐国庆：《从分等到分类：职业教育改革发展之路》，华东师范大学出版社 2018 年版。

徐国庆：《职业教育国家专业教学标准开发：理论与方法》，华东师范大学出版社 2018 年版。

徐国庆：《职业教育课程论》（第 2 版），华东师范大学出版社 2015 年版。

徐国庆：《职业教育项目课程：原理与开发》，华东师范大学出版社 2016 年版。

徐国祥主编：《统计预测和决策》，上海财经大学出版社 2005 年版。

许树柏：《实用决策方法——层次分析法原理》，天津大学出版社 1988 年版。

许正中等：《中国现代职业教育理论体系研究》，人民出版社 2013 年版。

严中华：《国外职业教育核心理念解读——学习成果导向职业教育课程开发理论与实践》，清华大学出版社 2017 年版。

杨彩菊：《高等职业教育学生学习质量评估研究》，中国社会科学出版社 2018 年版。

杨九诠：《学生发展核心素养三十人谈》，华东师范大学出版社 2017 年版。

袁益民：《教育质量的保障与评估》，江苏大学出版社 2015 年版。

张耀嵩：《高等职业教育质量评价与保障体系研究》，复旦大学出版社 2014 年版。

张肇丰、徐士强：《教育评价的 30 种新探索》，华东师范大学出版社 2014 年版。

赵培：《高等职业教育教学评价体系发展性探究》，中国纺织出版社 2018 年版。

郑经全、王钰城：《每个学生都能表现好——基于职业教育创新的表现性教育的理论与实践》，西南交通大学出版社 2015 年版。

中国教育科学研究院专题调研组：《中国学生发展现状调研报告》，教育科学出版社 2014 年版。

中国中等职业学校学生发展与就业报告编写组：《2012 中国中等职业学校学生发展与就业报告》，外语教学与研究出版社 2013 年版。

周志刚：《职业教育质量评价体系研究》，经济科学出版社 2018 年版。

庄榕霞、赵志群：《职业院校学生职业能力测评的实证研究》，清华大学出版社 2011 年版。

二　期刊论文类

安冬平、季明：《复杂科学视域下职业教育实践教学评价体系的自组织逻辑与创新建构》，《职教论坛》2018 年第 4 期。

鲍锦霞：《职业教育中的横向技能：教学与评估》，《世界教育信息》，2017 年第 2 期。

边玉芳、林志红：《增值评价：一种绿色升学率理念下的学校评价模式》，《北京师范大学学报》（社会科学版）2007 年第 6 期。

边玉芳、王烨晖：《增值评价：学校办学质量评估的一种有效途径》，《教育学报》2013 年第 9 期。

曹晔、高玉峰：《我国中等职业教育督导评估制度的变迁与构建策略》，《中国职业技术教育》2015年第21期。

查吉德：《论职业教育的逻辑》，《职业技术教育》2010年第1期。

常光萍、马增彩：《中职学生职业能力评价体系的建构——以上海市医药学校中外合作办学项目为例》，《中国职业技术教育》2010年第32期。

陈京京、李名梁：《职业教育吸引力评价体系研究——基于平衡计分卡视角》，《职教论坛》2013年第24期。

陈静漪、宗晓华：《职业技术教育的质量评估：国际经验与趋势》，《职业技术教育》2011年第10期。

陈明昆、沈亚强：《教育指标的国际比较类型及特征分析——职业教育和培训的视角》，《中国职业技术教育》2009年第21期。

陈群、王彬、周彬：《对中职学校"二阶段三课堂"学业评价模式的再认识》，《职教论坛》2011年第6期。

陈瑞生：《学生发展视角的课堂教学有效性评价》，《教育探索》2009年第8期。

陈宇：《职业能力以及核心技能》，《职业技术教育》2003年第23期。

陈悦丽：《中职学校内部质量保障体系研究与实践》，《中国职业技术教育》2017年第14期。

成丙炎：《顾客导向视野下的高职教育质量观》，《中国成人教育》2009年第23期。

程凤春：《教育质量特性的表现形式和内容——教育质量内涵新解》，《教育研究》2005年第2期。

程宇：《中英职业教育质量观：借鉴与交流》，《职业技术教育》2012年第21期。

崔永平、邓红红、张立明：《我国职业教育评估的历史及发展趋势》，《教育与职业》2016年第19期。

戴冬秀：《关于高职教育质量的三个问题》，《职教论坛》2008年第23期。

戴智敏：《基于学生"职业关键能力"的"一纵三横"培养模式的构

建研究》,《中国职业技术教育》2017年第8期。

丁建石:《第三方参与职业教育质量评价的现状、问题及法律政策建议》,《职业与教育》2017年第20期。

丁建石:《职业教育第三方质量评价的相关法律政策梳理及完善策略》,《中国职业技术教育》2017年第26期。

杜德昌:《关于职业教育学生发展性评价的思考与研究》,《中国成人教育》2009年第19期。

杜新安:《高职生职业基本素养评价体系的建构》,《教育与职业》2011年第17期。

范军:《欧盟职业教育与培训质量保障框架新进展》,《职教通讯》2013年第19期。

冯虹、刘国飞:《第三方教育评价及其实施策略》,《教育科学研究》2016年第3期。

冯建军:《论教育质量及教育质量均衡》,《教育研究与实验》2011年第6期。

冯永琴:《职业技术教育学生学业评价的比较及发展》,《中国职业技术教育》2010年第12期。

傅建东:《中职评估:从外部走向校本》,《职教论坛》2010年第1期。

高帆、赵志群、黄方慧:《职业能力测评方法的发展》,《中国职业技术教育》2017年第35期。

高海燕、魏峰:《高职院校教育质量评估的路径探析——基于"学生学习成果"评估的视角》,《教育发展研究》2018年第7期。

高山艳:《美国生涯与技术教育绩效评价:内容、困境及启示》,《外国教育研究》2013年第10期。

高山艳:《职业教育质量评价指标的争议与追问》,《职教论坛》2014年第1期。

宫雪:《职业教育价值论中的基本范畴分析》,《中国职业技术教育》2010年第6期。

辜东莲:《学生职业能力测评实证研究》,《职教论坛》2018年第

4 期。

谷峪、李玉静：《国际资格框架体系比较研究——基于对英国、欧盟、澳大利亚的分析》，《职业技术教育》2014 年第 19 期。

顾明远：《高等教育评估中几个值得探讨的问题》，《高教发展与评估》2006 年第 3 期。

郭广军等：《新形势下我国职业院校学生关键能力定位与培养体系研究》，《中国职业技术教育》2017 年第 5 期。

郭华：《新常态下职业教育质量评价的价值取向研究》，《职教论坛》2016 年第 29 期。

郭扬、郭文富：《职业教育质量评价的政策需求与制度建设》，《中国职业技术教育》2015 年第 21 期。

韩秋莹、牛金成：《澳大利亚职业教育与培训评估：经验、特点》，《职教论坛》2014 年第 1 期。

韩永霞、韩玉：《我国职业教育学业评价研究的分析与展望》，《职业教育研究》2017 年第 3 期。

韩玉：《基于岗位需求的高职毕业生职业核心能力结构的短期预测——以 S 省两个专业为例》，《国家教育行政学院学报》2016 年第 1 期。

何文明：《规范中职招生还须强化政府统筹》，《教育与职业》2014 年第 12 期。

侯新华、闫志利：《中职教育质量评价：国际经验与中国实践》，《职教论坛》2013 年第 33 期。

胡兰：《上海市中职校专业评估指标体系实证分析》，《江苏教育研究》2014 年第 27 期。

黄才华：《中等职业教育教学质量评估指标体系研究》，《中国职业技术教育》2010 年第 36 期。

黄方慧、赵志群：《德国职业教育毕业考试质量控制经验及其借鉴》，《职业技术教育》2015 年第 32 期。

黄尧：《对提高职业教育吸引力的几点思考》，《中国职业技术教育》2009 年第 19 期。

惠红梅：《欧盟职业教育评价体系及其对我国职业教育的借鉴》，《教育与职业》2014年第11期。

季跃东：《工学结合人才培养模式下学生学习质量评价体系构建》，《职业技术教育》2014年第29期。

简彩云：《论学生满意视野下的高职教育质量观》，《职业教育研究》2008年第12期。

姜大源：《职业教育：评估与示范辨》，《中国职业技术教育》2008年第10期。

姜泽许：《职业教育产教融合质量评价体系的构建》，《职教论坛》2018年第5期。

蒋洪平、唐以志：《高等职业院校专业评估实施效果调研报告——以云南省、重庆市为考察对象》，《中国职业技术教育》2016年第33期。

金晶、董婧怡：《英国职业教育质量评价标准》，《职业技术教育》2012年第28期。

金菊良、魏一鸣、周玉良：《复杂系统综合评价的理论框架及其在水安全评价中的应用》，《农业系统科学与综合研究》2008年第4期。

金荣学、毛琼枝、张说：《基于AHP和熵权法的我国高等职业教育绩效评价》，《财会月刊》2017年第36期。

鞠红霞、邱福明、陈玉成：《基于卓越绩效模式的高职院校管理成熟度评估指标体系研究》，《中国职业技术教育》2018年第4期。

孔凡成：《简述国外职业教育评价模式及特点》，《世界教育信息》2007年第6期。

匡瑛：《从国际比较的角度看职业教育外部质量保障制度与政策体系》，《职教通讯》2013年第19期。

李芳：《中职代理招生模式的问题反思与矫正策略》，《长沙铁道学院学报》（社会科学版）2011年第6期。

李福东、皮洪琴、曾旭华：《高职学生职业能力模型的构建》，《职教论坛》2012年第30期。

李桂荣、李向辉、易红梅：《中职示范学校育人质量的抽样调查与试点评估》,《教育与经济》2016 年第 1 期。

李桂荣、姚松、李向辉:《中职教育供给侧存在的问题及改革思路》,《教育发展研究》2017 年第 3 期。

李海宗、杨燕:《高职院校专业设置预警机制指标体系构建研究》,《中国高教研究》2014 年第 5 期。

李建忠:《欧盟职业教育和培训质量保障参照框架评析》,《外国教育研究》2010 年第 4 期。

李金波、胡世军:《基于高考的学校增值评价研究》,《考试研究》2012 年第 1 期。

李峻:《三十年来农村职业教育政策评价与建议》,《国家教育行政学院学报》2008 年第 5 期。

李勉、张平平、罗良:《中国义务教育质量关键影响因素监测框架——构建过程中应考虑的若干问题》,《北京师范大学学报》(社会科学版)2017 年第 2 期。

李妙迪、杨严严:《利益相关者参与逻辑下职业教育办学质量评估》,《职教通讯》2017 年第 1 期。

李鹏、朱德全:《职业教育质量监测评估:英、美、德、澳的经验与启示》,《西南大学学报》(社会科学版)2018 年第 6 期。

李青等:《企业参与专业诊断的探索与实践》,《中国职业技术教育》2018 年第 11 期。

李文静、周志刚:《德国职业学校教育质量保障:经验与借鉴》,《中国职业技术教育》2014 年第 24 期。

李文静、周志刚:《德国职业学校全面质量管理的 Q2E 模式》,《天津大学学报》(社会科学版)2015 年第 3 期。

李文静、周志刚:《德国职业学校外部评价模式调查报告——以巴登-符腾堡州职业学校为例》,《国家教育行政学院学报》2014 年第 2 期。

李文静、周志刚:《德国职业学校质量可持续发展 OES 模式研究——以巴登-符腾堡州职业学校为例》,《外国教育研究》2014 年第 1 期。

李义丹、马君:《职业教育质量评价的困境及其消解》,《中国职业技术教育》2012年第33期。

李玉静、岳金凤:《国际职业教育评估指标体系比较分析》,《职教论坛》2014年第31期。

李玉静:《国际职业教育质量评估与报告制度:经验与借鉴》,《职业技术教育》2013年第9期。

李玉静:《国际职业教育质量评估指标体系比较分析——以UNESCO、欧盟和澳大利亚为样本》,《职业技术教育》2012年第28期。

李玉静:《为了可持续发展与工作世界的教育——UNESCO职教思想与发展战略报告》,《职业技术教育》2012年第6期。

李钰、刘磊:《"十二五"期间上海中职教育评估实践与优化策略》,《职业技术教育》2015年第18期。

李钰:《"六维基本元"视野下职业院校评估指标体系构建》,《职业技术教育》2015年第28期。

李中国:《发达国家经济发展特点与职业教育》,《职业技术教育》2002年第24期。

李作章:《同行评价:欧盟职业教育质量评价的重要方式》,《职业技术教育》2012年第13期。

林安全、梁成艾、陈群:《关于重庆市中职生学业评价现状的调查报告》,《职教论坛》2011年第3期。

刘丹:《公共利益的法律解读与界定》,《行政法学研究》2005年第2期。

刘海:《教学诊断与改进:职业院校质量提升的内生动力》,《职业技术教育》2016年第18期。

刘红、刘宏杰、蒋莉:《改革中职学生学业评价不忘职业教育为何出发——哈尔滨市现代服务中等职业学校学生学业评价的探索》,《中国职业技术教育》2016年第22期。

刘红、徐国庆:《美国职业教育发展现状——基于2014年美国"职业教育国家评估报告"的分析》,《职教论坛》2015年第28期。

刘建银、安宝生:《教育指标理论研究的几个基本问题》,《中国教育学刊》2007 年第 9 期。

刘静：《教育督导：问题与辨析》，《教育测量与评价》（理论版）2014 年第 1 期。

刘金荣、刘学周：《对职业学校评价指标的探讨》，《中小学管理》2006 年第 6 期。

刘克勇：《职业教育高质量发展的多维分析：长度、宽度和深度》，《中国职业技术教育》2018 年第 31 期。

刘磊：《全面深化改革背景下我国职业教育评估的趋势研究》，《职业技术教育》2017 年第 27 期。

刘磊：《职业教育评估意见撰写策略探微》，《职教通讯》2017 年第 28 期。

刘磊：《职业教育系统化评估体系的构建与实践研究——以上海市为例》，《职教论坛》2018 年第 2 期。

刘立丹：《英国职业教育框架的标准化进程》，《高教研究》2013 年第 10 期。

刘世成：《联邦国家职业教育质量保障体系比较研究——以澳大利亚、加拿大、德国为例》，《职教论坛》2015 年第 24 期。

刘松林、谢利民：《欧盟职业教育与培训质量指标主要内容与特点探析》，《外国教育研究》2010 年第 4 期。

刘晓欢、刘骋：《论职业教育的质量标准与质量评价》，《职业技术教育》2005 年第 19 期。

刘晓娟：《对高职教育质量观的几点思考》，《教育探索》2013 年第 8 期。

刘晓玲、庄西真：《注重基础、选择多元——职业教育人才培养质量评价的探索与实践》，《中国职业技术教育》2017 年第 35 期。

刘新贵、罗明：《高等职业教育质量生成及其体制机制》，《教育与职业》2016 年第 12 期。

刘义国：《中等职业教育质量问题：影响因素与应对策略》，《职教论坛》2010 年第 1 期。

刘智运、胡德海：《对教育本质的再认识》，《北京大学教育评论》

2004年第4期。

柳洁、陈泽宇：《SOLO分类理论在职业教育学业评价领域的应用剖析》，《中国职业技术教育》2018年第17期。

卢晓中、吴结：《职业教育人才培养适应性评价指标设计及其应用路径》，《教育发展研究》2015年第1期。

陆春阳：《让第三方参与职业教育人才培养质量评价》，《职业技术教育》2011年第30期。

陆根书、杨兆芳：《学习环境与学生发展研究述评》，《比较教育研究》2008年第7期。

陆燕飞、陈嵩：《我国中等职业学校评估制度和政策发展探析》，《上海教育评估研究》2015年第4期。

吕亨龙：《高职学生职业能力指导评价体系构建》，《教育与职业》2016年第20期。

马君、崔向娜：《职业教育质量指标的内涵解构》，《职教论坛》2013年第34期。

马丽飞、曹晔：《我国中等职业教育评估历程回顾与展望》，《教育与职业》2016年第21期。

马晓强、彭文蓉、萨丽·托马斯：《学校效能的增值评价——对河北保定市普通高中学校的实证研究》，《教育研究》2006年第1期。

闵建杰、李承钧：《论中等职业学校的专业质量评价指标体系的完善》，《职教论坛》2015年第3期。

闵建杰：《论高职的教育质量、质量标准、质量评价与质量管理——兼与戴冬秀先生商榷》，《职教论坛》2009年第21期。

南海、白汉刚：《对"增强职业教育吸引力"的分析》，《教育发展研究》2010年第7期。

聂伟：《职业院校培训工作评价指标体系的思考和探索》，《职教论坛》2016年第33期。

庞世俊、王春丽、张磊：《澳大利亚职业教育与培训中的职业能力评价》，《中国职业技术教育》2010年第13期。

彭文胜：《论职业素养评价的职业行动目标测量方法》，《教育与职业》2017 年第 8 期。

戚业国、陈玉琨：《论教育质量观与素质教育》，《中国教育学刊》1997 年第 3 期。

郄海霞、王世斌、董芳芳：《美国中等职业教育外部质量评价机制及启示——以亚利桑那州为例》，《比较教育研究》2013 年第 12 期。

秦咏红、朱建国、李凌：《德国职业教育质量评估框架、体系和特点》，《教育与职业》2018 年第 19 期。

荣莉、唐以志、罗丹：《中国高等职业教育质量年度报告标准体系：分析与评价》，《职业技术教育》2016 年第 12 期。

荣长海等：《关于高职院校教育质量及其评估指标体系的研究》，《天津师范大学学报》（社会科学版）2016 年第 3 期。

阮建女、佘雪锋：《职业核心能力与职业技能并重的高职课堂教学模式创新策略——以外贸类课程教学为例》，《职业技术教育》2015 年第 14 期。

申文缙、周志刚：《德国职业教育质量指标体系及启示》，《外国教育研究》2015 年第 6 期。

沈剑光、张建君：《构建职业教育发展指标体系的思考》，《职业技术教育》2003 年第 24 期。

沈军、朱德全：《中等职业学校专业建设评估体系研究》，《中国职业技术教育》2016 年第 6 期。

沈怡：《教育评价理论的发展及其对职业教育评价观的影响》，《职教论坛》2009 年第 1 期。

盛清等：《美国 NSSE 全国大学生学习投入性调查的概述及对我国本科教学评估的启示》，《科学教育》2012 年第 2 期。

石芬芳：《以效果为导向的高职院校教学评价探析》，《中国职业技术教育》2017 年第 23 期。

石学云、祁占勇：《中国职业教育改革发展的政策走向分析——1995—2009 年中国职业教育政策文本的定量分析》，《职业技术教育》2010 年第 34 期。

束建华：《关于制定职业教育专业标准的政策建议》，《职教论坛》

2005 年第 3 期。

孙诚、吴红斌、尹玉辉：《中等职业教育学生满意度分析——基于全国中等职业学校学生调查的实证研究》，《教育研究》2018 年第 1 期。

孙翠香：《"VET 多层级治理"：欧盟伙伴国职业教育治理的新趋向》，《国家教育行政学院学报》2018 年第 4 期。

孙颖、刘红、杨英英、王世斌：《日本职业教育质量外部评价的经验与启示——以短期大学为例》，《比较教育研究》2013 年第 12 期。

孙颖、刘红、杨英英：《日本职业教育质量外部评价的经验与启示——以高等专门学校为例》，《外国教育研究》2014 年第 5 期。

孙颖、田蕊：《澳大利亚国家战略行业审计对我国职业教育质量评价的启示及思考》，《职教论坛》2014 年第 9 期。

孙志河、刁哲军：《中等职业教育教学质量评估体系的研究》，《中国职业技术教育》2008 年第 28 期。

谭旭、高维春、林泽玲、丘翠芬：《就业导向下的高职学生能力评价探析》，《职教论坛》2011 年第 18 期。

汤昕、王宇、杨尧：《引入职业标准的高职学生职业能力评价模式研究》，《职教论坛》2015 年第 20 期。

唐智彬、夏金星、饶异伦：《在博弈中完善——论我国职业教育质量评价体系》，《职教论坛》2006 年第 11 期。

涂三广：《英国职业教育质量保障体系：运行机制与实践思考》，《职教论坛》2014 年第 9 期。

汪长明：《职业教育评价体系构建的研究》，《中国职业技术教育》2013 年第 15 期。

王北生：《教育学立场的多维度分析》，《教育科学》2012 年第 1 期。

王斌华：《教师评价：增值评价法》，《教育理论与实践》2005 年第 12 期。

王春燕：《以决策为导向的职业教育质量评价指标体系研究》，《中国职业技术教育》2015 年第 27 期。

王春枝、斯琴：《德尔菲法中的数据统计处理方法及其应用研究》，

《内蒙古财经学院学报》(综合版) 2011 年第 4 期。

王东、张慧霞:《中、英职业教育质量评估体系的比较及启示》,《中国职业技术教育》2012 年第 21 期。

王东强、田书芹:《基于企业参与的职业教育教学质量关键绩效指标设计和评估体系研究》,《职教论坛》2014 年第 18 期。

王欢:《改革开放以来中职生职业能力政策演变与特点分析》,《中国职业技术教育》2015 年第 18 期。

王军红、周志刚:《教育质量的内涵及特征》,《河北大学学报》(哲学社会科学版) 2012 年第 5 期。

王珑:《高职教育专业评估指标体系构建与创新研究——基于高职人才培养规格新界定的视角》,《职教论坛》2013 年第 33 期。

王梅、王英利、王世斌:《德国职业学校外部质量评价的内容与特点分析——以石勒苏益格-荷尔斯泰因州为例》,《比较教育研究》2013 年第 12 期。

王敏:《教育质量的内涵及衡量标准新探》,《东北师大学报》2000 年第 2 期。

王嵘:《贫困地区教育资源的开发利用》,《教育研究》2001 年第 9 期。

王星霞、牛丹丹:《改革开放以来我国中等职业教育政策:特点、局限与变革》,《职业技术教育》2018 年第 24 期。

王玄培、王梅、王英利:《德国职业教育外部质量评价及其对我国职教评价体系的启示》,《教育与职业》2013 年第 32 期。

王学男:《何谓"教育质量"——"十三五"时期提升教育质量的概念前提》,《河北师范大学学报》(教育科学版) 2017 年第 6 期。

王亚盛:《德国职教 Q2E 质量体系及其在职业院校质量诊改中的借鉴应用》,《职业技术教育》2018 年第 5 期。

王永林、王战军:《高等职业教育评估的价值取向研究——基于评估方案的文本分析》,《教育研究》2014 年第 2 期。

王永林:《美国、欧盟职业教育评估的取向与特征评析——以评估体制与指标为基础》,《高等教育研究》2015 年第 3 期。

王永林:《欧盟职业教育学习成果质量评估的 EXPERO 模型探析》,《外国教育研究》2018 年第 5 期。

王志梅、祝成林:《中高职衔接人才培养中"学生本位"的研究》,《中国高教研究》2016 年第 3 期。

王宗军:《综合评价的方法问题及其研究趋势》,《管理科学学报》1998 年第 1 期。

温家宝:《大力发展中国特色职业教育——在全国职业教育工作会上的讲话》,《中国职业技术教育》2005 年第 12 期。

吴德华:《构建基于 ISO9000 标准的高等职业教育质量保障体系》,《长沙航空职业技术学院学报》2004 年第 2 期。

吴凯、梁子婧:《高职院校办学绩效的评价指标体系及应用研究》,《教育理论与实践》2008 年第 33 期。

吴鹏、付卫东:《免费师范毕业生政策认同度低的原因及应对策略》,《教育与经济》2016 年第 1 期。

吴雪萍、金晶:《英国职业教育质量评价探究》,《比较教育研究》2013 年第 2 期。

吴雪萍:《构建职业教育质量保障体系的国际经验及其启示》,《教育发展研究》2014 年第 7 期。

吴亚萍、任爱珍:《基于学生、学校发展的高职教育质量评价观》,《教育与职业》2009 年第 2 期。

吴志华、赵仲博:《比利时弗兰德斯职业学校效能的评价研究》,《职教论坛》2015 年第 6 期。

武婧:《职业教育质量内涵、属性及评价原则》,《职教通讯》2016 年第 22 期。

武马群等:《基于 ISO 9000 质量管理体系标准的高等职业教育教学质量管理与保障体系研究实践》,《中国职业技术教育》2014 年第 32 期。

武庆鸿:《学校效能评价:内容、方法与意义》,《教育文汇》2014 年第 3 期。

奚志茜:《职业教育学生学习能力评价指标体系构建》,《职业技术教育》2013 年第 25 期。

肖菲、韩晶晶：《英国继续教育质量评估框架研究》，《职教论坛》2014 年第 18 期。

肖化移、柳燕：《论高职学生职业能力测评模型的构建》，《职教论坛》2014 年第 18 期。

肖化移：《论高职学生评价：取向、特征与差异》，《湖南师范大学教育科学学报》2016 年第 1 期。

肖润花、王春凤：《高职院校学生职业素养评价体系探究》，《职教论坛》2013 年第 17 期。

谢莉花、余小娟：《德国资格框架实施背景下能力导向的职业教育条例设计》，《外国教育研究》2018 年第 3 期。

谢英姿：《论高职学生职业能力评价指标体系的构建》，《职教论坛》2015 年第 11 期。

辛涛等：《学生发展核心素养的内涵特征及框架定位》，《中国教育学刊》2016 年第 6 期。

邢天才：《试论高等职业教育质量评价体系和标准的构建》，《职业技术教育》2006 年第 4 期。

熊建武、周进、戴小鹏：《浅论高等职业教育质量的评价标准——兼议以就业为核心的高职教育质量评价体系》，《职业教育研究》2006 年第 1 期。

徐承萍、赵蒙成：《职业教育质量评价的人文意蕴》，《河北师范大学学报》（教育科学版）2018 年第 6 期。

徐海峰：《职业教育督导的地位、职能与分类》，《职教论坛》2016 年第 7 期。

徐宏伟、庞学光：《职业教育外在价值重审与再释——基于技术的视角》，《职教论坛》2015 年第 4 期。

徐鸿洲、何春梅：《中职教育质量提升的制约因素及对策研究》，《中国职业技术教育》2017 年第 27 期。

徐静茹、郭扬：《我国高等职业教育质量评价制度政策发展探析》，《职教论坛》2013 年第 25 期。

徐夏、陈兆兰：《江苏省中职教育质量保障体系的构建与效应分析——基于首轮星级评估实践》，《职业技术教育》2014年第20期。

闫广芬、刘玥：《职业能力评价标准：日本的经验及启示》，《中国职业技术教育》2016年第33期。

闫志利、邵会婷：《我国中职教育吸引力弱化趋势的市场学分析》，《职业技术教育》2014年第19期。

闫志利、姚金蕾：《基于KSAIBs增进的中职教育质量评价模型构建》，《职业技术教育》2014年第28期。

闫志利、庞宁：《中职教育质量评价的理论困惑、实践困境与应对策略》，《职教通讯》2014年第13期。

阎泽：《教学质量与工学结合条件下的高职教育质量观》，《高等职业教育》2010年第1期。

杨彩菊、周志刚：《基于人本主义教育思想对高职教育质量观的再审视》，《职教论坛》2014年第4期。

杨大伟：《中职学生学习能力评价体系实证研究》，《职教论坛》2012年第18期。

杨广俊：《德国职业学校外部评估对我国评估实践的启示》，《中国职业技术教育》2015年第25期。

杨广俊：《基于DEA的中等职业教育投入与产出相对有效性评价》，《职业技术教育》2011年第25期。

杨国华：《职业学校教学质量控制与评价的研究》，《职业技术教育》2000年第10期。

杨红荃、黄雅茹：《高等职业教育评价制度的反思与构想》，《职教论坛》2016年第25期。

杨黎明：《关于学生职业能力的发展》，《职教论坛》2011年第3期。

杨文明：《英国职业教育的评估体系与借鉴》，《外国教育研究》2003年第12期。

杨小微：《教育现代化评价之核心指标三问》，《教育科学研究》2015年第7期。

杨延：《国家专业教学标准：工学结合深层次改革的关键》，《职业技术教育》2007年第10期。

杨院：《职业教育质量评价体系构建的内在逻辑及其实现》，《中国高等教育评估》2014年第2期。

姚爱国、谭必翰：《社会评价：高等职业教育质量的有效保证》，《职业教育研究》2006年第5期。

姚爱国：《论政府评估的失灵与高职评价体系的改革》，《中国职业技术教育》2011年第30期。

易红梅、张林秀：《中职学校专业技能教育质量的试点评估与改进构想》，《教育发展研究》2016年第5期。

尹翠萍、周谊、李洁：《欧盟职业教育与培训质量保障参考框架述评》，《中国职业技术教育》2012年第30期。

雍照章：《中等职业教育专业技能课程标准的结构要素研究——兼谈专业技能课程标准编制技术》，《中国职业技术教育》2017年第8期。

余明辉、郭锡泉：《现代职业教育体系下专业人才培养质量的测量与评价》，《中国高教研究》2015年第9期。

袁晓玲、封纪琴：《基于BSC的职业教育质量评价体系框架研究》，《职教论坛》2014年第6期。

袁振国：《教育质量的国家观念》，《中国教育学刊》2016年第9期。

臧志军：《本可以不是问题：中等职业学校招生难问题解析及化解》，《职教通讯》2012年第28期。

曾庆柏：《高等职业教育教学质量标准研究》，《中国高教研究》2008年第3期。

曾湘泉、王辉：《个人效用、教育因素和岗位特征——基于我国中职毕业生就业质量指标体系的研究》，《学术研究》2018年第3期。

张晨、马树超：《我国职业学校办学条件评价和预警机制研究》，《中国高教研究》2011年第8期。

张宏亮、杨理连：《国外职业教育质量评价"第三方"参与状况对我国的启示——以美、英、德、澳四国为例》，《职教论坛》2016年第18期。

张绘:《我国中等职业教育督导评价的困境、内容和发展方向》,《职业技术教育》2012年第22期。

张晶晶、于晓东:《技术技能型人才绿色素养评价指标体系设计》,《职业技术教育》2016年第20期。

张良、王建林、马芫茗:《职业教育第三方质量保障体系建设研究——基于社会经济发展需求导向的视角》,《湖南社会科学》2013年第6期。

张蔚然、石伟平:《如何评估职业教育供给的有效性——〈欧盟职业教育与培训政策数据〉报告带来的启示》,《职教论坛》2014年第31期。

张翔云、胡振宇:《高职学生职业素养的量化评价方法》,《职业技术教育》2010年第2期。

张耀天、肖泽平:《中等职业教育质量保障现状调查与分析——以重庆市为例》,《职教论坛》2012年第16期。

张义民、任胜洪:《欧盟职业教育质量指标体系探析》,《中国职业技术教育》2018年第15期。

张英杰:《就业导向背景下的职业教育质量保障体系研究——兼论教育行政部门角色定位》,《职教论坛》2011年第1期。

张紫军:《对高职毕业生职业素养的调研》,《职教论坛》2012年第20期。

赵成根:《论公共政策的稳定性和政策秩序》,《中国行政管理》1998年第1期。

赵德成:《以学生发展为本的学校办学质量评估体系构建》,《教育研究》2012年第6期。

赵福水等:《职业教育第三方质量监控保障体系研究》,《职业技术教育》2013年第17期。

赵岩铁:《开展职业教育第三方评估监测的探讨》,《当代职业教育》2015年第11期。

赵志群等:《产出导向的职业教育质量监控——职业院校的职业能力测评案例》,《中国职业技术教育》2015年第9期。

赵志群、林来寿、张志新：《高等职业教育课程改革学习效果评价：一项实证研究》，《国家教育行政学院学报》2014年第7期。

赵志群：《现代职业教育质量保障体系研究：现状与展望》，《西南大学学报》（社会科学版）2014年第4期。

郑立：《国际比较视野下职业教育质量保障体系的特点与启示》，《黑龙江高教研究》2018年第5期。

郑卫东：《高职院校竞争力评估指标的构建刍议》，《中国高教研究》2006年第9期。

钟启泉：《"学校评价"的作用与实践——与日本教育学者大胁康弘教授的对话》，《全球教育展望》2004年第12期。

周劲松、肖智清：《基于全面质量管理的高等职业教育质量评价模型的建设》，《职业技术教育》2008年第2期。

周晶：《职业教育政策评估指标体系设计与实施》，《职业技术教育》2011年第16期。

周靖毅：《指向学习的学生评价体系：加拿大安大略省的经验和启示》，《外国中小学教育》2018年第3期。

周明：《基于平衡计分卡的中等职业学校绩效评估指标体系研究》，《中国职业技术教育》2015年第3期。

周霞霞、王资、王庆春：《我国高职教育内涵式发展评价指标研究》，《职教论坛》2017年第4期。

朱德全、徐小容：《协同共治与携手共赢：职业教育质量治理的生成逻辑与推进机制》，《西南大学学报》（社会科学版）2016年第4期。

朱蓬蓬：《从"招生掮客"说开去》，《中国职工教育》1998年第9期。

朱颂梅：《现代高等职业教育体系下学生职业能力评价体系研究》，《职业技术教育》2013年第25期。

朱益明：《教育质量的概念分析》，《比较教育研究》1996年第5期。

庄西真：《中等职业学校教学评估若干问题的思考》，《职教论坛》2008年第22期。

三 政策法规类

安徽省教育厅：《关于做好 2014 年中等职业学校招生工作的通知》（皖教职成〔2014〕3 号）。

国家教委：《关于对职业高级中学开展评估，认定"省级重点职业高级中学"的通知》（教职厅〔1990〕8 号）。

国家教委：《关于搞好省级重点职业高中评估总结并进行抽查的通知》（教职厅〔1992〕19 号）。

国家教委：《关于开展国家级重点职业高及中学评估认定工作的通知》（教职厅〔1995〕1 号）。

国家教委：《关于开展省级重点职业高中评估工作抽查活动的通知》（教职厅〔1992〕20 号）。

国家教委：《关于评选"国家级、省部级重点普通中等专业学校"的通知》（教职厅〔1993〕12 号）。

国家教委：《国家教委关于颁发"国家级重点职业高级中学标准"的通知》（教职厅〔1994〕1 号）。

国家教委：《普通中等专业学校办学水平评估指标体系（试行）》（教职厅〔1994〕4 号）。

国家教委：《省级重点职业高级中学的标准》（教职厅〔1990〕8 号）。

国家教育督导办：《国家教育督导报告：关注中等职业教育》（国教督〔2011〕3 号）。

国家体育总局：《中等体育运动学校设置标准（试行）》（体青字〔2001〕167 号）。

国务院：《国务院关于印发国家职业教育改革实施方案的通知》（国发〔2019〕4 号）。

国务院：《国家中长期教育改革和发展规划纲要（2010—2020 年）》。

国务院：《国务院关于大力发展职业技术教育的决定》（国发〔1991〕55 号）。

国务院：《国务院关于深化考试招生制度改革的实施意见》（国发〔2014〕35号）。

国务院：《中共中央关于教育体制改革的决定》，1985年5月27日发布，教育部网站。

国务院教育督导委员会：《中等职业学校办学能力评估暂行办法的通知》（国教督办〔2016〕2号）。

教育部、人社部、财政部：《关于实施国家中等职业教育改革发展示范学校建设计划的意见》（教职成〔2010〕9号）。

教育部：《关于建立职业院校教学工作诊断与改进制度的通知》（教职成厅〔2015〕2号）。

教育部：《关于开展国家级重点中等职业学校调整认定工作的通知》（教职成司函〔2003〕33号）。

教育部：《关于开展中等职业教育质量年度报告工作的通知》（教职成厅函〔2016〕2号）。

教育部：《关于调整中等职业学校布局结构的意见》（教职成〔1999〕3号）。

教育部：《关于印发"中等职业教育督导评估办法"的通知》（教督〔2011〕2号）。

教育部：《国家级重点中等职业学校评估指标体系》（2003版、2005版、2006版）。

教育部：《教育部办公厅关于制订中等职业学校专业教学标准的意见》（教职成厅〔2012〕5号）。

教育部：《教育部关于印发〈职业院校管理水平提升行动计划（2015—2018年）〉的通知》（教职成〔2015〕7号）。

教育部：《中等职业教育改革创新行动计划（2010—2012年）》（教职成〔2010〕13号）。

教育部：《中等职业学校设置标准（试行）》（教职成〔2001〕8号）。

教育部等六部门：《现代职业教育体系建设规划（2014—2020年）》（教发〔2014〕6号）。

教育部职成司：《关于开展中等职业学校合格评估工作的通知》（教

职成司函〔2003〕14号）。

劳动部：《关于印发"国家级重点技工学校标准"的通知》（劳培字〔1992〕16号）。

劳动部：《关于印发〈国家重点技工学校标准〉（修订）的通知》（劳部发〔1997〕238号）。

劳动部：《技工学校教育督导评估暂行规定》（劳动部令〔1997〕9号）。

劳动和社会保障部：《关于公示拟确认32所国家重点技工学校50所高级技工学校名单的通知》（劳社厅函〔2008〕71号）。

劳动和社会保障部：《关于印发高级技工学校标准的通知》（劳社部发〔2007〕27号）。

劳动和社会保障部：《关于印发国家重点技工学校标准的通知》（劳社部发〔2007〕26号）。

劳动和社会保障部：《关于做好国家重点技工学校评估工作有关事项的通知》（劳社厅发〔2007〕16号）。

上海市教委：《关于建立上海市中等职业学校毕业生就业情况公告制度的通知》（沪教委职成〔2003〕35号）。

上海市教委：《关于开展上海市百所中等职业学校重点建设验收评估的通知》（沪教委职成〔2003〕12号）。

上海市教委：《关于开展上海市中等职业教育课程教材改革特色实验学校遴选评估的通知》（沪教委职成〔2007〕37号）。

上海市教委：《关于开展职业教育开放实训中心建设验收评估的通知》（沪教委职成〔2006〕44号）。

上海市教委：《关于认定上海市中等职业学校重点专业（工种）的通知》（沪教委职成〔2002〕15号）。

上海市教委：《关于实施上海市百所中等职业学校重点建设工程的意见》（沪教委职〔2001〕35号）。

上海市教委：《上海市中等职业学校教学质量评估实施方案和上海市中等职业学校教学质量评估指标体系》（沪教委职〔2009〕36号）。

上海市教委:《上海市中等职业学校专业设置管理办法(修订)》(沪教委职成〔2004〕26号)。

上海市教委:《上海市中等职业学校专业设置管理办法》(沪教委职成〔2002〕32号)。

文化部:《中等艺术学校设置标准(试行)》(文教科发〔2001〕55号)。

四 外文类

Adams, R. S., *Educational Planning*: *Towards a Qualitative Perspective*, Paris: International Institute for Educational Planning.

Afeti, G., "Technical and Vocational Education and Training for Industrialization", Retrieved December 23, 2012, http://www.arrforum.org/publication/occasional-papers/40/95-technical-andvocational-education-andtrainig-for-industrialisation.html.

African Union, "Developing an African Higher Education Quality Rating System", Retrieved October 28, 2013, http://www.africa-union-org.

Ayonmike, Chinyere Shirley, Okwelle, P. Chijioke & Okeke, Benjamin Chukwumaijem, "Towards Quality Technical Vocational Education and Training (Tvet) Programmes in Nigeria: Challenges and Improvement Strategies", *Journal of Education and Learning*, 4 (1): 25, 2015.

Ball, C., *Fitness for Purpose*: *Essays in Higher Education*, Guildford: Society for Research into Higher Education & NFER-Nelson, 67, 1985.

Beeby, C. E., "Educational Quality in Practice", in C. E. Beeby, *Qualitative Aspects of Educational Planning*, Paris: International Institute for Educational Planning, UNESCO: 39 – 68, 1969.

Beeby, C. E., "Assessment of Indonesian Education: A Guide in Planning", http://xueshu.baidu.com/usercenter/paper/show?paperid=9c0092bcaacac43d9bf9ecbc82e87721.

Commission of the European Communities, "Proposal for Recommendation of the European Parliamentand of the Council on the Establishment of a European Quality Assurance Reference Framework for Vocational and Training", http://www.europarl.europa.eu/sides/getDoc.do?type=REPORT&reference=A7-2011-0021&language=EN.

Donabedian, "Evaluating the Quality of Medical Care", *Milbank Quarterly*, 83 (4): 691-729, 1966.

Ethel E. Idialu, "Ensuring Quality Assurance In Vocational Education", *Contemporary Issues In Education Research-Fourth Quarter*, Volume 6, Number 4: 431-438, 2013.

European Parliament And Council, "Recommendation Of the European Parliament and of the Council: on the Establishment of a European Quality Assurance Reference Framework for Vocational Education and Training", https://eur-lex.europa.eu/LexUriServ/LexUriServ.do?uri=OJ:C:2009:155:0001:0010:EN:PDF, 2009.

Fatma, M., "A Systems Approach to Program Evaluation Model for Quality in Higher Education", Quality Assurance in Education, (1): 37, 2006.

Frank, "Umsetzungdes Deutschen Qualifi-kationsrahmens-Qualitätsentwicklung in der Beruf-sausbildung auf allen Ebenen gefordert", *Berufsbil-dung in Wissenschaft und Praxis*, (2): 34-37, 2012.

Freeman, E., *Strategic Management: A Stakeholder Approach*, Pitman Press, Boston: 46, 1984.

Gaugler, R., Brown, I., David, S., et al., "Automated Technology for in Vivo Mass Production of Entomopathogenic Nematodes", Biological Control, (24): 2061, 2002.

German Federal Ministry for Economic Cooperation and Development (BMZ), "System Advisory Services for Technical and VocationalEducation and Training", http://www.giz.de/en/worldwide/18739.html.

Hamish Coates, "Building Quality Foundations: Indicators and Instruments to Measure the Quality of Vocational Education and Training", *Journal of Vocational Education & Training*, 61 (4): 517-534, 2009.

Henderson, David G., Fisher, Darrell L., "Interpersonal Behaviour and Student Outcomes in Vocational Education Classes", *Learning Environments Research*, 11 (1): 19 – 29, 2008.

Hoeckel, K., Field, S., Justesen, T. R., Kim, M., *Learning for Jobs: OECD Reviews of Vocational Education and Training: Australia*, Paris: Organisation for Economic Co-operation and Development, 2008.

Kaaren Blom, David Meyers, "Quality Indicators in Vocational Education and Training International Perspectives", http://www.ncver.edu.au/_data/assets/file/0015/5118/nr0026.pdf.

Kramer, G. L., Swing, R. L., *Higher Education Assessments: Leadership Matters*, Rowman & Littlefield Publisher: 6 – 8, 2010.

Kuh, G. D., Ewell, P. T., "The State of Learning Outcomes Assessment in the United States", *Higher Education Management & Policy*, 22 (1): 1 – 20, 2010.

Luca Cian, Sara Cerva, "A Model to Evaluate the Learning Outcome and to Achieve a Certification of the Competences in the Vocational Training", http://www.expero2.eu/materials%20cian/EXP%20ingl.pdf.

Lyle M. Spencer, Signe M. Spencer, *Competence at Work: Model for Superior Performance*, New York: John Wiley & Sons, Inc: 9 – 12, 1993.

Mclean, R., N. W. David, "International Handbook of Education for the Changing World of Work: Bridging Academic and Vocational Learning", Retrieved July 2013, http://toolkit.ineesite.org/toolkit/INEEcms/uploads/1093/International_Handbook_of_Education_Changing.pdf.

Ministry of National Education, "Rencana Strategis Departemen Pendidikan National 2005 – 2009", http://planipolis.iiep.unesco.org/upload/Indonesia/Indonesia%20Education Plan 2005.

Mirabile, Richard J., "Everything You Wanted to Know about Competency Modeling", Training and Development, 51 (8): 73 – 77, 1997.

National Congress, "Programa Nacional de Acesso ao Ensino Técnico e Emprego", https://pt.wikipedia.org/wiki/Programa_Nacional_de_

Acesso_ ao_ Ensino_ T%C3%A9cnico_ e_ Emprego.

Office of Vocational and Adult Education US Department of Education, "Investing in America's Future: A Blueprint for Transforming Career and Technical Education", https://www.ed.gov/news/speeches/investing-americas-future-blueprint-transforming-career-and-technical-education.

Peters, R. S., "Sociological Comments on Concepts of Qualityand Quantity in Education", in C. E. Beeby, *Qualitative Aspects of Educational Planning*, Paris: International Institute for Educational Planning, UNESCO: 149 – 167, 1969.

Philipp Grollmann, Melanie Hoppe, "Methods and Instruments for the Evaluation and Monitoring of Vocational Education and Training Systems: a basis for evidence-based policy making?", *Research in Comparative and International Education*, 6 (3): 250 – 254, 2011.

Philp, H., "The Evaluation of Quality in Education", *in C. E. Beeby Qualitative Aspects of Education*, Paris: International Institute for Educational Planning, UNESCO: 280 – 291, 1969.

Planning Commission Government of India, "Twelfth Five Year Plan 2012 – 2017", http://planningcommission.gov.in/plans/planrel/12thplan/welcome.html 3/2016 – 02 – 26.

Rishi Kumar1, Shravanth Mandaval, Venkata Sandeep Gopanapalli, "Vocational Training in India: Determinants of Participation and Effect on Wages", Kumar et al., *Empirical Res Voc Ed Train*, 11: 3, 2019.

Rudolf H. Strahm, "Swiss Vocational Education and Training: Switzerland's Source of Richness", https://www.eda.admin.ch/dam/countries/countries-content/united-states-of-america/en/Apprenticeship-Brochure-USA_ EN.pdf.

Scheerens, J., Glas, C., Thomas, S., *Educational Evaluation, Assessment and Monitoring: A Systemic Approach*, Swets: Zeitlinger Publishers: 304, 2003.

Scott, J., M. Sarkees, Wircenski, *Overview of Career and Technical Edu-*

cation, 3rd ed. Homewood, IL: American Technical Publishers, 444, 2004.

Sekretariat der Kultusministerkonferenz, "Handreichung für die Erarbeitung von Rahmenleh-rplänen der Kultusministerkonferenz für den berufsbezo-genenUnterricht in der Berufsschule und ihre Ab-stimmung mit Ausbildungsordnungen des Bundes für anerkannte Ausbildungsberufe", Bonn: ReferatBerufliche Bildung und Weiterbildung, 24 – 31, 2007.

Shepherd, Morgan M., Sheu Tsong Shin, "The Effects of Informal Faculty-Student Interaction and Use of Information Technology on Non-Traditional Students' Persistence Intentions and Educational Outcomes", *Journal of Higher Education Theory and Practice*, 14 (2): 46 – 60, 2014.

Stephen Saunders, "StephenUsing Training Indicators to Improve Planning for Vocational Education and Training", http://www.avetra.org.au/PAPERS%.202001/SW20Saunders.pdf.

Stoneley, H. Elizabeth, "Fitness for Purpose in Vocational Higher Education: Relationship Between Entry Requirements and Student Attainment in Occupational Therapy Degree Programmes", *Comprehensive Psychiatry*, 22 (3): 239 – 248, 2002.

Theodore J. Marchese, "The New Conversations About Learning Insights From Neuroscience and Anthropology, Cognitive Science and Work Place Studies", *in Assessing impact: Evidence and action*, Washington, DC: American Association for Highereducation, 79 – 95, 1997.

Tom Karmel, "Measuring Educational Outcomes: Vocational Education and Training", National Centre for Vocational Education Research (NCVER), http://www.ncver.edu.au/_data/assets/file/0018/9531/measuring-educational-outcomes-2128.pdf.

UNESCO, "Technical and Vocational Education and Training for the Twenty First Century", UNESCO and ILO Recommendations, Retrieved July 20, 2012, http://www.google.com.ng.

UNESCO, "Regional Bureau for Education in Africa", Regional Contribution to Information Statistical System Development for Technical and Vocational Education and Training, http: //www. unesco. org/new/fileadmin/MULTIMEDIA/FIELD/Beirut/pdf/Regional_ Report_ on_ Higher_ Education_ in_ the_ Arab_ States. pdf, 2009.

Van den Berghe, Wouter, "European Centre for the Development of Vocational Training, Thessaloniki (Greece)", *Quality Issues and Trends in Vocational Education and Training in Europe*, Luxembourg: Office for Official Publications of the European Communities, 5 – 10, 1996.

Van den Berghe, Wouter, "Indicators in Perspective: The Use of Quality Indicators in Vocational Education and Training", CEDEFOP Document, http: //www. cedefop. europa. eu/ga/publication-types/cedefop-document-series.

后 记

  中职教育的规模占高中阶段教育的半壁江山,由于体量庞大又充满多样性,对中职教育质量评价进行研究,无疑是一项充满挑战的课题,这种挑战不仅仅源于对复杂多样的中职教育质量本质的审思,也不仅仅源于多轮实证调研的艰辛,更多源于中职教育现状长时期低迷与徘徊所产生的压力,对中职教育质量被广为诟病的担忧,以及诸多家庭对中职教育质量提升的殷切希望,它关涉千千万万家庭的福祉。研究虽然充满挑战,但也是一项充满情怀与期望的课题,这种情怀来自对中职学生个体成长的关照,这种期望寄托于中职学校教育质量的提高。研究立足教育理论,借鉴国际经验,关照教育实践,构建了以学生发展为核心的、兼顾中职学生发展过程和发展结果的教育质量评价指标体系,并细化评价指标,同时检验指标体系实践性和应用性,确保评价指标体系实施的可行性,达到以评价促发展的影响效应,引领中职教育质量的提升。以学生为核心的中职教育质量评价体系使中职学生真正成为教育质量的重心,诠释了"人是教育的出发点,是教育的对象,是教育存在的前提"[1]理念,让学生成为教育价值的前提,同时也成为教育价值所在,让中职教育质量回归"培养人"的本质,实现了人是教育质量的载体的教育理想,彰显了以评价促发展的管理目标。这是本研究的主旨,也是本研究的成果。

  本研究既缜密又充满憧憬,不但构建评价指标体系及其权重,还对指标数据进行收集,过程中难免会存在一些困顿现象。在研究中发

---

[1] 王北生:《教育学立场的多维度分析》,《教育科学》2012年第1期,第14页。

现尚有问题有待进一步思考讨论：首先，专业特色指标研究问题。中等职业教育具有专业设置众多、分类复杂的特性。中等职业教育的学校设置中，有职业学校、专业学校、技校等，从评价指标的设计上，由于跨学科的障碍和多维度的指标体系，势必成为研究不可逾越的环节，如何突出专业特色是一个在评价中有待考虑的问题。其次，测量工具设计研究问题。在资料收集与分析过程中，主要涉及的是专业技能和职业能力的考核与测量。从长远来看，作为职业教育的典型工作任务，表现为理论与实践一体化的综合性工作任务，具有典型的"问题—情境—任务"特征，许多任务需要相应的资源设备、工作环境、人际环境才能完成，由于受到研究成本、研究条件等因素的限制，无法运用更多项目设计形式测评学生的职业能力与职业素养，这也是在今后的研究中需要进一步解决的实践问题。最后，质量评价指标权重分配的阶段性问题。质量评价指标的权重分配直接影响对中职学校教育质量的总体评价。在调查中发现，中职学生生源表现出基础较差、学业水平低、家庭经济状况偏低的群体性特征，因此在征询指标赋权的过程中，诸多专家认为学生学习过程与习惯的养成是非常重要的内容。因此，该研究中的指标权重的赋值带有一定的阶段性特征，随着时间的推移，未来的中职生源可能会发生一定的变化，那么中等职业教育质量评价的重心将会发生改变，指标赋值也将会随着时代的发展而发生变化。

  在评价过程中，笔者以第三方身份参与研究，体会颇多。研究还需要进一步努力与细化。在评价关系的处理方面，评价主体的角色定位，管理主体即政府管理部门的开放心态，质量主体即学校的积极参与，评价主体评估机构的科学立场，受益主体即学生、家庭、企业的主动关注等各方群体通力合作，才能构建起基于信任关系的第三方评价模式，形成多元评价主体协同的评价主体组织架构。在评价资料的收集方面，借助信息技术改进教育质量的评价方式，利用信息技术构建多种来源的大数据库，提升评价内容的全面性、数据范围的广泛性、数据形式的多样性，不但能够减轻工作负担，也能利用信息化手段进行教育质量综合数据的监测与评价，在一定程度上提高评价的准确性。因此，利用大数据已经成为评价发展变革的必然趋势。我们坚信随着评价理论的逐步完善，评价取向的逐步回归，评价制度的逐步健全，中国中等职业教育质量评价将会进一步优化，这是每一位教育者的期望，也是每一位教育研究者的期望。